上海正心

谨以此书向建国 70 周年献礼

 并献给谱写生命华彩的非遗传承人

中华杰出工匠大工程系列（第一辑）

编委会名誉主任　胡劲军
编委会主任　　　于秀芬
总　策　划　　　戴骏豪
　　　　　　　　刘　军

上海匠心

主　编　田兆元　杨庆红
副主编　游红霞　葛永铭
　　　　冯　赟　毕旭玲

上海大学出版社
·上海·

图书在版编目（CIP）数据

上海匠心 / 田兆元，杨庆红主编. —上海：上海大学出版社，2018.11

（中华杰出工匠大工程系列. 第一辑）

ISBN 978-7-5671-3334-1

Ⅰ.①上… Ⅱ.①田… ②杨… Ⅲ.①非物质文化遗产—民间艺人—生平事迹—上海 Ⅳ.①K825.7

中国版本图书馆CIP数据核字（2018）第248615号

编辑 / 策划　徐雁华　江振新
书 籍 设 计　柯国富
技 术 编 辑　金　鑫　钱宇坤

书　　　名	上海匠心
主　　　编	田兆元　杨庆红
副 主 编	游红霞　葛永铭　冯　赟　毕旭玲
出版发行	上海大学出版社
社　　　址	上海市上大路99号
邮政编码	200444
网　　　址	www.shupress.cn
发行热线	021-66135112
出 版 人	戴骏豪
印　　　刷	江阴金马印刷有限公司
经　　　销	各地新华书店
开　　　本	889mm×1194mm　1/16
印　　　张	23.75
字　　　数	475千
版　　　次	2018年11月第1版
印　　　次	2018年11月第1次
书　　　号	ISBN 978-7-5671-3334-1/K·191
定　　　价	280.00元

中华杰出工匠大工程系列（第一辑）
本书编委会

编撰团队

编委会名誉主任　胡劲军
编 委 会 主 任　于秀芬
编委会副主任　王玮　尼冰
编 委 会 委 员　杨庆红　萧烨璎　田兆元　葛永铭　龚毅　张黎明　刘军
　　　　　　　　刘亚军　冯赟　刘蓉蓉　刘沥　马衍　王莉

主　　　编　田兆元　杨庆红
副　主　编　游红霞　葛永铭　冯赟　毕旭玲

撰稿人员（以姓氏拼音为序）
　　　　毕旭玲　曹美聪　方云　高子茜　胡美娟　黄凡
　　　　雷天来　黎忠慧　李柯　林俊琦　马场彩加　秦娇娇
　　　　孙羽翎　田兆元　王聪　王若楠　王文慧　吴薇
　　　　吴瑶　席姝妮　肖圆　游红霞　张涛　周量航
　　　　朱玫洁　左才慧

策划团队

总　策　划　戴骏豪　刘军
统　　筹　江振新　徐雁华
美术指导　柯国富
编　　订　陈强　刘强

中华杰出工匠大工程系列
（第一辑）

上海匠心

中华杰出工匠大工程系列
（第一辑）

目 录

海上工匠　上海精神 …………………… 001

一、传统美术名家 ………………………… 001

1. 以我手绣我心
　　——顾绣项目传承人戴明教 …………… 003

2. 赤子工匠心　难觅传承人
　　——上海绒绣项目传承人唐明敏 ……… 015

3. 亦商亦匠　兼中并西
　　——紫檀雕刻项目传承人屠杰 ………… 033

4. 玉雕作品的理论层面是哲学
　　——海派玉雕项目传承人袁耀 ………… 047

5. 融汇古今　中西合璧
　　——海派玉雕项目传承人翟倚卫 ……… 069

6. 海派匠心　薪火相传
　　——海派玉雕项目传承人洪新华 ……… 081

7. 要把仙鹤做出神
　　——上海灯彩项目传承人何伟福 ……… 093

8. 拿捏之中的文化
　　——上海面人赵项目传承人赵艳林 …… 105

9. 指间刀尺呈芳华
　　——上海剪纸项目传承人奚小琴 ……… 117

二、传统技艺名家 ……………………………… 131

1. "纺织祖师爷"黄道婆的传人
——乌泥泾手工棉纺织技艺项目传承人康新琴 ………… 133

2. 笔头向下心向上　写好人生每一笔
——周虎臣毛笔制作技艺项目传承人吴庆春 ……………… 143

3. 龙麝黄金皆不贵　墨工汗水是精魂
——曹素功墨锭制作技艺项目传承人鲁建庆 ……………… 157

4. 始于友情　忠于传承
——上海鲁庵印泥制作技艺项目传承人高式熊 …………… 169

5. 精雕细刻下的人生
——木版水印技艺项目传承人蒋敏 ………………………… 183

6. 凤鸣祥瑞　心一金工
——金银细工制作技艺项目传承人张心一 ………………… 197

7. 古筝传神韵　凤鹤发清音
——上海民族乐器制作技艺项目传承人徐振高 …………… 211

8. 高超厨艺　高尚厨德
——功德林素食制作技艺项目传承人赵友铭 ……………… 221

三、戏曲音乐名家 ……………………………… 235

1. 洒向人间都是笑
——独脚戏项目传承人王汝刚 ……………………………… 237

2. 弓上岁月　丝竹情深
　　——江南丝竹项目传承人周皓 ……………… 251

3. 台上台下　心系沪剧
　　——沪剧项目传承人马莉莉 ………………… 261

4. 春秋谱淮韵
　　——淮剧项目传承人程少樑 ………………… 281

5. 民族文化串珠人
　　——锣鼓书项目传承人谈敬德 ……………… 295

6. 上海人自己的田山歌
　　——上海田山歌项目传承人张永联 ………… 309

7. 草塑匠心　龙舞人生
　　——舞草龙项目传承人费土根 ……………… 317

四、传统医药名家 ……………………………… 329

1. 大医的情怀　工匠的精神
　　——朱氏推拿项目传承人朱鼎成 …………… 331

2. 做药先做人　匠心德为先
　　——六神丸制作技艺项目传承人劳三申 …… 347

参考文献 ………………………………………… 357

后　记 …………………………………………… 359

中华杰出工匠大工程系列
（第一辑）

上海匠心

海上工匠　上海精神

什么是工匠？古人告诉我们：工匠是圣人，工匠是祖先。

两千年前，世界上最早的手工业、制造业百科全书《周礼·考工记》这样说："知者创物，巧者述之守之，世谓之工。百工之事，皆圣人之作也。烁金以为刃，凝土以为器，作车以行陆，作舟以行水，此皆圣人之所作也。"上古时期，中国在制陶、冶金、建筑和器物制作方面创造了奇迹，这些伟大的创造者因此成为中华民族的骄傲。中华创世神话将器物创制作为重要门类，凸显了中华民族的创造力。

由于圣人巨大的创造力与智慧灵性，他们的业绩被认为是人力难以达到的，因此中国上古工匠故事成为神圣的叙事。早期的中国历史，以神话般的笔触传颂着这些祖先的丰功伟绩。《周易·系辞》在讨论八卦与古代的发明时写道：

古者包牺氏之王天下也，仰则观象于天，俯则观法于地，观鸟兽之文，与地之宜，近取诸身，远取诸物，于是始作八卦，以通神明之德，以类万物之情。作结绳而为网罟，以佃以渔，盖取诸《离》。包牺氏没，神农氏作，斫木为耜，揉木为耒，耒耨之利，以教天下，盖取诸《益》。……黄帝、尧、舜垂衣裳而天下治，盖取诸《乾》《坤》。刳木为舟，剡木为楫，舟楫之利，以济不通，致远以利天下，盖取诸《涣》。服牛乘马，引重致远，以利天下，盖取诸《随》。重门击柝，以待暴客，盖取诸《豫》。断木为杵，掘地为臼，杵臼之利，万民以济，盖取诸《小过》。弦木为弧，剡木为矢，弧矢之利，以威天下，盖取诸《睽》。上古穴居而野处，后世圣人易之以宫室，上栋下宇，以待风雨，盖取诸《大壮》。……上古结绳而治，后世圣人易之以书契，百官以治，万民以察，盖取诸《夬》。

看看吧，谁是工匠？伏羲、神农、黄帝、尧、舜，他们是工匠，是发明家，是圣人，是祖先，是有功于民的人，是我们崇拜的对象。

这些古老的制造难道不是中国创造吗？我们的国家是一个崇尚创造与制造的国家。《周礼·考工记》："国有六职，百工与居一焉。"指的是哪六职呢？《周礼》是这样排列的：王公、士大夫、百工、商旅、农夫、妇功。很明显，百工在农耕之上。

这是真正的圣人之道，中国工匠的创造，圣人、祖先为之，巧者传承之、坚守之。孔子对于工匠制造有一句经典表达，叫"工欲善其事，必先利其器"，强调了工具在灵巧制作中的地位，这是何等重要的见解啊！百工是学者的榜样。孔门弟子子夏说："百工居肆以成其事，君子学以致其道。" 要像百工一样，成就其事业，这是孔门为学之道。

为什么百工这样崇高的地位后来成为末流了呢？

这要从商鞅变法说起。秦国要以战争统一六国，他们最需要的是两类人：一是种地的农民，以保障粮食供应；二是打仗的士兵，以保障兼并的事业。这时，工商便成了不急之务。秦汉以降，该政策长期延续。于是，农耕上升为本，工商降低为末。在后来的四民结构里，次序就变为：士、农、工、商。

长期以来的重农耕抑工商的政策使得中国的手工技艺发展受到较大影响。但是，勤劳智慧的中国工匠还在不断创造劳动，推动中国社会的持续进步。

远离帝国政治中心的古代上海地区，工匠们一直在创造奇迹。五千多年前的崧泽文化时期，玉器和陶器的制作就是那样精妙绝伦，如那些玉晗、玉璜，迄今为止人们依然惊叹其工艺的高超；上海玉雕有五千多年的积累，所以博大精深。就从遗存至今的唐代陀罗尼石经幢看，其优雅的造型，虽然经过了千年的风雨，依然是那样迷人，可见那时的华亭石匠，真是非同寻常的艺术家。黄道婆的纺织技艺革新，则完全是改变中国人生活的伟大发明。她引种了来自海南的棉花，并对纺车加以改革，脚踏三锭纺线车是一项重要的发明贡献，提高了三倍的工作效率，社会生产力便不同凡响了。此前的上海地区，论自然条件不如苏州，是苏州的一个抵挡海潮的屏障，经济文化积累也不能与之相比，尤其是丝织工艺及贸易，其成就远不如苏州。但是，自打有了黄道婆的棉纺织技术，便有了上海县。所以有诗道：黄道婆棉织，衣被天下人，札札机杼声，催生上海城！上海地区由贫穷的偏远边地，一跃成为发达的经济区，明清时期贡献了高额度的赋税，支持了国家的发展。松江布的盛产，纺织技术的传播，中国人从此就有了柔软而又价格便宜的衣着，就这样"衣被天下"。上海地区的经济与文化逐渐与当时中国最为发达的城市苏州靠近，接着并驾齐驱，到最后实现超越，这与棉纺织技术的创新发明分不开，与一位女性工匠的贡献分不开。

精细的手工纺织作业，给上海地区的生活带来重大影响。这个地区生活富裕了，生活也讲究了，文人雅士开始群聚上海，艺术化、雅致化的海派生活逐渐形成，所以上海的手工技艺富有浓厚的书卷气息，追求高雅，这一点与众不同。

近代以来，上海城市蓬勃发展，周边富民与各类艺人涌入上海，上海的江南色彩更加浓郁，而随着开放的步伐加快，中外文化的融通，这也为上海手工技艺注入了新的活力。海纳百川，是上海工艺的又一特色。

这种海派匠心绝技，在上海制造中具有突出优势，"上海货"一时成为响亮的品牌。记忆中的"上海牌"手表，除了时髦，最重要的就是品质。有报道说一个人的"上海牌"手表掉到稻田里一年后才被发现，洗净泥巴，上足发条，竟然还可以走！另外一个故事是说一块"上海牌"手表被火烧后，换上一块玻璃蒙罩还可以走。这说明上海工匠的高超技艺完全可以在现代生产中彰显出优势。带给上海人荣耀的要素有很多，上海货货真价实

是其一。我们难道不该向那些优秀的上海工匠们敬礼吗？

为什么如今传统上海货的优势不再了呢？这是一个令人痛心的问题。这个问题比较复杂，但是有几个最简单的问题可以先回答：

上海货的生产者是不是还是那样的匠心独运？

上海货的营销是不是具有市场意识？

上海工匠们还有没有那份信心？

毫无疑问，我们需要振兴上海的制造业。这不仅仅是产业发展的问题，更是上海形象和上海精神传承的大问题。我们要做的事情很多，比如科技创造、品牌打造、市场意识培育等，但是工匠精神却是不可缺少的基础和基因。所以，我们要把那些给上海人带来荣耀的上海工匠们的经验记录下来、传承下去。只有传承匠心，做大做强制造业，才能恢复上海制造的雄风。现在，我们到了保留、传承制造业基因的紧急时刻了。

于是，我们选择出了首批26位上海杰出工匠，他们是国家级非物质文化遗产项目代表性传承人，是给国家带来荣誉的中国工匠，他们也是上海的英雄。我们为他们留下口述记忆。他们的口述记忆是珍贵的资料，是和他们的手艺同等重要的文化遗产。因为这里体现的不仅是技术，还有精神和匠心。没有匠心就没有技艺，就不能担当服务社会、振兴制造业之重任。

什么是上海匠心呢？阅读传承人的口述材料，我们试作如下解读：

第一，上海匠心把中国精神自觉地化入血液。我们看到，传承人讲的是儒家的天下之志，是家国理想。没有这种情怀，不能被称为匠人。我们的传承人还在讲道家的回归自然，还在讲佛教的慈悲精神。他们将儒道佛精神融入制造工艺中，使上海的手工制品与艺术品成为中华精神的载体。这种匠心是崇高的。我们在传承人的口述材料中，感受到的是中华民族跳动的文化脉搏。

第二，上海匠心崇尚师道。"天地君亲师"是中国民俗信仰的对象。我们的传承人都是尊师重道的典范。只有崇尚师道，技艺才会有效传承。有位师傅说得好，工匠精神就是要有传承精神。师徒关系是双向的，学生要好好敬师，师傅要好好传艺。融洽的师徒关系是传承工匠精神和工匠技艺的关键。

第三，上海匠心是一种创造精神。这26位传承人都有自己的绝活，都有自己的创新，使得海派手工艺能够绵延传承。在一定程度上，创新是海派艺术的灵魂。当然这种创新是在继承的基础上的创新。

第四，上海匠心是面向消费者的奉献之心。由于技艺不同凡响，作品别具一格，贴近市场，上海的非物质文化遗产传承人的作品都有良好的市场反响。上海非遗生产类项目具有亿元以上规模的有十几家，充分说明这些技术、工艺及其作品都是受消费者欢迎的，是有市场生命力的。

第五，上海匠心海纳百川。我们的传承人跨出国门，到海外留学深造，所以他们有着一般匠人所不具备的学养。海派非遗多吸收外来文化优秀基因熔铸自我，青出于蓝而胜于蓝。开放的胸怀与国际视野是上海工匠文化长盛不衰的秘诀。

这些传承人的真情独白，是他们用毕生心血换来的智慧经验，我们应该珍惜之、弘扬之，将这份上海匠心、上海精神发扬光大，融入我们的血液，融入我们民俗生活的空气中。

民俗是生活的华彩乐章，是文化精英与大众合力创造的文化传统。传统技艺作为民俗实践，作为非遗生产性保护的内容，要在制造业振兴、民族精神振兴中担当起责任。同样，我们要把上海制造与创造作为上海文化的标志和符号，塑造崇尚精湛、智慧与坚韧的工匠精神和品格。塑造这样的上海城市形象，我们就会立于不败之地。

为了弘扬上海工匠精神，于是有了本项目的构想。上海工匠的口述史是珍贵的历史资料，亟待抢救。今天，当我们手捧此书的时候，本书中有一位杰出工匠戴明教已经与世长辞了！我们深切地怀念她。同时我们非常庆幸的是，这些工匠的宝贵经验，通过我们的努力留了下来，书中的图文非常珍贵，这就是口述历史，一种文化传承的重要形式，也是学术研究的田野传统在新时代的探索。口述史不是那种以书面记载为基础的二手解读，而是一手材料的直观记载，因此具有独特的史料价值。

工匠精神需要代表作来呈现，需要事实来表达。传承人自己的讲述只是一种口头的叙事、语言的叙事。在今天看来，口述史如果只是讲述者自己的口头表达，是存在不足的。人们何以证明讲述者所言不虚？虽然我们相信他们是诚实的，但是这不是口述史可靠的理由。于是，我们有了代表作的图像采录，用物像叙事讲述其成就，让人们直观地感受上海匠心的博大。我们运用民俗学的三种叙事话语，即口头叙事、行为与仪式表演的叙事、图像和景观叙事的叙事理论，来补足口述史的不足，增强口述史的可信度。书中的这些图片，是传承人杰出成就的展现，图片以可感知的视觉形象讲述着上海匠心的精彩。所以本书的编撰，是一种学术理论的实践，也是揭示上海匠心独特内涵的有力证据，更对完善口述史的方法和提升口述史的科学性具有重要意义。

从他们讲述的生活史中发现工艺传承的规律，这就是学术研究的使命。寻找匠心传递之道，这样的经验发现，是鲜活的学术源泉。我们不作空洞的长篇大论，只做基本的评点，以引发读者的思考。就像古代诗话、词话那样，力求寥寥数语，曲尽其妙，这就有了口述史后的评议。当然这样一种中国学术传统，博大精深，非功力深厚者难以达其境界，但我们努力去实践、去探索。至于是否允当，有待读者批评指正。

工匠精神是一种境界，是一种态度，它不仅仅是属于工匠的，而且是属于全社会的一种禀赋。所以我们选择上海工匠，也就突破了传统的工匠概念，将杰出的非遗传承人都视为工匠，因为他们无论是手工艺人、美术家，还是医生、表演艺术家，无不匠心独运，体现出上海的理性与精益求精的城市品格。这样的选择也让每位读者感受到，我们都是工匠精神的传承者，我们每个人都可以从这些工匠的言行中感受生活的真谛，享受创造与匠心独运的快乐！

让作为文化遗产核心内容的上海工匠精神世代传承，这不仅是上海城市文化建设之需要，也是中国传统工艺振兴、传统精品生产与消费生态建设之需要，更是培养富有中国优秀传统文化精神并身怀绝技的一代新人之需要。

田兆元

2018 年 8 月 18 日

一

传统美术名家

1. 以我手绣我心
——顾绣项目传承人戴明教

　　戴明教，1922年生，上海人。戴明教出生于书香家庭，自幼在姑母房中弄针拈线，绣艺得自家传。1929年，戴明教进入上海松江松筠女子职业学校读小学。1934—1937年继续在松筠女子职业学校上初中，在刺绣班师从宋氏与盛氏。除了学刺绣外，还要学画画，熏陶艺术修养。1976年，戴明教进入松江工艺品厂，一直工作到70岁，发展了顾绣中没有的品种——双面绣。1992年，戴明教以70岁的高龄悬针退休，完成了三件重大的历史使命：第一，作为顾绣艺人，戴明教绣制顾绣作品41件；第二，作为教育者，戴明教收徒数十人，至今活跃在松江的顾绣创作群体均出自戴明教门下；第三，作为研究者，戴明教是松江数百年来，继清代的丁佩之后，对顾绣有所著述的第二人，丰富了"画绣"的理论和实践，推进了顾绣传统的创新和发展。2005年9月，戴明教获中国文联颁发的"中国民间文化杰出传承人"称号。2007年被评为国家级非物质文化遗产项目顾绣的代表性传承人，同时也是中华人民共和国成立以来顾绣的第一代传人。

戴明教口述

家传师授　顾绣伴人生

我叫戴明教，是松江本地人，现在住在松江区岳阳街道。小时候，父亲在城里做老师，母亲也念过中学，都是有文化的人。我是兄弟姐妹中唯一的女孩，长辈们都很欢喜我，很宠我。我姑姑是个大家闺秀，很会做女红。我喜欢老祖宗传下来的刺绣技艺，从小就看姑姑绣，姑姑也教我绣。到8岁（1929年）的辰光，家里人把我送到松筠女子职业学校去上学。小学毕业后我还是待在那里上初中。我在学校学的东西有很多，如国文课、英语课，还有美术课。那时候，学校还专门开了刺绣课，有位从南通过来的宋金龄老师，还有位盛老师，都给我们上课，她们算是我正式的师傅了。所以，我家里有位姑姑做我的师傅，学堂里还有老师教我。

在学校的刺绣班，我们不光学刺绣，还要学怎么画画。教我们美术的老师都是从上海美专毕业的，我们学了素描、色彩、写生等很多课程。学顾绣必须学美术，要想办法读懂画意，还要把它绣出来。1937年，我都快初中毕业了，但那时候日本人打了进来，在松江这边进行大轰炸，我就跟着家里人出去逃难了。等再回到这里的时候，学校已经没有了，我就转学到松江正飞女子中学继续读书，勉强毕了业。

我是1942年结婚的，那时我没有正式工作，就做家庭主妇。平时在家，我还是会绣东西的，做枕头套等。再后来，松江成立了刺绣合作社，我加入了，有两个松筠女校的同学也加入了，我是最小的一个。在那里干点活，做一些枕头套、童装，这些都是要出口的，合作社还会给我加工费。但是这些东西都是日用品，跟顾绣完全"勿搭界"（没关系）。

后来，上海市手工业局要求我们把顾绣的生产恢复起来，1972年成立了松江工艺品厂。领导来找顾绣的传人，我当时已经50多岁了，他们找到了我，要我带徒弟，教大家学顾绣。1973年年初，松江工艺品厂筹建顾绣小组，厂长徐泽圆到街道刺绣社来借调老艺人，我那时身体健康，视力清晰，艺人们就推荐我，厂里的领导也看中了我。我把小时候学到的绣艺都记了起来，专门收女徒弟，教她们手艺。顾绣小组成立后，我们绣

顾绣传承人戴明教

了很多精品，有些还被国家选为外交礼品，送给外国的领导人；有的绣品在国际文化交流中获了奖，就被很多国家的美术馆和博物馆拿去收藏了。

记得"文革"期间，因为我出身不好，只好又回到街道，做些手套、童装什么的。1976年，"文革"结束了，我正式进入了松江工艺品厂。1977年，顾绣被上海市手工业局命名为"上海顾绣"，成为品牌。1978年，我当时56岁，转为了松江工艺品厂的正式职工，又开始收一些女徒弟，大概有20多人，她们有的叫我"师傅"，有的很调皮地叫我"老太"。那时候我很想退休，但是政府需要我，我就多带了几年徒弟。我这些徒弟也慢慢地学成了，她们自己也做了师傅，现在顾绣有了第三代传人了。1989年，上海市职称改革办公室认为我有工作实绩，破格评定我为"工艺美术师"。1991年，我快70岁了，还想继续绣下去，但是眼睛不行了，不能再绣了。1992年，我刚好70岁，就正式从厂里退休了。

我带了很多徒弟，像高秀芳、朱庆华、钱月芳、富永萍、吴树新等，她们从十几岁开始就跟着我学绣艺。我记得朱庆华为了做好绣品，经常很认真地观察花啊、鸟啊什么的。钱月芳是松江电子仪器厂的职工，有一次她在绣《五牛图》时，到乡下去看了一整天的水牛，把牛的神态都捕捉到了绣品中。高秀芳经常去看画展，把"画"跟"绣"的关系把握得很好。富永萍的书法很好，懂得墨法、笔锋、笔势，把董其昌的《题韩媛绣款》

戴明教指导学生刺绣

绣得很逼真。吴树新的母亲吴楚芳正好是我在松筠女校的同班同学，后来又是松江刺绣合作社的同事，所以吴树新受到母亲的感染，很早就成了我的徒弟。

我带的这些徒弟们现在都是后起之秀，很快就成为顾绣的第二代传人了。她们把顾绣的画理和绣理把握得很好，到现在已经大约绣了500幅顾绣精品，还被销售到各个国家去，很受欢迎。徒弟们代表上海参加全国"非物质文化遗产保护成果展"的现场表演，还在中央电视台播出。

时间过得太快了，我年纪大了，徒弟们也差不多退休了，还好她们也培养了一些传人。钱月芳现在有一个顾绣工作室，并且带了八个姑娘刺绣，她们快要成为顾绣的第三代传人了。还有另外三位徒弟在松江区文化馆里有一个工作室，她们的作品都被松江区博物馆收藏了。

亦画亦绣　用心"画"绣

顾绣在技法方面的要求是很高的，在选稿上也很严格，一定要选宋元时期的名人名画。顾绣几乎是对名画的复制，所以，我主张绣工一定要懂画，尤其要懂松江文人的画派、画理。在绣的时候，一定要用心，要让绣品有灵气，必须慢慢地绣。顾绣是不能赶时间的，也不能批量生产。比如说，完成一幅 0.5 米 ×1 米的作品，每天工作 8 小时，至少需要 100 天。绣成 40 幅作品的话，大概需要 10 年的时间。顾绣是有很多讲究的，在古代，不能想绣就绣，必须选在天气好和心情好的时候，才能动绣针。雨天、酷暑、寒冬，或者心情不好时，都不能刺绣，一定要等到心情好、天气也好的时候才能动手。

顾绣有专门的绣花绷架，又有三绝：劈丝、针法和配色，大体分为"摹"和"绣"两道工序。我在松江工艺品厂的时候，专门去考察过苏绣的技法，学习过双面绣，后来还用到了顾绣中。1977 年，我绣出的顾绣作品《红蓼水禽》，选材自北宋徐崇矩的名画《红蓼水禽图》，还去参加过全国工艺美术展览，获得了广泛好评；1978 年，我又完成了《群鱼戏藻图》，第一次尝试在顾绣中使用双面绣法，结果很成功，这幅作品在上海市民间工艺授奖大会上被授予一等奖。

1983 年，我当时已经过了 60 岁，本来早该退休的，但厂里的领导一直不让我退休，说我是顾绣的领头羊，要为顾绣留下点"家当"。他们说，历史上顾绣的针法全靠嘴巴讲，结果技法都没能好好地传下来。他们就让我把顾绣的针法写出来，好留给社会，让更多的人来学。那时候，我儿子在学校里做语文老师，我就让他把顾绣的针法整理出来，写成了《顾绣针法初探》。

戴明教指导学生刺绣

戴明教指导学生刺绣

我把现在仍适用的16种针法都写进了书里。基本针法是"齐针"，可以用来绣台子、鱼眼、小花、小叶等。徒弟们刚开始做顾绣都要学这个，这是基本功。比较常用的针法是"别梗针"，用来绣小草、小草的花瓣，还有小鸟的眼圈，是为了勾勒物体的轮廓，使边缘整洁。"刻线"是用途很广的针法，不论是人像面部还是物品周围都需要用到。"摘针"是在画面上摘出一点来。在绣比较大的花和叶子的时候，需要用"乱针抢"的针法。还有"盘抢""半盘抢""集抢""打籽针""卷针"等几种针法也是顾绣比较常用的。顾绣中真正有难度的是一些特殊针法，比如"虚针"，常常用在绣远山等景物时，绣的时候由实到虚，让绣品看起来有立体感。在绣人的眉毛的时候，要用"虚实针"，这是很有难度的。在绣台面、金鱼等时，要用"铺针"，这个要求就高了，绣面上不能露底子，反面是没有线的。"刻鳞针"在苏绣中也有，但顾绣用这种针法来绣鱼鳞或者是仙鹤的羽毛等。"施针"也是顾绣中特别的针法，可以用来绣动物、树干、飞鸟等。

我绣了几十年，共创作了41件顾绣作品，有几幅被收藏在松江博物馆里，其他作品好多都被当作礼品送到国外去了，退休后我才发现还没留下过自己做的绣品,就在家里绣了两幅顾绣,一幅是《小庭婴戏图》,另一幅是《双鹤图》。《小庭婴戏图》选材自宋代画册,绣品中婴儿的头发用的就是一根绣线的二十四分之一的细丝。《双鹤图》摹绣自松江画家刘建民的国画作品。2001年,中央电视台《东方时空》栏目对我和我所传承的顾绣作了专题报道。

这些年,政府很重视非物质文化遗产,这对顾绣来说真是件大好事,我绣了一辈子,经历了很多事情,尝遍酸甜苦辣,没想到现在遇上这样的好时代,又有这么多徒弟来把顾绣传下去,顾绣一定会有好的前途。

(本文由游红霞整理)

顾绣

　　顾绣诞生于明嘉靖三十八年（1559年），由松江府进士顾名世家族的缪氏、韩希孟、顾玉兰三位女眷创造，而韩希孟被誉为"顾绣第一人"。顾绣至今已有400余年的历史了，是江南地区唯一以家族姓氏冠名的绣艺流派。韩希孟的丈夫曾拜松江画派大书画家董其昌为师，女眷们在刺绣的时候，便吸取了书画的精髓，要求绣品要仿古，摹古色，有古韵，传达出画意来。于是，顾绣"近看是绣，远看是画"，又被称为"画绣"。顾绣的绣艺特色是：以针代笔，以线为墨，以摹绣古代名人名画为主，演绎文人画风，崇尚用色典雅而非艳俗，追求笔情墨趣，富有中国画的典雅风格。顾绣因此成为文人画在针刺艺术上的延伸，对苏、浙、湘、蜀等刺绣技术产生了深远影响。2006年，顾绣被列入首批国家级非物质文化遗产名录。

顾绣工作室

戴明教顾绣作品

国家级非物质文化遗产项目顾绣的代表性传承人戴明教已于2018年1月31日在上海松江去世，享年96岁。戴明教一生共创作了41件顾绣作品，一部分由松江博物馆收藏，其余大部分作品或被选为外交礼品，或因在国际文化交流中频频获奖，被世界各地美术馆、博物馆和顾绣爱好者收藏。

《小庭婴戏图》 顾绣

《小庭婴戏图》和《双鹤图》均绣制于1991年，当时，戴明教已经年届七旬，之后，因眼力不济退休在家，无力再绣。这两幅图可谓是戴明教的"封笔之作"，尤为珍贵。

　　《小庭婴戏图》和《双鹤图》，反映出戴明教"画绣"的巨大成就，不仅是绣法传承创新，更是与海派书画融为一体，与高雅艺术相切相磨，因而演绎了生活的华彩乐章。

《双鹤图》　顾绣

《日本仕女图》 顾绣

戴明教的人物绣《日本仕女图》，突破了以往顾绣囿于针线局限，脸部以丹青皴染的传统方法，在面部大胆施用满绣，细腻地表现了女性肤如凝脂的肌理神态。

戴明教——顾绣文化基因的传承与创新

"画绣"是顾绣区别于中国其他名绣的显著特征,绣娘兼画家是顾绣传承人的特质。以明末松江画派宗师董其昌为代表的文人士大夫们对顾绣有精湛贴切的品评,并将顾绣纳入松江文人画派的系列,雅俗文化获得高度的统一。当代顾绣传人继承传统,将刺绣技艺与书画艺术高度统一,凸显其海派文化特色和江南文化特色,这是顾绣的文化基因和灵魂。戴明教作为顾绣非遗项目的传承人,复原和创新了传统技法,形神兼具。顾绣传承人的工匠精神来源于江南地区尤其是上海本土文化的滋养,对技法一丝不苟的、精益求精的追求,正源自其内在的厚重的文化与艺术积淀。

顾绣工作室

2. 赤子工匠心　难觅传承人
——上海绒绣项目传承人唐明敏

　　唐明敏，1958年生，1972年进入红星绒绣厂工业中学学习，由此接触到绒绣。三年后，以优异的成绩留厂并被分配到该厂艺术品车间从事绒绣艺术品的绣制，28岁时已经名声在外。2002年，离开红星绒绣厂，与包炎辉共创上海黎辉绒绣艺术有限公司。唐明敏领衔绣制了多幅人民大会堂的巨幅绒绣作品，如：国宴厅《万里长江图》、香港厅《香港维多利亚海湾夜景》、安徽厅《黄山日出》、湖南厅《毛主席和各族人民在一起》等。其代表性作品《邓小平与布什》在江泽民出访美国时被作为国礼赠给当时的美国总统布什，黑白绒绣作品《国母宋庆龄》被宋庆龄基金会收藏。为纪念陈云诞辰100周年而绣制的《陈云像》收藏在陈云纪念馆。《陈云像》中超常比例的放大绣制在绒绣技艺上是史无前例的突破，将陈云当年的音容笑貌展现得淋漓尽致，陈云家人对此称赞不已，作品获国家博物馆表扬函。2004年，唐明敏被上海市经委授予"上海市工艺美术大师"称号。2011年被评为国家级非物质文化遗产项目上海绒绣的代表性传承人、首届中国刺绣艺术大师。

唐明敏口述

1972年，我在中学刚学习了两个月，红星绒绣厂来招人，每个班抽两人，那时我也不知道去厂里具体要做什么，只知道红星绒绣厂是绣花的，我对绣花也不了解，更没什么兴趣。后来进了工厂后就是半工半读，除了三门基础课语文、数学、政治外，教得最多的就是画画，每天下午还有老师傅教一点简单的针法，后来我一点点地开始对绒绣有些兴趣了。三年之后，工厂就开始分配学生到车间工作，我当时学习成绩还不错，就被分配到艺术品车间。艺术品车间重技术，是红星绒绣厂里最好的车间之一，我们班一共就四个人分配到那里，我觉得很荣幸。

我在学校里没有专门学过技艺，到了车间里慢慢学习绣制艺术品需要的技艺。我们不像前几届学徒要拜师傅，所有的师傅都可以说是我们的师傅，都可以去请教问题。我们那时也很勤奋，经常去问问题，件件事情都抢着去做，师傅也蛮喜欢我们。当时最开心的事情就是能在广播里面被表扬，比如做工的速度很快或者又超了多少指标，我们可有干劲了。艺术品车间的作品以人像为主，人像皮肤光泽的处理很考验技术，一般能做人像了，师父也就认可你了。我的第一幅人像作品是《西德小孩》，当时我非常紧张，人像最难表现的是五官，并且每一丝每一线都对画面有重要影响。最后这幅作品让师傅和顾客都觉得挺不错，我的胆子就慢慢放开了，大约在20世纪80年代末，我也逐渐成为车间里的主力军了。

我的孩子出生后，每天都需要人照顾。我丈夫也不会做饭，但厂里那时订单很多，不能耽搁，我就带着孩子去厂里上班。后来这样实在太辛苦，我和丈夫商量着不管怎样总得有一人留在家里照顾小孩，一人出去上班。幸好我丈夫很支持我的绒绣事业，他开始学着做饭做菜，我就放心地去厂里上班，继续专注于绒绣，然后晚上回来我再做点其他家务。2002年，我离开红星绒绣厂，和包炎辉老师一起组织成立了上海黎辉绒绣艺术有限公司，做绒绣艺术品，我负责技术这一块。刚开始的时候，公司接到订单后就从以前厂里找绣工过来一起完成。有事业后，我就更加有责任感了，对作品的要求更高。当时的订单主要来自人民大会堂、浦东新区政府、企事业单位等，我们做政府的大型作品比较多，小作品也有一些，如企业礼

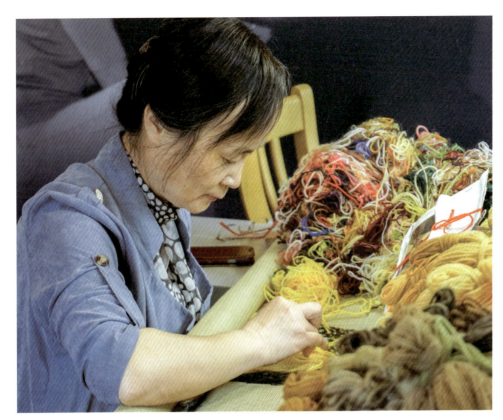

唐明敏在工作中

品的订单。包老师原本是红星绒绣厂的厂长,质量把关很严,政府也很愿意把这些订单给我们,因为只有我们的团队做过大型作品,比较有经验,其他地方是做不来这种大型作品的。

绒绣制作首先是要分析画稿,把画稿读透,对全局有一个整体把握才能在接下来的工作中游刃有余。然后是准备绒线,要根据画稿把白线染成各种需要的颜色。接着是给画稿打格子,并根据绒绣成品的大小计算画稿上每个格子在网眼布上要占多少地方,需要放大多少倍。再然后是在网眼布上勾出画稿轮廓,就可以开始绣制了。以前红星绒绣厂里有专门分工的配色、染色师傅,在自己的公司里都是自己配色。刚开始的时候我不会染色,就一点一点摸索,染色失败也不要紧,这个颜色染得不合适,也能用到画稿中其他地方或者加染料把它染成更深的颜色。自己配色虽然麻烦一点,但是得到的颜色更合心意,作品能更完美,毕竟配色师傅一般不会仔细分析画稿,而每个人对画稿的理解是不一样的。一幅作品配色所需要的时间与复杂度有关,《西部风情》就用了半个月。勾轮廓,就是用铅笔在网眼布上勾画出稿样的轮廓,勾轮廓是一边绣一边勾的,因为作品一般比较大,

上海绒绣所用的绒线

把网眼布完全展开的话，绷架上放不下，所以网眼布时常卷卷放放，即使有铅笔画的轮廓，也被磨没了。以前的老师傅要用丝线完整地将轮廓勾一遍，但这个轮廓总归是粗糙的，最后还是要一点点再拆出来，所以现在我就省去这一步了。在红星绒绣厂时有专门画样勾轮廓的师傅，但是轮廓还是自己勾比较好。勾轮廓其实也是分析画稿的一个过程，自己勾的轮廓不同地方用什么颜色自己清楚，精确度比较高，也符合自己创作的思路。我在劈线分割方面要求也比较高，有的人把绒线只劈成三股线，我一般至少劈成四股线，但这也是根据画面的需要作调整的，最多时劈成过八股线。因为一开始绣制的时候线必须要细一些，否则后面发现有颜色过渡不恰当的地方就无法再覆盖上去了。由于整个绒绣的制作技艺都是手工的，所以耗费时间很长，要耐得住寂寞。《西部风情》是当初评首届上海工艺美术精品和评上海市工艺美术大师的代表作，大概 1 米高，里面有母子两个人像，难度不算特别大，但我也绣了半年多。《陈云像》是 154 厘米 ×120 厘米的肖像画，大型肖像画是绒绣中最困难的，我起早贪黑，每天加班，周末也不休息地将它赶制出来。当时为纪念陈云诞辰 100 周年，我到中南海去启针，然后拿回来绣制，绣完再拿去北京。陈云的家属、中央领导对这幅作品都很满意。大型绒绣需要多人合作，宽度四五米的作品一般是四五人合作，每人绣制约 80 厘米的宽度，不能太挤了，否则相互之间会打到手。要是人少，平均每人能负责 1 米多的宽度。

最近我正在做一幅浦东新区的大型作品，真的感到很头疼，想组织几个人实在落实不了。公司在 2002 年成立的时候只有我们两个人，2004 年加入了两个以前的同事，2006 年又增加了八九个人。2009 年申报完非遗之后，市场也不太好，因为绒绣精品做工时间长，价格比较贵，还需要顾客对这些手工针线有欣赏力，所以能接受的人不多。公司的绣工年纪都大了，很多就陆续回去了，我算是年纪轻的，比我小的也就小个四五岁。有的家里添了孙子，就忙着照顾孩子了。现在公司一共有七八个人，能绣的就四五个人，其中有一个已经75岁了。其余的人负责配色之类的辅助工作。这些老绣工都来自红星绒绣厂和高桥东方绒绣厂，退下去后却没有一个年轻人来传承。我现在的绒绣传习所也有学徒来过，但是没做多久就都走了，一是经济上的原因，二是年轻人静不下来，耐不住这一针一线的功夫，做绒绣一方面要有艺术上的灵感，另一方面要耐得住寂寞。近年来，我们一直去学校和社区进行传习与推广，大多在职业技术学院，我们上的课是兴趣课，有的学校开了晚托班，学生晚上没事愿意的就来做做绒绣。在社区里面刚退休还没有第三代的且对绒绣感兴趣的也会来学学，但是都学得比较浅、比较随意，不会向精品的方向去发展，也就担不起传承这门技艺的担子。简单的绒绣实际上几个星期就能上手，但是要能生动地绣制出花卉、动物甚至人像等艺术品的话，需要一两年甚至更长的时间。所以如果想成为专业的绒绣学徒的话，可能需要政府前期在资金上予以扶持，毕竟这门技艺要很长一段时间才能出师，而且现在市场的情况也不太好，公司效益也不行。

上海绒绣传承人唐明敏

我们近年也开始做文创产品,这个想法是包老师的儿子包粒提出的。年轻人比较有想法,希望能够把绒绣这么一门传统工艺和现代时尚生活结合起来。我和包老师一开始觉得太冒险不接受,后来他带着我们去了解了现在年轻人的很多新东西,我们慢慢也觉得做文创产品很好,既然传统的绒绣路子走不通了,那就得多创新,说不定能闯出绒绣的一片新市场、新天地。我们和一些品牌合作设计了拼接绒绣的男鞋,这些鞋子有的在门店里卖,但都是很少量生产的,比如五双、十双。价格比较贵,数千元不等,弄潮儿们很喜欢。我们也创建了自己的品牌 Queensback,做绒绣和真皮拼接融合的时尚女包。像这"丝路春语"绒绣女包的包形源自中国元素,曾为外交部定做,作为赠送外宾的礼品,在店里价格大约 4000 元,是纯手工制作的。这些包的纹案也是包粒设计的,他是设计专业出身的,所以他的设计很有现代气息,但也不会跟绒绣的技艺特点不协调,之后由我来配色染线,再把它们派发给那些已经退休离岗的老绣工做。这个绣片不大,纹案也不像人脸那么复杂,她们在家里也还能做一做。现在年纪轻的绣工真的没有了,人才断层得非常厉害,我和包老师心里真的很着急。如果这些文创产品能够做好,学徒的待遇也能提高,并且能让她们看到这门手艺未来的市场,我想应该还是有人愿意好好来从事绒绣行业的,毕竟现在工作也不好找,我们在推广活动和展览会上也碰到过几个很喜欢绒绣的。

丝路春语　绒绣女包

我今年 60 岁了,从 1972 年刚上中学两个月就进入绒绣厂开始,已经在绒绣的一针一线中度过了四十几个春夏秋冬了,按照李克强总理说的工匠精神,我算是不折不扣的工匠了。我和包老师年纪也慢慢大了,以后眼睛看不清了、不能做了,这么好的一门手艺眼看就要断在我们这一代这里了,真的很可惜。作为上海绒绣项目的国家级代表性传承人,我总想着要以最好的面貌来传承这门手艺,但是谁来接我的班,真的让我很担心。

(本文由朱玫洁整理)

上海绒绣

绒绣起源于欧洲,1840年鸦片战争后,上海徐家汇天主教的修女在农村传授绒绣等西方技艺,绒绣由此传入上海。上海绒绣是将西方的美利奴羊毛线绣花与中国传统手工刺绣技法结合发展而成的艺术门类。绒线质地较丝线、棉线更为厚实且不反光,具有纤维毛茸感,绒绣作品具有沉着、庄重的艺术表现力,一般画面较大,多数复制名画、人物和风景照片。

《熊猫》 绒绣

绒绣的色彩丰富多变,用色往往达数百种,层次清晰逼真,特别强调色阶、色相的过渡,并注重人物神态的刻画,常作为大型建筑的室内装饰。早期花样图案的绒绣仅作为日用工艺品的装饰面料,洋行买办杨鸿奎首先组织上海妇女生产绒绣销往国外。1943年第一代绒绣艺人刘佩珍创作出第一幅人物肖像《高尔基》,开了中国绒绣艺术品之先河,其后经高婉玉、张梅君等进行自行染色、配色、劈线、拼线、双面绣、粗细麻布镶嵌绣等相关技艺改良,融合多种传统刺绣针法,使得绣像色彩更加自然,形象越发逼真。新中国成立以后,上海绒绣作品不仅时常装饰在人民大会堂、中央军委、外交部等场所,还作为国礼赠送给外国元首,架起了中外友谊的桥梁。当下绒绣艺术品的创作和绣制主要集中在国家级非物质文化遗产保护单位浦东洋泾的上海黎辉绒绣艺术有限公司和高桥绒绣馆,以及上海市级非物质文化遗产保护单位恒源祥绒绣工作室和上海工艺美术研究所。2009年,由上海工艺美术研究所、恒源祥(集团)有限公司联合申报,海派绒绣被评为上海市第二批非物质文化遗产项目。2011年,由上海市浦东新区申报,上海绒绣被列入第三批国家级非物质文化遗产项目。

唐明敏上海绒绣作品

《持葡萄的圣母像》

绒绣艺术作品《持葡萄的圣母像》规格为88厘米×67厘米，作为其蓝本的油画原作藏于法国卢浮宫博物馆，为法国路易十六时期蜚声国际画坛的优秀油画作品。

绒绣艺术作品对蓝本（印刷品）的色彩作了局部调整，由唐明敏经三个多月不断地探索研究而精心绣制。

在绣制过程中，她融合了劈线分股、合股拼线和复合润色等技艺，集千万个颗粒彩点有序组合排列，并由点面应运相生而形成绒绣的特殊艺术语言，再现了油画原稿的艺术精华和文化内涵，凸显了原稿古雅清润、绚丽多彩的艺术魅力。

作品中的圣母面部温柔、和善、仁慈、妩媚，怀中的小天使天真烂漫、童趣十足。在塑造刻画人物的过程中，圣母厚实而亮丽的蓝色外衣和红色内衣，两者相互映衬，冷暖色调对比强烈。小天使的浅蓝色衣服更加显现其纯洁无瑕。衣服皱褶的色彩明暗变化，更加表现出服装的质感和纹饰的丰富变化。

作品中人物眼神的刻画始终占主导地位，并以此揭示人物内心深处的"仁"与"爱"——圣母的双眼含情脉脉，而小天使充满好奇。眼白部分使用三针灰白色的线色，起到了"点睛"作用，把人物间的亲密关爱之情刻画得淋漓尽致，惟妙惟肖。

背景的用色既起到了衬托人物鲜明形象的作用，又强化了整个画面的纵深感，使这件绒绣作品更具有艺术张力和视觉感染力，是一幅不可多得的绒绣经典作品。

《持葡萄的圣母像》 绒绣

《自由引导人民》 绒绣

《自由引导人民》（局部） 绒绣

《自由引导人民》

绒绣艺术作品《自由引导人民》取材于收藏在卢浮宫博物馆中德拉克洛瓦的油画，经过绒绣大师唐明敏的再创作，融画理与绒绣技艺于一体，成功再现了法国七月革命的宏伟场面。

《自由引导人民》规格为126厘米×164厘米，用了6000余种不同色线，是由唐明敏耗时一年半绣制的。为更好地表现原作，唐明敏在绣制过程中充分运用劈股分线、合股并线、逐针配色、颗粒彩点排列组合等绒绣工艺，并采用色块过渡、复合润色、明暗相交、冷暖对比、虚实相融、高光凸显等艺术手法，经过31万多针，巧妙地将画面中13个不同身份的人物的不同神态、不同表情及刀枪、服饰的材质刻画得惟妙惟肖。

为了突出作品主要人物自由女神的形象，尤其是自由女神的面部特征，也为了保证面部线条的完美性，唐明敏采用劈线分丝1/2和1/4绒线来勾勒轮廓，恰到好处地表现了鼻子、眉毛、眼睛、上下嘴唇之间的精确距离。自由女神的眼神仅用一两针微妙的彩点变化来表现，整个面部表情被激活了。同时她又用色块接色过渡来呈现自由女神柔滑细腻的肌肤和丰满坚实的体态，既柔美又粗犷，凸显出自由女神博大的胸怀、崇高的信念。

作品在对不同人物的服装和武器的绣制上，采取了半针绣、粗细混合绣等多种针法，很好地表现了服装与武器的质感。在一个网格里经常采用至少四种色线的渐变和反复交错揉杂等技艺，加强绒绣画面层次感，飘逸灵动、淋漓尽致地再现了原作的艺术魅力，同时也体现出东方神韵。作品现收藏于上海绒绣洋泾传习所。

《陈云像》

《陈云像》 绒绣

2005年是陈云诞辰100周年，为了表达家乡人民的思念之情，恒源祥（集团）有限公司委托上海黎辉绒绣艺术有限公司绣制一幅《陈云像》，规格为154厘米×120厘米，任务落实到唐明敏手上。2004年11月8日，陈云夫人于若木女士参加启针仪式。启针率绣后，唐明敏于2005年5月18日绣完最后一针，累计绣制27.7万针。

绒绣《陈云像》以陈云1959年5月15日在中南海勤政殿的留影照为蓝本绣制而成。按常规，蓝本与绣品的比例在1∶5为宜，可这次的蓝本比32开书页还小，绣成的巨像整整放大了13倍。照片印刷颜色偏黄，电脑扫描打印后又偏红，使作品的色彩控制难度加大；此外，肖像脸部面积较大，作品篇幅大，必须多次"卷绷"才能完工，前后容易产生色差。

为了使肖像表现得更加细腻，唐明敏依靠企业的整体技术优势，决定将普通七目网眼布改为十目网眼布，对作品进行二次艺术加工，工作量由此增加一倍。为了让效果更逼真，唐明敏动用1300多种颜色的新西兰羊毛绒线，并将原羊毛绒线分成三股、四股，揉杂在一个网眼中。

《陈云像》用绒绣的特殊艺术语言，将人物的明与暗、热与冷、虚与实，贯穿融会成一体，将形、神、色、光以及老人的皮肤特征、每个细节的微妙变化都表现得栩栩如生。老一辈革命家陈云和蔼可亲的表情仿佛再现在我们的面前，可以说这幅作品是绒绣史上绣制头像面积和难度最大的、不可多得的艺术珍品。2005年6月3日—7月3日，这幅肖像被送到中国国家博物馆公开展览。作品不仅得到广大观众的高度赞扬，也得到陈云家属和中央领导同志的高度评价。作品现收藏陈列在上海青浦练塘镇陈云故居纪念馆。

《龙门石窟》

龙门石窟是中国石雕艺术的宝库，也是世界石窟艺术的绚丽篇章。绒绣艺术作品《龙门石窟》规格为125厘米×190厘米，用色1300种，绣片重量为3.53千克。唐明敏通过劈线、拼色、接色、粗针、细针、半针和粗细针结合等多种工艺技法，精心绣制了卢舍那佛亲切动人的慈悲容貌，体现了特有的佛教意境。作品通过采用难度较大的同类色系刺绣及平和自然的色彩过渡，使画面中的人和物造型丰满、形象逼真，流畅的衣纹和坚硬的山岩形成了鲜明的质感对比。画中五官各异、栩栩如生的菩萨环绕卢舍那佛，组成了一个庄严肃穆的佛的世界，尽善尽美地表现了大唐时代的

《龙门石窟》　绒绣

艺术风格和人文风情。

这幅作品的主题是奉先寺的卢舍那佛坐像。为了准确地表现这组大型石雕艺术和其间蕴涵的佛教文化精髓，2006年年初，唐明敏赴洛阳实地考察、观瞻龙门石窟。奉先寺系唐代开凿，是龙门石窟中最大的一个窟。它长宽各30余米，洞中佛像具有鲜明的唐代艺术特点，面形丰肥、两耳下垂，形态圆满、安详温存、亲切动人。石窟正中的卢舍那佛坐像是龙门石窟中最大的佛像，身高17.14米，头高4米，耳朵长1.9米，造型丰满，仪表堂堂，衣纹流畅。仰首瞻望，深感佛教文化和中国元素融会的艺术魅力，实在是一件精美绝伦的艺术杰作。"卢舍那"真正体现了"光明遍照"的佛教意境。

绒绣艺术作品《龙门石窟》的创作不但要充分发挥绒绣的艺术技巧，还要深刻领会佛教精神和佛教真谛。这尊佛像丰颐秀目，嘴角微翘呈微笑状，头部稍低略作俯视态，睿智而慈祥，令人敬而不惧。这尊佛像把高尚的情操、丰富的感情、开阔的胸怀和典雅的外貌完美地结合在了一起。创作和绣制的过程中，关键是要把古代匠师的高超技艺用羊毛绒线在网眼布上体现出来。如佛的面部表情丰富而细腻，制作过程中主要用"点"来表达，而众佛的表情各异，眼、眉、鼻、口、耳等五官结构各有特色，比例掌握要求严谨，轮廓表达要准确和谐，再加上佛教以慈悲为怀，人物表情安详平静，所以色彩配置相对要柔和一些，色彩的过渡也要相对平和自然。因此，唐明敏大量采用了劈线分股、合股拼色、界面接色、粗细针结合、1/2格或1/4格细针切轮廓及自行染线等技巧，克服了网格麻布上绣制弧形轮廓容易出现锯齿型线条和色彩过渡颗粒化的不足，保证了脸部色彩柔和、明暗过渡自然、五官轮廓清晰、位置比例精准，完美地再现了卢舍那坐佛的容貌。同时，在许多细节上，以棕色为主的线条进行相近多线色的组合，最多时一针中合股了八种色线。如背景岩石从硬到软的表现手法，用两种线色来表现岩石的坚硬，用四五种线色来表现岩石的柔软。对于画面下部的围栏，为表现其透视的效果，颜色由深到浅一直到与背景同色，针法间距由四至五针间隔到一针与底色相并再到虚。石墩从左面第一个最深最大的开始绣起，一直到最小最浅的，间距逐步相近。唐明敏运用绒绣艺术的技巧，从精、气、神三个方面尽善尽美地表现细节乃至整幅画面。该作品已被上海绒绣艺术爱好者收藏。

《西部风情》

　　《西部风情》是规格为 65 厘米 ×97 厘米的、用新西兰羊毛刺绣在网眼布上的、近 10 万针数的绒绣艺术品。作品蓝本是一张反映了我国西部藏民劳动场面的彩色照片，作品画面构图紧凑，人物表情丰富，极具地域特征和艺术趣味。

　　作品中的劳动妇女纯朴善良，藏族孩子天真无邪；牦牛粗壮的躯体、憨厚的眼神、弯弯的犄角和蓬松的牛毛凸显了一种力度；脚下肥沃的土地层层叠叠，恰如一幅精彩的油画场景。丰富的色彩，强烈的明暗变化，孩子脸上的太阳红，妇女头上的盘发，旧皮袍上被磨白的皱褶，近端模糊的

《西部风情》　绒绣

《西部风情》（局部） 绒绣

泥土和中远端清晰的泥土，以及人物和动物脚步的动感都展现了绒绣艺术的无限魅力。

绒绣具有善于表现丰富线色的特点，因此作品被定格在了阳光下的人以及牛和土地上，运用了大量的拼色和接色技巧来实现色彩的自然过渡和大对比度明暗界面的梯度变化，并且在色块的处理上借用西洋油画的特征来刻画人以及牛和土地的神与情。孩子在泥土里跨步，老牛在走动时踢起的土和灰以及牛腿上飘动的毛，展现了画面的动感。老牛的壮实、犄角的坚硬，表现了画面的力度。纯朴的西部藏民给人留下了浓厚的原生态质感。

作品还运用了线色的冷暖处理，采用劈线分股、合股拼色、接色等技巧来刻画孩子脸庞的稚嫩感、红色皮袍的厚重感、老妇人的凝重感和老耕牛的憨厚感，浓墨重彩地表现了人和大自然的亲密、劳动的崇高，成功地对原作品进行了再创作，是西洋艺术的表现手法移植到绒绣制作上的典范。

作品荣获2002年杭州西湖博览会第三届中国工艺美术大师作品暨国际艺术精品博览会银奖，这是唐明敏申报中国刺绣艺术大师、上海绒绣国家级传承人的代表作。此作品现陈列在上海绒绣洋泾传习所，是镇所之宝。

上海绒绣洋泾传习所

唐明敏——上海绒绣的中西融合与创意创新

上海绒绣从诞生伊始就是东方语言与西方语言的结合，是跨界的文化事象，具有中西文化交流的品格和基因，也建立了代表国家形象、体现海派文化精神的本土话语。近年来，上海绒绣的生产性保护单位上海黎辉绒绣艺术有限公司在传统手工技艺的基础上进行了创意创新变革，自创了Queensback品牌，发展出具有文创附加值的衍生产品，既保留传统工艺，又体现时尚审美价值，重塑了上海绒绣的开放价值和本土价值。本土的人物题材和宏大的场面，把绒绣的表现力提高到一个新的境界，绒绣也因此成为受市场欢迎的高端非遗艺术品。艺术类非遗门类能否发展，在于是否与时俱进，是否突破创新，获得消费市场的认可。没有市场，生产性保护就是一句空话。上海绒绣的成功告诉我们，非物质文化遗产是吸收人类文化精华的产物，不是封闭的文化形式。绒绣经过改良、改造、转换，成为全新的艺术形式，这便是海派非遗的独特样式。

上海绒绣洋泾传习所陈列的作品

3. 亦商亦匠　兼中并西
——紫檀雕刻项目传承人屠杰

屠杰，1961年生。屠杰出生于艺术世家，其先祖在明清及民国时期已以精湛的雕刻技艺享有盛誉，其父屠汉民在雕塑艺术方面也颇有造诣。屠杰继承了祖辈的紫檀雕刻技艺，并将其发扬光大，成为屠氏雕刻的重要传人之一。屠杰毕业于同济大学，曾在英美名校深造，获硕士学位。20世纪80年代末，抱着以商养艺的态度，屠杰回国创建了上海欧亚建设发展公司、上海欧亚投资置业公司等多家经济实体，并以此为依托成立了明清红木雕刻艺术研究所，而后发展为中国紫檀文化研究院。2010年，屠杰创建中国现代国之宝艺术馆，在上海世博会期间曾作为上海城市特色文化展示馆对外展示。2012年，被评为国家级非物质文化遗产项目紫檀雕刻的代表性传承人。

长期以来，屠杰潜心创作，取得了令人瞩目的艺术成就。巨型黄檀雕塑《世纪观音》供奉于泰国诗丽吉皇后艺术中心，屠杰也因此被泰国国王亲授"泰中文化交流特殊贡献勋章"和奖牌；紫檀雕塑《万世师表》被联合国教科文组织永久收藏，屠杰被授予"世界文化和平奖"；《济困之公》《道德天尊》分别供奉在上海玉佛禅寺和浦东太清宫；《世纪龙舟》和《济公百态》代表上海非遗项目在世博会上海活动周展出，获得业内人士和专家学者的一致好评。屠杰注重中国传统工艺美术的理论研究,将紫檀雕刻艺术作品与学术论文、书画、诗词创作相结合,撰写出版了10余部专著,并在国内外发表70多篇论文。他热心公益事业,向联合国科教文组织、上海慈善基金会、同济大学、上海玉佛禅寺、浦东太清宫、青海西宁市政府等机构以及国内外许多著名博物馆、艺术馆无偿捐赠了大量珍贵的紫檀木雕作品。因其在艺术方面的杰出成就,屠杰先后被评为上海市工艺美术大师、21世纪杰出专家、世界杰出华人艺术家,并入选中组部"高级专家人才库",享受国务院政府特殊津贴。

屠杰口述

我从事这一行既是受祖传技艺的影响，也是自己真的很喜欢。小时候有一次，我从床铺底下翻出一只箱子，里面是刻刀和木头，还有一件《小放牛》的雕刻件。牧童悠闲吹笛的神态和牛活灵活现的姿态让我一下子就喜欢上了它，迷上了雕刻。从此以后，刻刀就成为我年少时候一刻不离的好伙伴。雕刻提高了我的动手能力，13岁时，我在全国青少年航模比赛中得过一等奖。获奖的作品是一艘海盗船，是我根据一张图纸自己制作的，上面没有用一根钉子，采用的是传统木器制作的榫卯结构。17岁时，我获得了全国盆景制作比赛的一等奖。中学毕业以后，我就自己制作盆景到市场上去卖。在市场上我遇到一个来自西双版纳的卖翡翠的女子，她看我的盆景卖得很好，自己的翡翠卖不掉，就用翡翠和我换。后来她还邀请我和她一起去进货，这样我就开始雕刻翡翠。我雕刻翡翠的时候，比较注重借鉴魏晋至唐代佛像的画稿进行雕刻，这些雕刻件特别受欢迎，港澳台地区和东南亚的商人很喜欢，所以我当时赚了不少钱。不过，我雕刻翡翠的经历只持续了四年。因为一次买翡翠籽料的时候看走了眼，把全部家当都赔进去了，我觉得大概自己跟翡翠没有什么缘分，从此以后就不做了。

大学毕业以后我工作了一段时间，后来就到国外游学了，在英国伦敦大学念建筑与环境系，后来又到美国波士顿塔夫茨大学学习景观造型艺术。我沿着西方艺术史的线索，到过十几个国家的艺术博物馆，去揣摩那些和我们传统风格很不一样的艺术精品。我是在20世纪80年代后期回国的，当时国内紫檀木料已经很稀缺，价格高昂，大型的木料甚至是无价也无市，我能有这么一批紫檀大木全靠上天青睐。80年代末，在一次

屠杰在创作中

前往印度的民间文化交流活动中，我非常偶然地发现有一片残破旧房的梁柱竟然都是老红木！我当时特别激动。后来在中印友协的帮助下我再次去了印度，到盛产红木的小村子和老树林里考察，和当地的农民交朋友，向他们请教经验。后来，我把当时持有的恒达集团原始股份全部变现，得到7000余万元的港币，买下并运回了这些老屋拆迁后留下的大批紫檀木料。解决了木料问题后，我就开始进行大量紫檀雕刻的创作。仅从1989年到1999年的10年间，我就做了17尊大型木雕。

紫檀雕刻的一般工序包括选料、绘画、雕刻、打磨、上漆。选料要选择具有合适材质、料性、形势的木料；绘画要设计构思，然后绘出画稿；雕刻要先整理木料，在木料上划样，打凿好粗坯，然后再精雕细刻；打磨时要将雕好的作品打磨出分明的线棱并使得整个雕塑光润如玉；上漆要上生漆，在阴干后多抛光。这里每一个环节都很重要，不过最重要的还是雕刻技法，但雕刻技法也要有自己的特点。对于真正的艺术创作，完全按照传统来是不行的，必须另辟蹊径，这才是创作。我认为自己从事的是艺术创作，所以不仅要追求普通艺术品所具有的精致和美感等特征，更重要的是要建立自己的特色，独特到别人模仿不来。我的紫檀木雕技法与其他人相比，具有一个明显特征，也就是我独创的劈雕技法。

劈雕技法是在传统木雕技艺基础上的创新。我在少年时期就觉得应该对传统的木雕技艺进行改造。传统技艺讲究圆润的美、完整的美，可是这种美不够特别，而且容易被复制。其他艺术手法，比如根雕技艺就具有一种特别的美感，或者说残缺的美感。我觉得应该向根雕技艺学习，所以少年时期我就进行了这方面的尝试。在父亲的帮助下，我初步采用劈雕技法进行雕刻创作，而我的劈雕技法的成熟则受益于欧洲雕刻作品的引导。我在欧洲学习过一段时间，观摩了很多大师的雕塑和雕刻作品。欧洲雕塑作品的残缺美启发了我，这是一种不完整的美和朦胧的美，与传统中国紫檀雕刻艺术具有明显区别，但又同根雕艺术有相似之处。我的劈雕技艺就是为了追求西方残缺美与东方意韵美的融合。"劈雕"的意思就是先劈开再雕刻。劈的时候要按照紫檀木的天然纹理去劈。紫檀木的纹路是卷曲的，刀一下去木料就顺着纹路裂开了，然后再雕刻。按照木纹去劈是为了保持木料的天然状态，以此得到的劈面的形态是独一的，无论如何也无法复制，而之后进行的雕刻又是个人的艺术创造。这样，劈雕技法就能很好地将天然木料与人的创造统一起来。

我在具体雕刻的时候，又将西方雕塑艺术的写实手法融入到祖传的雕刻技艺里。东方的艺术讲究的是似像非像，是写意的、讲究意境的，但西洋的艺术都是写实的，偏重于细节，比如西方雕刻中人的手筋、脚筋都表现得很细致，而中国雕刻比较注重整体的构图。所以我在雕刻中会特别注意细节的处理，比如手脚筋的刻画、衣料纹路的刻画，这些细节的处理都让我的雕刻作品具有特写一般的栩栩如生之感。我把自己的雕刻技艺称为海派紫檀雕刻，就是因为其中吸收了西方雕刻艺术的元素。

紫檀雕刻是耗时很长、非常辛苦的创作过程。在雕刻之前，我一般运用绘画加写诗的方式让自己对所刻画的对象熟悉起来。比如我创作的《济公百态》包括180多个姿态各异的济公雕像，但我画了10000多幅济公画像，还写了几百首诗，这就是我与其他木雕创作者的一个重要区别。当我画好10000多幅画以后，济公的喜怒哀乐、各种姿态就已经深深烙印在我的脑海里了，拿起刀就可以很自然地进行创作。当然，这10000多幅画不是在同一段时间内完成的。实际上我早在5岁多时就开始雕刻济公，那时候就开始画画。我现在展出的济公作品的时间跨度很大，有20世纪90年代的，也有新作。我不断画画和写诗，我的济公雕像也就不断地创作出来。我50多岁了，在经商和艺术创作中经历了一些风风雨雨，带给我不少的人生感悟。我会在雕刻作品中表达这些人生感悟，因此，我的济公雕刻作

紫檀雕刻的工具

品每一尊的主题都不一样，有不一样的形态，体现出的内涵和气质也不同。1993年，我雕了一尊《敬天爱人》；1999年，我雕了一尊《光明磊落》；2015年，我又创作了一尊《五蕴皆空》。

有时候，创作灵感其实是一种缘分，我从儿时开始一直想创作一座自己的观音，但是一直没有满意的观音形象，因此迟迟未曾动手。直到1995年年底，我坐飞机前往泰国曼谷，中途天气恶劣，机身颠簸得非常厉害，身边的乘客都开始惊惶起来。那时我突然看见机舱外面一道红色的霞光中浮现出一尊面容分外慈祥的端坐云端的观音，我当时就觉得这不就是我一直要找的观音吗？后来经过4年多的时间，我创作了千手观音作品《世纪观音》，选的金黄色的古檀木料，雕塑成品有6米高，5吨重，这是我创作的第一尊精品，在1999年年末，赠送给了泰国人民。当时泰国僧王召集了全泰国的寺庙住持举行了三天三夜的开光落座庆典，作品最后供奉在诗丽吉皇后艺术中心。其实我有很多雕塑都向国外无偿捐赠了，大型的雕塑《万世师表》捐赠给了联合国教科文组织。伦敦泰特美术馆、旧金山亚洲艺术博物馆、莫斯科博物馆等许多国外著名的博物馆都有我捐赠的展品。当然在国内我也捐赠了很多作品，比如上海玉佛禅寺和浦东太清宫供奉的《济困之公》《道德天尊》，只是很多人不理解我为什么要把这些精致昂贵、费尽心力的作品拱手相送给外国人。其实我不觉得这不好，反而认为紫檀雕刻艺术品作为我们民族传统文化的瑰宝、非物质文化遗产，应该让全世界的人民都能欣赏到。

我能从事这么多年的紫檀雕刻，与我以商养艺的观念和行为分不开。以商养艺，也就是通过经商来养活艺术创作。因为紫檀木相当名贵，一定要有大量的资金用于购买原材料才能进行创作。80年代末我回国以后，曾到全国各地收集明清雕刻的图稿和工艺资料。有一次，我去拜访了一位中国石雕大师，看到他就在一间简陋狭小的工作室里工作，大量精巧的作品只能挤放在几只陈旧的玻璃柜里，一块"石坛巨擘"匾额占去了一大半空间。这位老人甘受清贫而追求艺术最高境界的精神打动了我，但我同时又感觉很难过，掌握绝技之人不应该生活得如此艰难。我认为传统民间工艺要改变艺绝人亡的现状，首先必须要生存下去，于是我就产生了以商养艺的想法。我曾经在香港恒大集团高层任职，后来又在一家香港旅游公司做过管理工作。当时工作也比较忙，我就在业余时间进行创作。有时候喝了酒感觉很兴奋，就开始雕刻，那时我能三天三夜不睡觉。从80年代后期开始，我相继在海内外创办了上海欧亚建设发展公司、上海欧亚建筑安装工程总承包公司、上海欧亚投资置业公司、上海欧亚国际服务贸易公司等系列企业。我经营企业也很用心，创办的企业获得过"上海市文明单位"称号，连年被评为上海市信得过企业，我本人也获得了"优秀企业家"的称号。后来，我被泰国聘为泰国工商总会终身名誉会长。

紫檀雕刻传承人屠杰

我的企业经营得比较成功，这就使我有了足够的财力去进行紫檀雕刻创作。现在的中国紫檀文化研究院就是以我的这些公司的财力为依托而成立的，前身是明清红木雕刻艺术研究所。中国现代国之宝艺术馆也是我规划设计、筹资创建的，2010年5月开馆，2013年成为中国博物馆团体会员。艺术馆有2000多平方米的展厅，陈列了我个人创作的木雕作品，还收藏了一些木雕、玉雕、石雕、牙雕、书画等艺术品，也对外承办艺术品展览，我希望能把它发展成一个宣扬中国传统艺术文化的窗口和平台。我是处处在实践以商养艺。企业经营得好，艺术作品也创作得好，这是相辅相成的。20世纪八九十年代，艺术品一度被认为是无用的，是被边缘化的。当时没有紫檀木艺术品市场。虽然改革开放以后我们培育了很多经济人才，但文化艺术人才一直缺乏，因为文化艺术要靠长期培育，不能一蹴而就。我希望传统工艺能被好好地继承、发扬下去，就一直在做这方面的工作。我自己有公司，在市场上有发言权，就逐渐开拓紫檀木雕的市场。让人惋惜的是，国内不少掌握绝技的其他非遗项目的传承人，有的还处于比较清贫的状态。这几十年来我一边经商一边从艺，没有休息过，我热爱这门艺术，我愿意这样去付出，今后，我也会一如既往地坚持下去。

（本文由毕旭玲整理）

紫檀雕刻

紫檀雕刻是我国木雕艺术中的一个重要分支。紫檀雕刻作品品种繁多、造型各异，集工艺与美术于一体，在我国传统工艺美术中占有相当重要的地位。紫檀木素有"木中之王"的称号，质地坚硬，纤维细腻，用于雕刻时任匠师随意走刀，不阻不崩，是最理想的木质雕刻材料。我国紫檀雕刻工艺历史悠久，可以追溯至东汉时期。宋代已经出现供赏玩的紫檀雕刻作品。到元代，我国的紫檀家具制作和紫檀雕刻技艺已日趋成熟。明清时期，我国的紫檀雕刻技艺达到了历史巅峰，明清两代皇室尤其喜爱紫檀器件。紫檀雕刻工艺有浮雕、透雕、圆雕、贴雕、通雕、浅雕、根雕、劈雕、根劈雕等技法，是中国传统雕刻工艺的瑰宝。

屠杰的曾叔公屠敬书在上海老城厢经营红木作坊，擅长雕刻小件，尤精紫檀木雕，堪称当时一绝。当祖上的木雕绝活传到屠杰手上时，他从国画写意中吸取"以势造型"的奥妙，独创劈雕技法，形成了鲜明的地域特色。2009年，由中国紫檀文化研究院申报的紫檀雕刻入选上海市第二批非物质文化遗产项目名录；2010年，屠杰成为上海市非物质文化遗产项目紫檀雕刻代表性传承人；2011年，由上海市以及中国紫檀博物馆申报的紫檀雕刻与莆田木雕、花瑰艺术、剑川木雕一同作为木雕项目入选第三批国家级非物质文化遗产名录；2012年，屠杰成为第四批国家级非物质文化遗产项目紫檀雕刻代表性传承人。

中国现代国之宝艺术馆

屠杰紫檀雕刻作品

《布德行惠》

作品选用的材质是黄花梨。因其成材缓慢、木质坚实、花纹漂亮，被列为名木之一。其木性极为稳定，不管寒暑都不变形、不开裂、不弯曲，有一定的韧性，能制作各种异形家具，宜于制作雕刻艺术品。

作品是以貌似颠狂、实为得道高僧且济困扶危、快乐行善的济公为题材，表现的是人物布德行惠、活泼快乐的形象。作品刻画的济公戴僧帽，穿僧袍，背插破扇，一手托着葫芦，一手提着念珠，满面笑容，目视前方。济公的袖襟飘动，一足踏步在前，呈现着行进步态，"走啊走，乐呀乐，哪里有不平哪有我"，他的步伐坚定而踏实。作者运用圆雕技法，对这一雕件从上、下、左、右全方位进行雕刻，构成了立体造像。雕刻中注重做到了作品的每个角度和方位的和谐、统一与融合，使观赏者从不同角度都能看到这一雕像的侧面，从任何视点都能感受到这一艺术品的存在实感。从正面来看，济公是身板挺直、姿态自然、嘴角上扬、笑意盈面的形象；从侧面来看，是体态轻松、步伐从容、边行边乐的形象；从背面来看，是济公瘦长的身形与飘动的衣襟。作品比例精当，雕刻精细，给观赏者以艺术形象的整体美感。

《布德行惠》 黄花梨

《始祖达摩》 紫檀

《始祖达摩》

作品选用的材质是最名贵的适用于雕刻艺术品的木料——紫檀。紫檀色泽为紫红色或红褐色，耐腐蚀，防虫蛀，变形收缩性小，木质坚实厚重，纹理细密，光洁度好，手感细腻，贵重豪华。

作品题材表现的是被奉为中国佛教禅宗始祖的达摩形象。作品中的达摩身穿僧袍，右手握着挂有行囊、斗笠与葫芦的杖杆，左手提着长串佛珠，迎风巍然屹立，袖襟与佛珠随风飘动；虬髯浓眉，双目圆瞪，仰望天空，神采坚毅，凝神而思；身侧右边紧紧地倚靠着一幼小弟子，他双手合十，抬头循着达摩的目光远望。在构思上为体现始祖达摩游历中土而不避艰辛，到处以禅法教人而坚定不移的精神，塑造了背负行囊、携年幼弟子相伴等情境中的人物形态及神情。作者运用圆雕技法，对雕件进行了全方位的雕刻，使这一作品有立体感且生动、逼真和传神。达摩与幼小弟子的人物形体比例适当，使作品的各个角度与方位达到统一、和谐与融合，使观赏者能感受其存在实感。作品雕刻精细，打磨光滑，使人物形象显著、生动。

《世纪龙舟》

作品中的龙舟及各民族人物雕像选用的材质分别为紫檀、黄花梨。龙舟造型象征着中华民族团结凝聚、奋发开拓的精神。除底座外，龙舟高1.921米，寓意中国共产党成立于1921年，长2.1米，寓意进入21世纪；船下翻腾的几十朵浪花和船上载歌载舞的各民族人物，寓意在党的领导下几十年来各族人民团结一心、同舟共济到达新的彼岸。龙舟有着昂扬的龙首、炯炯的龙目、虬劲的龙须、密致的龙鳞、灵动的龙尾，在翻腾的浪花的簇拥下呈现出破浪前进的动感。舱面上有三层楼台式建筑，每层竖有八根腾龙立柱，柱端架有刻花大檩，两端为雕花挑头，立柱间饰有镂花角牙；每层四面置以雕花扶栏，柱帽为圆雕的白玉兰，栏板雕有吉祥八宝、八节有庆等纹饰；每层四角为龙首翘头檐角，龙口衔有风铃，瓦片铺展整齐，瓦当图纹精致，其中第三层为传统歇山屋顶。四面山墙壁雕形象分别为青龙、白虎、玄武、朱雀，屋脊两端为鱼型鸱吻，镶嵌宝珠的塔刹矗立中央。人物形象各具特色，十分幸福和谐。作品运用圆雕、浮雕和雕件组接等技法，造型古朴，具有北魏宝塔的伟岸气势和唐宋宫殿的华丽风格。船体的上百件榫卯组接与整体框架结构融为一体，扣合严密，给观赏者以典雅壮观、璀璨生辉的视觉印象。

《世纪龙舟》 紫檀、黄花梨

《龙凤观音》

作品选用的材质是黑檀。黑檀是名贵稀有的木材之一，材质细腻，密度大，坚硬；油质厚重，滑润，耐腐；适用于雕刻艺术品和制作高级家具等。作品表现的是龙与凤衬映着的，集智慧、力量和慈悲、救苦救难等品德于一身的，广泛受到人们爱戴和尊重的观音菩萨形象。作品刻画的观音菩萨形象头带有圆光，低眉垂眼，神采慈祥端庄，亭亭玉立于崖壁前；屈左臂端于胸前，立掌向上而伸指向天以示慈悲，垂右臂置于身侧，手持净瓶滴洒圣水以润泽四方；头顶上一翔凤在俯视，脚前边一卧龙在注目；水流急涌落入池潭，迸溅出水珠颗颗；水流两侧崖石缀有示现功德清净的莲花与莲叶。作者顺应材势而巧妙造型，富于变化，运用了半圆雕技法，使作品兼有圆雕的立体感和浮雕的层次丰富之长。为了使作品顶部和两侧的空间自然过渡而未设边框，也就构成了半立体的三面雕刻。背面运用了劈雕技法。作品整体布局恰当，由上至下浑然一体，观音菩萨形象鲜明，龙凤形象有显明也有隐约。作品下端的基座是为应景衬托主体雕像而配置的，雕刻有水流、浪花、莲花，结合得适宜、恰当。

《龙凤观音》 黑檀

《搏》

作品选用的材质是紫檀。用紫檀制作的器物经打蜡磨光后不需要漆油,表面就呈现出缎子般的光泽。因此用紫檀制作的任何东西都为人们所珍爱。作品采用的题材是"俗说鱼跃龙门,过而为龙,唯鲤或然"的"鲤鱼跳龙门"传说。选用的材料是一段有着残缺痕迹的紫檀木料,因循材势造型,创作成一条巧妙保留残缺痕迹的大鲤鱼。作品中鲤鱼的形态是尾巴上翘、鳍翅舒展、眼睛圆睁、嘴巴大张的,虽头部、尾部和鳍翅皆有创伤,腹空肚瘪,却仍在逆流而进,奋力向前,以此形象来赞美不畏艰难、不怕挫折、积极进取、勇敢拼搏的精神。鲤鱼形象的"残缺美",可以体现作品艺术构思与造型的恰当精妙。作品运用劈雕技法,在头、尾、鳍翅部位稍加斫劈,在眼、鳞等处细致雕刻且打磨光亮,使粗略与精细相得益彰,衬映出鲤鱼形象的真实、意趣。作品配置了高底座,且刻七言绝句《搏》,凸显了创意。

《搏》 紫檀

屠杰——专业艺术家的出世与入世

海派艺人，是素质全面的艺术家。屠杰受过高层次的教育，有赴海外留学的经历，既有国际视野，又有家传的工艺绝技，同时具备对非遗项目的研究能力，这是难以达到的综合的文化素养。他的紫檀雕刻艺术，大多是宗教题材，如《五蕴皆空》《世纪观音》，把人们带入无限空灵的境界，进入美的遐想中。他的作品表现宗教领袖的形象，如《济公之困》《道德天尊》，极具慈悲与无为情怀，富有感染人心的力量。屠杰的成功首先是他的入世情怀促成的。他创立了紫檀雕刻的文化品牌，饮誉海内外。屠杰经商能力很强，积累了巨额财富，才以此来推动紫檀雕刻的发展。他始终秉承以商养艺的理念，将非遗作品推向市场。由于具有观照现实的人文情怀，故而心胸开阔，气势豪壮。他的黄花梨紫檀组合雕刻《世纪龙舟》便展现出磅礴气势，表现出中国新时代的宏大梦想与现实力量。由于学养丰富、事业辉煌，其艺术也内蕴强大，体现出海派文化吞纳四海的博大情怀。

4. 玉雕作品的理论层面是哲学
——海派玉雕项目传承人袁耀

　　袁耀，1949年生，上海人。首批中国国家艺术大师、首届中国玉雕艺术大师、上海市工艺美术大师、海派玉雕特级大师、国家一级/高级技师、中国高级工艺美术大师。2004年首创翡翠微雕，创作了中国玉雕界第一件翡翠微雕作品《千手千眼观音》。2012年被评为国家级非物质文化遗产项目海派玉雕的代表性传承人。他不仅传承了传统海派玉雕的精髓，而且将自己擅长的书法、绘画、治印等多种技艺技法，特别是书法、微刻的元素融入翡翠玉雕作品中，使之完美结合并获得极大的成功。

袁耀口述

千磨万击　得成于忍

我出身在一个资本家的家庭。父亲 11 岁时从浙江绍兴到上海学徒，一个农村的孩子要想在大上海觅一丝生计，必须拼命努力。他从学徒到做老板，一路千辛万苦，最后熬成一个资本家。对于今天不唯成分论的社会来说，大家很难体会到"切肤之痛"和"人身侮辱"这些字眼对人生的影响。资本家父亲被冤枉、被打成"反革命"，对整个家庭来说是一个灾难。"文化大革命"被抄家时，我的皮箱被红卫兵当众掀翻，什么尊严、个人隐私都没有了，很可悲很凄惨。门上被贴上对联"老子英雄儿好汉，老子反动儿混蛋"，这是被红卫兵造反派抄家时贴上的，在我以后的艺术或人生道路上起了一个强烈的反弹作用，激励我一定要奋斗。这辈子我只能靠自己的能力去获得一份活下去或活得好一点的工作。

我在艺术上的天赋可以说是遗传我父亲的。那时候我父亲在厂里改造，因他是私方厂长（祸因是和公方厂长争一枚印章，我父亲不给公方代表，所以遭致他的报复），幸亏没被押解至外地改造。在厂里改造期间，我父亲毫无怨恨，把技术革新当作诚心"服罪改造"的一个机会。他大约只有小学二三年级的文化程度，但能准确地画出一张标准的正、俯、侧三面视图的设计图纸，从车、钳、刨到一系列机械加工包括手工，都由他一人独立完成。据他生前说，他对很多台机器进行过改造，直至七八十岁了还在虹口区虬江路淘旧闹钟，改成新闹钟卖出去。一则因为他老而弥坚，二则仍为家庭生计在努力。我父亲的聪明体现在从模糊的创意阶段到具体的设计，每个阶段都由他独立完成，这对于一个心身俱受迫害的所谓的"反革命"来说是难以想象的，他任劳任怨，为工厂的改造贡献自己的聪明才智。在这一点上我和我二哥（我二哥是画家）都继承了他的天赋，只不过都反映在了艺术上。我现在做一件作品从创意到设计制作全由自己完成；我们还继承了父亲"忍"的精神，为一件作品的成功可以忍受屈辱和艰难，这对于我今后的玉雕生涯起到了十分重要的作用。

我在八九岁时就已研习篆刻,"天地虽小,气象万千",篆刻的布局与艺术对我影响很大。作为上海书法家协会的一员,我多年浸淫在书法线条的练习中,我认为书法线条中的阴阳变化和生动气韵,产生了大气磅礴与虚无灵动的美感,"留白""虚空"等理念,与玉雕艺术相通。

作为国家级非物质文化遗产项目海派玉雕的代表性传承人,仅有这些功夫是不够的,几十年艺术生涯中,我感悟到了中国两千多年前的哲学智慧。每做一件作品,最高准则是将作品的立身之本与其艺术性、文学性、思想性、文化性相互融合,进而使之能传承文化,这也是我几十年创作各种工艺美术作品中渐渐感悟到的。

海派玉雕传承人袁耀

云中世界　静里乾坤

接下来,我谈谈哲学。我在几十年工艺美术实践中认识到,一个带有哲理的理论在启示和指导着我们的实践,一个不可逆、不可违的哲理在支撑、完善着一件作品从极易到极难的过程,使得作品逐渐具有思想性,并且成为可以传承文化的艺术品。各派玉雕有千万种,可谓云中世界,但我还须静心。老子云:"夫唯不争,故无尤。"我认为在纷乱的竞争中,做作品、做学问,必须有静得下来的素养,这样才能做出最好的作品。科学家爱因斯坦说:"西方科学的发展是以两个伟大的成就为基础的,那就是希腊哲学家发明的形式逻辑体系(在欧几里得几何中)以及通过系统的实验有可能找出因果关系(在文艺复兴时期)。在我看来,中国的先哲们没有走这两步,那是用不着惊奇的,令人惊奇的倒是这些发现(在中国)全部都做出来了。"美国从事高能物理研究的卡泼勒博士说:"中国的哲学思想提供了能够适应现代物理新理论的一个哲学框架,中国哲学思想的'道'暗示着'场'的概念,'气'的概念与量子'场'的概念也有惊人的类似。"我推崇老子，老子的《道德经》里所包含的哲学思想可以指导科学、政治、文学、艺术、军事、工业、农业等领域，并且是高屋建瓴的不可逆、不可违的理论，其精神哲理贯穿于我国各个历史阶段的不同领域，突破了民族界限，引起了全球性的广泛关注。在多年的艺术实践中，我更觉《道德经》中的哲理深不可测、妙不可言，于是更加将作品制作与《道德经》的理念相互融合，产生了一种不可思议的神奇效果。下面，我仅举一些老子学说指导玉雕艺术创作的例子。

（1）老子学说的经典理论之一是他的"阴阳学说"。其阴阳学说强调平衡性，一个事物具阴阳两面，一旦失去平衡，就会出问题。正如老子所说："道生一，一生二，二生三，三生万物。万物负阴而抱阳，中气以为和。""道生一"是指修养之道得道于元神的浑然一体；"一生二"是指元神的浑然一体，得自身体与心神两者的柔静融合；"二生三"是指身体与心神这两者的柔静融合，得自视知意识的微弱、听知意识的稀少和触知意识的平夷这三种条件；"三生万物"是指当这三种条件都形成了的时候，体内就会自然产生元气的萌动化育；"万物负阴而抱阳，冲气以为和"是指元气的萌动化育，是由有形之阴体和无形之阳神共同形成的，但还须呼吸之气息的中和配合，元气的化育运动才得以柔和。我将老子的这段话转用到玉雕创作上，取得了不可思议的功效，从而感到用老子的哲理去指导玉雕创作，是玉雕实践的理论指导。大到宇宙、地球、人类生存等各方面，都可以以此进行思考。举个例子，由于氟利昂的无节制的使用，南极上空出现空洞。太多的阳光辐射，使南北两极冰山过早融化，而海平面的上升，使地球环境和人类健康遭受损害，这就是破坏了阴阳的后果。我在做花鸟、山水或其他形态的作品时，秉承一种道法自然的最高法则去创作。用这样的哲理去指导和创作作品，最大的成功是，不但作品制作的技艺、法度都符合理法，作品还蕴含了哲学思想和文化，具有继承传统、传承创新等功能，这就是为什么一旦作品具备了哲学思辨性，便会产生神奇功能的原因。

（2）见素抱朴。所谓"素"与"朴"都是指自然本性。这四字也成了我玉雕理念中极其重要的一点。我每见一块料，从创作原意到最后成功，都秉承见素抱朴的理念，保留材料原有的模样，不改变其原有的朴素的外形，去还原其本真、本性，做出可以展现本真、浑朴等特质的作品。

（3）老子认为世间万物、广漠宇宙都是一个具有双重概念的复合体，即"道"与"器"之复合。我们做玉雕是法而无法，亦是无法而法的，一切法皆以自然为尊。老子说："人法地，地法天，天法道，道法自然。"人之德行修炼能达到水的境界，方为最上境界。做作品，像注水入壶，如壶为方形，则水入壶肚，其水形即为方形；如壶为圆形，则水入壶肚就为圆形。这就叫道法自然，我认为我们无论做何种器形的玉雕都应遵循这个理论。

《牡丹仙子》 玉雕

（4）老子对上与下、前与后等，都作了精辟的阐述，尤其是对"柔弱"与"刚强"的阐发。他认为"柔弱处上""刚强处下"；"柔弱者生""刚强者死"。"天下之至柔，驰骋于天下之至坚"这句名言，使我深切感受到只有最柔的文化艺术才能任意驰骋于坚强无比的玉石之内。我自1970年练习武术以来，少林、太极、八卦等都有涉及，在多年的玉雕创作中，我常将武术的文化理念融入其中，起到了很好的功效。李小龙在阐述中国功夫的时候将其比喻成水，水是最柔弱的物质，人们无法掌握它。水很随性，好比击打对方时用的链球，击打物是球，而真正的驱动力是链。但我认为击打对手的不是器具，而是心，心指的就是代表人类文明进步的哲学思想。宋代抗金名将岳飞用兵如神，别人请教他用兵之道，他说："运用之妙，存乎一心。"道理是相通的。

（5）老子提倡"无为"以达到"无不为"。对于"无"的理论，老子说："天下之物生于有，有生于无。"我们每做一件玉雕，从无到有，以至成功以及将其文化无限传承，就是继承发展了老子的学说。我有几件作品表达的

《寒江独钓》 玉雕

都是"无"的思想境界，比如《寒江独钓》《羽化千年后的重逢》等，展现出的就是一种只可意会不可言传的艺术境界。

哲学的光泽照耀了全球的文明进程，自古至今，以至永久。它启示、发展了人类文明，不断改观愚昧、落后的状况。所以聪明的玉雕工作者不应不懂它、拒绝它，而应努力学好、领会、顿悟这些哲学思想，从而去指导、提升我们作品的艺术观。我的斋名为"两观堂"，顾名思义指宏微两观也。从宏观上说，有宏大的哲学思想在指导玉雕的设计和制作，而最精微的艺术品，其中也会闪耀哲学的光芒。

宏微两观　造物有灵

谈到海派玉雕，在以往讲演玉雕文化时我认为其属海派文化之一脉，其实海派文化的开创者绝大多数不是上海人，比如书画方面的虚谷、任伯年、吴昌硕，京剧方面的盖叫天，越剧方面的袁雪芬，雕砚方面的陈端等名家，他们融入上海后，衍生出一种地域文化，称为海派文化。海派玉雕亦然。正如老子说："江海之所以能为百谷王者，以其善下之，故能为百谷王。"我在海派玉雕里，只是一个个体而已，我认为我的技法有我独特的思辨、艺术个性和特征，但也有局限性，故仍须不断学习新知识以适应新时期的发展要求。在中国玉雕界我首创了翡翠微雕，这是继1993年和1995年我用左右手各创立了最小石壶和最多唐诗微刻象牙扇这两项上海大世界吉尼斯纪录后，在2004年再次将微雕的技艺由石雕、牙雕转用在了翡翠微雕《千手千眼观音》上面所开创的。我的技艺特点是"大中见微，小中见大",即大作品有看头,微作品显得大气、浑厚。正如司空图《诗品·雄浑》云"超以象外,得其寰中",要努力使作品做到大气、精微、雄浑、空灵。

作品是传承文化的载体,海派玉雕也一样。如果一件玉雕作品本质上蕴含的文化有限,或者作品本身没有文化含量,那么这件作品拿什么去传承文化?反之,我们的作品远观之,大气磅礴;近观之,气象万千。精美绝伦又孤标独立,风姿绰约而又空灵传神,细品之则风情万种,更添风韵,然则,具备这些是否就是作品的最高品位?我认为衡量作品的最高标准除上述优点外,还要看其是否能够反映一种不可辩驳的哲理。如果具备,那么这件作品就能传承文化。传承人要做出名副其实的可以传承、传世的作品,要在无形和有形两个方面体现价值,有形的如名声和经济效应,无形的更甚于有形的,如社会影响力和业界对独特个性及深层文化的青睐与推崇。

"不积跬步,无以至千里。"我们一定要在长期的玉雕创作实践中努力学习各种足以强化玉雕创作的其他艺术形式。反言之,如果作品有很强的思辨性,有不可辩驳的哲理,然而它的艺术感染力很差,不足以吸引观者的眼球,那么其中的内涵也就失去了传承的可能性。所以,艺术品必须有文化性、思想性、艺术性。

从几十年的艺术实践中,我总结出一个观点:一个艺术家的作品是否成功,与其作品一以贯之的创作理念、总的设计思路和独特的创作风格是分不开的。作品具有不可复制性,至少是很难模仿的,因为这其中包含了思想性、创作精神和澎湃的创作激情以及刻苦拼搏的精神。如今,海派玉雕逐渐聚集了国内各流派的精华,变得更加博大。我也需要每天不断学习、进步,紧跟形势。我有使命感,亦有危机感,所以在传承海派玉雕这个国家级非物质文化遗产项目上,要努力肩负好自己的责任,不断汲取新的营养,培养接班人,做出能增加国家软实力的文化艺术作品!

(本文由王若楠整理)

海派玉雕

　　海派玉雕是艺人们在上海特定的文化氛围中兼容并蓄、博采众长后逐渐形成的一种特定的玉石雕刻门类，属于中国玉雕四大流派之一，形成于19世纪末20世纪初，经历了一个比较漫长的过程。精致、严谨、流畅、灵巧、明丽是海派玉雕的主要风格，用八个字来概括，即法度严谨，精致细腻。海派玉雕用料上的精巧实用，设计上的精益求精，风格上的精细柔美，做工上的精雕细刻，使其在当下玉雕艺术中有很强的影响力。2009年8月，海派玉雕被列入上海市非物质文化遗产名录。2011年5月，海派玉雕被评为国家级非物质文化遗产项目。如今的"新海派"玉雕，在传承严谨精良的制作基础上，更加注重创新，强调设计元素，在继承传统工艺的同时广泛吸收外来文化精髓，具有强烈的时代性和现代人文情怀。

《五百罗汉》 玉雕

袁耀海派玉雕作品

《五子观音》

翡翠俏色微雕摆件《五子观音》,高8厘米,宽4厘米,厚4厘米,由上海张铁军珠宝集团收藏。波浪中观音侧肩伫立,端庄肃穆。五个天真烂漫的儿童围绕观音或静或动,嬉戏于波浪。一条绿鲤鱼从白色波浪中翻身跃出,观音神定气闲,峨冠压鬓,韵致高标。观音底座为千足金,并有微刻《心经》。整件作品运用俏雕、圆雕、微雕及微刻书法。

《百虎图》

翡翠俏色微雕《百虎图》,高4.1厘米,宽10.7厘米,厚2.2厘米,由上海张铁军珠宝集团收藏。此作描绘了山前、山后、山上及草地上、水波中等场景,黄色的、白色的虎或嬉水,或蹲,或行,或下山,或探首天外。在绿色的山坡上有黄翡雕就的五棵古松,松叶茂盛。

《五子观音》 玉雕

《百虎图》 玉雕

草原辽阔，100只老虎自由自在地憩息在自然中。不仅虎的面目、四肢及斑纹清晰，而且骨相尽显，反映了人类保护珍稀动物的场面。技法为俏雕、微雕、深浅浮雕以及微刻书法。

《千手千眼观音》

翡翠俏色微雕《千手千眼观音》，高6厘米，宽5厘米，厚1.4厘米，由上海张铁军珠宝集团收藏。此作取6片荷叶为椭圆形外观，中坐观音，观音的222只手中都雕有眼睛。其中有38只长臂手，手中各握一件佛器。整个作品以浮雕、微雕技法呈现。背后有《心经》微刻，共260字。此作品是玉雕界第一件用微雕技法完成的翡翠作品。

《千手千眼观音》
玉雕

《紫竹林九莲观音晤蝉图》

　　翡翠俏色微雕《紫竹林九莲观音晤蝉图》，高6厘米，宽10.6厘米，厚1.6厘米，由上海张铁军珠宝集团收藏。此作取观音所居紫竹林为景，描绘了观音安详地躺倚在绿色荷叶和白色荷花之中，背靠一片紫竹林。在9朵荷花之中，祥云缭绕，有一羽黑头白翅的蝉停留在观音侧后的祥云之上。晤蝉谐音"悟禅"。观音发髻上的浮雕如来佛像，高2.5毫米，脸宽0.5毫米。作品背面紫竹叶上微刻《心经》，技法为俏雕、微雕，并微刻书法。

《紫竹林九莲观音晤蝉图》　玉雕

《独钓寒江雪》 玉雕

《独钓寒江雪》

翡翠俏色微雕《独钓寒江雪》，高4厘米，宽7厘米，厚3厘米，由上海张铁军珠宝集团收藏。此作取柳宗元被贬柳州后在冰天雪地的孤舟之上垂钓。大雪飘飘洒落在衣服和船上，石径上还留有无人踩踏的雪花，诗人独钓于寒江，展现了大无畏精神。用天然绿翠中的白点俏雕成雪花、梅花，正反面微刻2200余字，每字仅宽1毫米。

《乾隆下江南》

翡翠俏色雕山子《乾隆下江南》，高 26 厘米，宽 16 厘米，厚 10 厘米，由上海张铁军珠宝集团收藏。此料为黄翡绿翠高冰种。作品描绘乾隆帝六下江南的浩大场面。沿径泰山、黄山、明孝陵、钱塘等地，刻有屋宇、舟船、人物形象等 69 种，仙鹤 10 羽，皆为俏雕、浮雕，并微刻书法及乾隆手迹，正草隶篆为之。

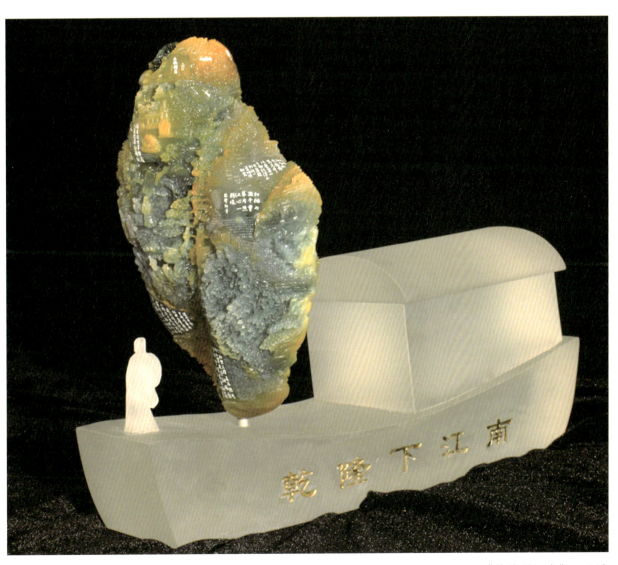

《乾隆下江南》 玉雕

《乾隆下江南》（局部） 玉雕

袁耀——艺人的哲思

袁耀少年历经苦难,但是艰难困苦成就了他。追求艺术境界,忍辱负重,历不堪之苦,方可有成。匹夫见辱乃拔剑而起,非但不足勇,更无可成其事者。袁耀的忍耐本是在现实中的无奈,而在生活的磨练中,他逐渐思考世界的真谛,因此其作品流露出一种大巧若拙的富有哲学意味的气息。从事玉雕行业多年,袁耀拥有精湛的技艺,在海派玉雕作品中独树一帜。淡泊明志,方可宁静致远。与世无争,方可莫能与之争。袁耀自觉地在其作品中注入道家无为的情怀,故其作品多有遗世独立之感。作为一位非遗传人,哲思禀赋赋予了他艺术腾飞的翅膀,形成了独特的不可替代与复制的艺术品格。这带给非遗保护重要的启示:作品品质好,"功夫在诗外"。一个非遗传人如果不能出离现实去思考宇宙和人生的意义,纠缠于利益得失,那是难以达到较高境界的。

附 以"道"驭"技"，作品方可臻于极致与无限
——浅析翡翠俏色微雕新《百虎图》

袁 耀

我在几十年的艺术创作中，由于坚持在一件作品中预设阴阳平衡之"道"，作品才被赋予了生命。老子所言："天下之至柔，驰骋于天下之至坚。"一块顽石，在制作过程中，由于有柔弱的气血的输入，才成了一件有生命力的作品。

老子言："有物混成，先天地生。寂兮寥兮，独立而不改，周行而不殆，可以为天下母。吾不知其名，强字之曰'道'。"老子发现在宇宙生成之前，已有"道"的法则预设在先，所以我认为宇宙之所以始终自然地运行，是宇宙内及指导宇宙的"道"的阴阳平衡了。将这个法则运用到一个人的生活和一件作品上，无不如此。我创作作品，尤为重视理论层面的高度。因为在一件作品的设计制作中有了最高的理论，才能指导最高的实践。

老子又说："道之为物，惟恍惟惚。惚兮恍兮，其中有象；恍兮惚兮，其中有物；窈兮冥兮，其中有精；其精甚真，其中有信。"他发现这个"道"是宇宙间事物变化的总规律，它不仅适用于休养生息，也适用于自然科学、社会科学及其他领域，包括艺术、工艺美术等领域。

我之前做过一件近半吨重的翡翠作品《寒江独钓》。在这件既是巨型摩崖石刻山子，又是一枚印钮的作品中，也有微刻技艺在内。在制作底座的25天里，从第一刀木座的制作开始，用的就是万物负阴而抱阳的法则。徒孙李华春事后深有感悟地对我说："师爷爷，这是我学艺以来受益最深、感悟最深的一课。"因为遵循了"道"的理论指导，这个底座避免了裂绺、外形制作局限的不足，后经成功化绺，最终底座与作品达到了天人合一、绿叶托红花的最大功效。

所以，现在当这块外形奇特而又色彩丰富的黄加绿高冰种翡翠原料到我手中，将要创作新《百虎图》时，我很自然的第一反应是用怎样的创作理念，去贴合这块原料所具备的色与形，才能符合"道"的法则。李小龙

的截拳道，其宗旨是"以无法为有法，以无限为有限"。我也练过武术，深有同感。将此理引伸到雕刻艺术，也是这个法则。这块无形多彩的翡翠原料，是大自然孕育出的独一无二的石头，这在昌化石、寿山石、和田玉里都有。其形质是独一的，故无法可依。有句古语叫"无法而法，乃为至法"，要使无法成为至法，就要遵循"道"的法则。我们做作品时，制作之"技"固然重要，而若要使作品成为一件高端作品，乃至使技法达到炉火纯青、出神入化的境地，光有"技"是不够的，只有让物质层面上的"技"进入到精神层面、哲学层面的"道"的层次后，这件作品才可能成为一件传世之作。作为国家级非物质文化遗产项目海派玉雕的代表性传承人，我有责任去传承一种文化，而这种文化是要通过创作玉雕作品来完成的。所以，我认为把以"道"驭"技"的理由和因果关系，通过新《百虎图》这件翡翠俏色微雕作品来阐释清楚，是十分必要的。

在玉雕创作中，我对唐代孙过庭在《书谱》中阐述的"至如初学分布，但求平正；既知平正，务追险绝；既能险绝，复归平正。初谓未及，中则过之，后乃通会"这段话深有同感。玉雕创作走向高级阶段的目标是将雕法和理法通会。新《百虎图》在追求险绝后复归平正，最后通会了其中的理法和雕法，努力做到"化理论为方法，化理论为德性"。玉雕人把理论化为秉性，是自身能从普通工匠升华为有文化的工匠的前提。如果固守技艺，而不提高文化修为，必将导致自身被一日千里的时代潮流所淘汰。

这件新《百虎图》作品，用的是一块宽9.8厘米、高4.7厘米、厚3.2厘米的高冰种的无形黄加绿翡翠独石。制作时呈横向摆放，翡翠原料外形呈粒米状。从正面看，原料向左边逐渐变薄，终端呈垂直薄片状，厚为6～8毫米。中间呈橄榄核般鼓腹状，右边终端从正面看呈英文字母L状。从原料右侧面看，其端面呈宽约3.1厘米、高约3.8厘米的竖向椭圆形。整个原料正反面、侧面都被深咖啡色或黄色翡皮包裹着，间或露出深浅不等的绿色。器形的饱满度与逼仄度以及如此短距离的急速反差，这在制作时是一大难度；甚至，此料落地部分不像以前做的那件《百虎图》的底呈平面状，而是呈狭窄的刀口状，即由极鼓的橄榄形中线以下，正反两面均向内收而呈刀口状。从正面看，原料底部左边高出右边2～3毫米，这样的材料要在下半部分的正反两面上雕刻图案是一个难点。此外，刀口状的尖尖的底面如何安放在底座上，这也是一个难点。

　　针对上述特点，我制定出具体方案，这个方案的总纲是要道法自然，要依据原料形与色具体分布的肥瘦、冷暖色泽的多少和走向来设计百只黄虎和白虎以及山崖、树林、草丛、波浪、湖岸、云气等景物，既要能驾驭这块奇特色形的原料，又要顺应自然形态，以最精湛之技去制作。

　　依据几十年来的制作经验，我问了自己几个问题：此料的阴阳反差如此急剧、如此强烈，浅表的黄翡能做出多少只黄虎？透明的颜色如何做成白虎？山与水如何分布？湖岸如何以冷暖色调恰到好处地加以区分？尤其是材料的底部怎么去显示图案以及安放在底座上？种种难题总须一一破解，零敲碎打不是大手法，我做作品善用大法度去应付诸难。在制作一件高难度作品时，唯有把创作状态保持在恍恍惚惚之混沌状态，才能捕捉到常人难以捕捉到的切实应付之法，发现其中高深的"道"的真谛。我发现在创作中最须避免的是"明知不可为而强为之"。

　　在面对极难而又极富诱惑力的材质时，我的挑战心就越强烈。2005年，我在上海工艺美术博物馆举办个展时，引用过一句话："艰难困苦，玉汝于成。"此料从侧面看，正反面各近90度的鼓腹与边缘以及底部极逼仄的阴阳反差都要用非常规的方法去破解。孙过庭《书谱》中言："奔雷坠石之奇，鸿飞兽骇之姿，鸾舞蛇惊之态，绝岸颓峰之势，临危据槁之形；或重若崩云，或轻如蝉翼；导之则泉注，顿之则山安；纤纤乎似初月之出天崖，落落乎犹众星之列河汉；同自然之妙有，非力运之能成；信可谓智巧兼优，心手双畅；翰不虚动，下必有由。一画之间，变起伏于峰杪；一点之内，殊衄挫于毫芒。"书画、雕刻的法则大致相通，我们在玉雕创作中亦能成功运用这些创作手法，道法自然而非蛮力能成，智巧兼优，心手双畅，下刀必有理由。

　　当原料的正面画稿一经打开进入浮雕流程后，呈近90度的弧面上各种颜色交错，脑中又要仔细分辨各种景物的位置，在乱象中如何清晰地把握三维透视与散点透视的效果？正面的布局与周边的衔接是否自然融洽，是否可与全局效果达到一种周而复始的局面？东西南北四维空间如何安排？互为呼应的效果怎么出来？这些都是需要思考的。

　　正面左上方的黄翡做成的如薄意雕的云纹后，经过再三思量，我认为一整片的黄翡形成的雕法还可以用减法进行修改。于是，我很果断地将这块3～4厘米长的斜形黄翡去掉，更好地显示出下面的淡绿色。要想取得变化多端的效果，就必须有所取舍。我将去掉黄翡的这部分又改以层次递进的卷纹云烟，如波涛层层涌出，因为在其右边是近中心的古松，左下侧是一群黄虎栖息在草地上，按三维透视的视觉效果，这片云烟波涛应属于从俯视角度透过松针往下看的，能看到数只在绿色云水间游走的黄虎。这样从黄到绿再到黄的大块冷暖色的变化效果比纯一大片黄色更好，冷暖两色的变化得到了多层次变化的视觉美感。铲出薄意黄皮这种平面效果后，在露出的绿色中留有黄虎，变为黄虎在绿色云涛中起伏游弋，从而增加了这一部分的三维透视度，增加了阴阳深浅变化的力度。另外，从篆刻布局的角度看，增加方寸之地的呼应感。它与正面右下角连通，与整个下部的一大片绿色的水域产生了一种遥相呼应的效果，增加了整个正面的律动感。

在正面的审料时，我观察到了可以做成一大片绿水荡漾的湖面的绿色被遮盖在浅黄色下，我便设计了装饰在绿色湖水四周对应全局的既似岸又似云的纹样后，铲去多余的浅黄色，开辟出一泓绿得透人心脾的湖面，留下湖中的黄色依厚薄而俏雕成各种游弋在清波中的黄虎。"凡事预则立，不预则废。"正面是表现一件作品的门面，其色俏用，其形化劣为优，阴

新《百虎图》（背面） 玉雕

阳平衡、吐纳舒畅、文学气息淳厚，那是最理想的效果。

长久以来，我始终认为玉雕要向书画这种纯艺术看齐，我本身是一位长年研习书法而且十分重视书画理论的人，故非常重视作品的文学气息。我把玉雕也当作文人书画一样，努力使玉雕作品流泻出一股文学气息。

当一泓清漪能倒映出黄虎探身前倾汲水俯饮时，当一抹水波流淌在浅浮雕的黄虎的周边时，我是能精微地分出黄虎周边涟漪的深浅度的。试想，当绿波中自由游弋着黄虎时，冷暖色调的相衬是何等的水乳交融、赏心悦目。右边一大片绿镜面是特意留下来为点题的书法而备下的，是这件作品最透气之处。整体场面效果、线条、块面的起伏较为强烈，虽然我已在制作中努力地将线条拉得优雅和放松，但内核的力量实在太强大了，为了阴阳的整体平衡（不论是有形的架构，还是无形的意象），我创作了一大片放空的冷色碧波。

这件作品做于2018年5月28日，我已虚岁70岁了。这件作品是我在传承优秀传统文化和技法基础上大胆创新而做成的。在高手如云的中国玉雕界，我凭着"敢为天下先"的勇气，2004年时，在张铁军先生的勉励下，做出了中国玉雕界第一件翡翠微雕作品《千手千眼观音》，首创了翡翠微雕这一新技艺品种，而现在这件新《百虎图》则是我在古稀之年达到的又一个新高度。

古诗云："生年不满百，常怀千岁忧。昼短苦夜长，何不秉烛游。"1997年，我在青岛举办的全国雕刻大赛上获大奖后（当时获奖作品是石雕《陆羽赏壶图》，俏色微雕人物陆羽头部呈黄色，身袍为白色，总高度仅5毫米，其手托的石壶连柄总长0.5毫米，而壶柄中呈空心，壶盖可打开，壶的嘴、肚相通），得到奖金两万元。当《青岛晚报》记者采访我时，我将这首诗的最后一句改成"何不秉烛镂"。这是我在21年前的凌云壮志，今日我仍秉持这种创作热情。

新《百虎图》作品的背面是如何依据负阴而抱阳以及全局的高低错落来制作的呢？从表面的弧度看，腹部也鼓出近90度，只不过左右两侧换了个位置。从上至下，我依照颜色的变化做出5～6排黄虎和白虎。为克服弧面带来的雕刻困难，我采取了敦煌石窟大进大出的排列雕法以及陆俨少的云水画法，由强烈变形而产生的色带和色块，间杂着细腻的黄翡拉出鲜明的云水线，其倏忽变化的深浅线条也在拉动整个背面的黄虎、云水、白虎等景物。再下面又是云水以及黄虎、黄波、绿浪。变形而斜横走向的鲜亮的黄色线条，拉出了一行行往下行进的黄虎和白虎，白绿云气的活泛变化，令画面变得大开大合而又有条不紊。精细变异的手法，借鉴书法线条的抑、扬、顿、挫的节律变化，左右着整个画面的变化，整个画面的阴阳起伏和律动有了节奏感。这块画面最精彩的用色是俏色微雕技法，大量借鉴山水画与石窟雕法的深入浅出、变化莫测、别出机杼的技法，最出乎意料的是右边近底部迎面从草丛走出的三只黄虎，原想仅能雕出薄意效果，而最终竟能雕出3~4毫米厚的近乎立雕的高浮雕效果，这真是大出意料。因为正面虎本来就难做，而且一旦黄颜色很薄，浮雕的俏色效果就很难如愿，现在竟能出现这么厚的色块！这三只黄虎从里向外的走向，与其他的虎姿不同，更是增加了此处的效果。三虎的纵向与外立面的竖向共同抗衡着、呼应着整个横向的山体，大胆而不落俗套，看似相同的线条走向，却起到平衡整体阴阳的效果。无疑，若一件作品的背面，能产生与正面效果一争上下的场面，那这件作品就很少有遗憾了。

前面说的作品右侧，在正面看是呈英文字母L状，而从右侧看是一个竖向的椭圆形。要令这一面与整体的阴阳互动起来，就必须破除椭圆形的左右两条竖向弧线的阻隔，正面接近弧线之处，利用黄翡拉出黄虎游弋在黄色云气中的横向云水纹样，去冲击和联动侧面的景物，侧面紧靠正面的地方也有数只黄虎依上下之序相连。靠背面的侧面弧线的破除之法，是利用与背面一样走向的绿色湖水，与背面逐渐切入侧面的浓绿波浪在意念上贯通起来，侧面与正、背面相接的弧线上端，则在45度处用黄色的松针将弧线消弭，这些手法很自然地破除了三个面的阻隔，使三个面很自然地连在一起。作品的左侧是呈竖向的一条厚度为6~8毫米的垂直线，全由黄翡组成，我将其上下用一株弯曲的古松连贯，上方的黄色松针如华盖一般打开，中下部的黄虎呈错落状盘踞于古松左右，这样的理念撑开了此处的厚度感。

从顶端俯视大多数的黄翡，我用的技法是破除有前后感的横向纬线痕迹，两只纵向行走的黄虎，以云气缠绕的虎姿去破除这种痕迹。另外，雕刻百虎中的幼虎时，有的是在黄虎撑开的前足下微雕出更小的不同姿态的幼虎，面宽仅 1.5 毫米，而目、鼻、嘴、耳、足均一一交代清楚。有的黄虎背驮着白色的幼虎，背面上边第二行行进中的白虎错落有致，姿态不一地行进在急流险湍中，有的幼虎抬足依偎母虎同行，也有大小虎伴行的。

各面的雕法与连接使得原料固有的饱满度与逼仄度有了强烈的起伏变化的节律，既能顺应原料色形的变化而又能调节、驾驭这种奇特的色形。用"松"即"通"的理念做减法，去松弛繁密色形带来的闷塞感，在有限的方寸之地，做出了咫尺千里的无限气势。在这山山水水间，到处弥漫着空灵的生动气韵，达到了"中有云气随飞龙"的预期效果。

底座的设计以简约、平展、素面为主。我化用了唐代褚遂良书体"横担"的悠长气息。我将高 1.7 厘米、宽 3.2 厘米、长 13.8 厘米的长方形瓷板下的左右两端看作敦实的桥桩，而形如桥洞的跨度为 10 厘米、高 6 毫米的两个桥桩中间，像赵州桥的拱形圆弧上顶起厚 4 毫米的长方形平台。平台上又有变形的太极图，太极图上双鱼左右旋转，鱼和鱼目分别以叠加的平板和碎石铺就，相应地将底座的双鱼做成左高右低的外观。然后在左右雕出两孔，插上不锈钢销子，再在两根不锈钢销子上插翡翠底部。至此，这个固定并连接底座和山子的方法解决了原料底部呈刀口状时不能落地为安的难题。

让我感悟至深的是，这块原来极难做的百虎山子，因为遵循了"道"，成功驾驭了我所有能用的技艺，使这件多彩高冰翡翠在有限的方寸之间形成了无限气场、无限遐思、无限可能的大格局、大内涵。

我在作品正面静如镜面的绿色湖水里，先用隶书从右至左地横雕了"百虎图"三个字，然后在其下方用乾隆书体竖雕了鲁迅先生的诗句："心事浩茫连广宇，于无声处听惊雷。"我们玉雕工作者如果能将内心与浩瀚宇宙相通，必会情真意切。

5. 融汇古今　中西合璧
——海派玉雕项目传承人翟倚卫

　　翟倚卫，本名翟念卫，1961年生，上海人。上海玉石雕刻厂工业中学毕业，先后至日本、瑞典留学进修，多次荣获"天工奖""神工奖""百花奖""玉龙奖"等金奖。2008年任上海市海派玉雕文化协会副会长，同年被评为中国玉雕大师。2009年取得高级工艺美术师职称，获"上海市工艺美术大师"荣誉称号。同年，作品《倩影》入选由中国美术馆、中国工艺美术协会主办的中国工艺美术大展，作品《柳轻音妙》在"中国2010年上海世博会·上海周·非物质文化遗产传习馆"作展示。2012年获"中国国家艺术大师"荣誉称号，同年被评为国家级非物质文化遗产项目海派玉雕的代表性传承人。2014年，作品《云台清曲》和《云带钟声》被嫦娥奔月航天科技有限责任公司选中，与国内各界顶尖艺术家的作品，一起搭载中国探月工程三期"嫦娥五号"进入飞行试验器遨游太空并成功返回地球，这是人类首次将玉雕艺术品送上太空，也开创了玉雕艺术的一项新纪录。2015年，"飞天圆梦　载誉归来"翟倚卫航天玉雕作品美国展示会在洛杉矶圣盖博希尔顿大酒店隆重揭幕。2016年被授予"中国国匠"荣誉称号，受聘为上海玉雕研究院、上海大学中国艺术产业研究院专家委员会会员，同年受邀参加在马德里举办的"丝绸之路文化行——首届中国玉文化世界巡展"活动。2017年获得"上海工匠"称号，任《华人艺术家》杂志艺术总监一职，同年受邀参加在迪拜举办的"大匠精髓——非物质文化遗产手工艺精品展"，作品《别寻方外去》被大英博物馆永久收藏。

翟倚卫口述

勤能补拙是良训　一分辛苦一分才

我的从业历程起起伏伏，小学毕业后，我就应聘去了上海玉石雕刻厂，这在当时是一个很吃香的单位，他们选择了品学兼优并且美术功底比较好的我。那个时候我就接触到了雕刻。玉石雕刻厂有一个良好的传统，就是那里的学习氛围很浓厚，职工素养比较高，在那个时代一般的厂没有这样的氛围，我接受了比较全面的专业培训，这为我后来的玉雕创作打下了很好的基础。

1978年在玉石雕刻厂工业中学毕业之后，我由于成绩突出，被分配到了玉石雕刻厂的炉瓶车间（当时炉瓶车间是上海玉雕厂的重点车间，工艺水平高，处于全国领先地位），并以满师考核第一名的优异成绩提前晋级。我在炉瓶车间的时候，起初干的就是切料，这个我早就学会了，可还是让我们切，一切就是半年。那些材料都是很大块的，要用杠杆撑着，很危险的，我手上现在还有很多的刀疤。但即便是让我切料，我的每一刀切得都是很认真的。当时一位老工匠师看了我切的料以后就发出了赞叹，因为我切得不留一点缝隙，上下都是等距的。光切料我就比别人多切了半年，虽然我晚半年进车间做活，但是我考试依然是第一名。因为所有的功夫都不会白费，切料切得好，会影响你以后的技术，下刀的时候果断、不犹豫。刚开始我学做器皿件，做器皿件比较难、比较枯燥，但是它涉及面很广，能够把玉雕行业整个的工序汇总起来，基本上所有技法都可以在里面找到，所以当你真正把器皿件做好了，其他什么都可以做好。一个器皿件也有人物、花草，会在上面雕刻浮雕。所以说，制作器皿件很考验一个人的整体造型能力和大局观，因为它有着严格的比例关系，不存在随意性，很严谨，不容许偷工减料，而且表面纹饰是一个技术要求很高的活，所以做器皿件是一种很好的训练，为我以后的玉牌制作打下了良好的基础，这也是为什么上海有名的"玉牌三大家"都是从炉瓶车间产生的。

在工作之余，我还系统地学习美术理论，在主攻中国画的同时，我也尝试画一些连环画、插图，有一段时期我被聘为《故事会》的特约插画家，

海派玉雕传承人
翟倚卫

为古代题材画插图。我的连环画作品《铜钟记》还入选了第一届上海连环画作品展览。另外，我还经常去博物馆临摹作品，绘制了大量的习作。记得有一次马王堆汉墓出土文物，在上海展出，青铜器、编钟、漆器的展示让我十分震撼，使我真正了解了中国人自己的纹饰，正是从那个时候我开始了对纹饰的研究。

1985年，我留职停薪，一年的时间，我在家里画连环画、插图等。1986年，卢湾电影院刚新建好，缺少一名美工，于是我就跟他们接触了，做了一名专业美工。因为美工比较自由，再加上我画画速度也快，所以就有了大量的时间可以自由创作。做了两年以后，1988年正好赶上出国大潮，我也有心去日本看看，开阔视野，提升艺术修养，于是我就选择了赴日留学。

在日本留学期间，我看到了日本先进的面貌和经济顶峰的状态。我利用一切机会参观各类美术馆、画廊和工艺品作坊及商店，大量地汲取新鲜的艺术养料，开阔了视野和心境。我在日本留学的这两年时间里，最能体会到的就是一个人对自身的要求，对个人生活、行为规范的要求。那里的人尊重社会秩序，尊重别人的权益，对待工作有着极其认真的精神。我也深刻地意识到我们中国工艺的落后与粗糙，首先就是态度不端正，马马虎虎，什么都是混得过去就可以了，这很可怕。在日本的经历给了我很大的触动，所以我们现在提倡工匠精神，这是非常正确的，是针对我们整个行业的人文素质而言的，要求我们要有孜孜不倦的、精益求精的精神，而我现在要强调的恰恰是自由发挥、自由创作的一个空间，因为美好的造型往往诞生于不去刻意追求的时刻。

翟倚卫在创作中

1991年回国后，我在短暂地担任了上海影城的美工之后，为了跟上潮流的发展，我就赴瑞典进修了。这段时间的进修，让我开始重新审视传统文化。当我生活在西方社会，亲眼目睹了大量西方作品的时候，严谨的传统艺术和现代风格的完美融合，使我萌生出了许多新思想，也联想到了我们博大精深的中国文化中的礼乐精神。于是，我开始重新思考我们的传统文化，发现中西方的艺术精神实际上是可以相通的。我们的传统文化走到今天受到了很多外来文化的冲击，但我们正在重新去尊重它、审视它，取其精华，去其糟粕。玉作为一件配饰，在古时候一个很重要的功能就是"乐"。孔夫子提倡恢复礼乐，乐就是音乐。音乐很重要，玉和玉的碰撞之声是很柔和的，既悦耳又有穿透力。宫廷里，人们佩戴了玉以后，其行为举止一定是十分优雅的，走路一定是徐徐而进的。到了现代，人们依然喜欢佩戴玉，因为玉不仅有养生功能、护佑功能，而且它能体现一个人的修为。君子比德于玉，故佩玉之人会严于律己、宽以待人，这正是践行了几千年来的中国文化。玉不媚俗、不艳浮的风骨，使我对其有了更多的敬重之心，也暗暗立志定要成为一名当代玉牌雕刻乃至于当代新玉雕艺术的开拓者、创新者。

精雕细琢功夫至　与物通心气自华

　　或许是命中注定，回国之后我又重新回到玉石雕刻行业。当时有一个企业，刚好叫我去俄罗斯帮忙选一些料，购买回来以后我们就开始尝试做一些产品。我又开始关注这个行业，那个时候互联网刚刚兴起，我开了与玉相关的网店。凭着我的专业眼光，我选的作品都是比较好的、有特色的、小的手把件、挂件等，所有的玉饰品都是我亲自拍摄的，因为我能找到它最美的一点。并且我还写文章介绍玉，从文化、意境入手，和别人那种干巴巴的介绍不同。我做得非常成功，交易评价全都是好评。由于我的艺术创作是符合现代人的审美观的，所以很快就吸引了许多年轻的收藏爱好者，他们也是我的网店最主要的客户群体。

　　随着经济逐渐发展起来，大家对玉的认知也逐步加深，2005年我正式成立了自己的工作室并且选择了以玉牌为主打产品。之前人们对玉的关注更多的是关注它作为"器"的方面，而我们的玉雕发展，是有深厚的文化元素在里面的。中国文化的起始阶段可以说是从玉开始的，这种文化起源，可以追溯到石器时代，从劳动中，从打磨工具中，人们发现了美，包括后来把玉作为一种祭天的工具。孔子对待玉，是持一种由衷的赞美之情

翟倚卫在创作中

的。所以古人用玉来彰显自己，表达自己，提升自我修养，希望像玉一样有高贵的品质，纯净、洁白、温润而坚硬。因此，整个中国文化的形成是离不开玉文化的，而我正是致力于把中国传统文化精髓植入到玉雕里面。我的作品都是纯手工制作的，一件从人的双手与耐心中诞生出来的作品才具有独特性。在雕刻工艺上，我利用学到的现代美术理论和知识，采用多层次的设计布局和雕刻手法，最大限度地体现了玉质细腻、润泽的特点。另外，除了雕刻主体、背景、边框等多个层次之外，我还融入了深（远）景、中景、近景等现代美术的透视方法，用深（高）浮雕、浅浮雕和薄意雕刻等传统手法，更好地表达了各种题材的艺术美感和创作内涵。例如我的作品《早春》，用的就是一种后俯视的视角来表现空间上的层次关系，营造出了第一层次的繁花开放，第二层次的小船和少女以及第三层次的带有动感的长曲线的流水。这样观赏起来，就会发现整个画面是灵动的，是富有动感的。线条和角度上的微妙匠心，足以使一件有生命的器物在同类中脱颖而出。

当然，设计是整个作品的灵魂，好的设计再加上好的做工，才是一件真正完美的作品。所以我创作的玉牌，不管是在题材上还是形式、表现手法、构图上，都做了全新的尝试，打破了传统玉雕"工必吉祥，意必吉祥"的理念，而是有机融合了中西方现代雕刻技法，不断追求题材与形式创新，注入了新思路、新内涵，使得创作出来的作品能够更加符合现代人的审美需求，受到了市场的高度认可。玉雕技艺源于生活，玉雕产品的发展趋势也应该更多地融入生活化的元素。人们现在的消费水平在不断提高，玉器消费市场展现出大众化的新动向，我们必须要注入新鲜的现代元素才能拉动新的市场需求。只有为当代的玉雕市场注入新的活力，才能够使这门充满生机的传统艺术不断以崭新的、自然的、富有人性化的面貌呈现在人们面前，历久弥新。

（本文由王若楠整理）

翟倚卫海派玉雕作品

《倩影》

一件艺术作品真正的价值不只在画面本身，在国人的文化语境里，它必须经得起反复品味，能予人无穷的想象空间，这一点尤为关键。

画面中的少女本身似乎不那么重要，不以面目示人，正是出于增进想象的可能性。少女凝望什么也不重要，关键在于这种满怀期待、心有所寄的普遍性情感是谁都会具有的，每个人都能从中找到自己的影子。应该说，怅然若失的心绪远比少女本身更加令人倾倒。中国少女，西式阳台。背面书于一片树叶的诗词延续的是古典意境，红叶寄情随流水早已被人传颂，可见世间无新事，总相似。古今中外的意境一齐喷薄而来，涌向观者，瞬时能有陈子昂"独怆然而涕下"的感发。

从窈窕的身形可知，少女本身一定美丽非常，而更美的，是那捕捉不到的似有若无的心绪。从观者的角度来说，如果你只是看到了美女，那是第一重境界，情绪是第二重，精神是第三重。女性的情绪丰富并且敢于展现，不像男子般隐忍藏匿。所以，女性其实代表了人类最真实的自我状态，作品表现的是人类共有的情怀。这就不难解释，为什么翟倚卫的创作虽然画面风格都是柔美之至，但具体到女性各自的状态时，却是有的清愁，有的闲适，有的激烈，有的仁爱……

《倩影》 玉雕

《雨沥》

　　艺术创作中涉及雨的地方，往往和情绪密切相关。情绪难以描摹，《雨沥》的精到之处在于，将情绪渲染得淋漓尽致，复杂而多重。

　　画面布局令人叫绝，无一处不蕴含深刻，堪称收放自如，大有"画有尽而意无穷"之感。玉牌上端勾勒远景，林野原本开阔，却突然收紧，过渡到了画面的主体形象，即女子在窗前弹琴的近景。总体节奏呈现"松—紧—松"的态势，实则反映夏雨从无到有骤然而至又渐趋渐沥的过程。横向来看，两侧留白、中间繁密的场景同样与上下构图的节奏相吻合。更或者，这也是主人公心理状态的反映。

　　女子并没有展现面目神情，想象空间也就更大了。虽然她内心的动态过程看不见，却又很容易被还原。"琴"通"情"，加上随风摇曳的枝叶，想必这里面"别有幽愁暗恨生"，但愁并不固定。原本闲适的心情因大雨而纷乱，又因为弹琴而得到慰藉，女子内心的波动渐渐被抚慰平和，她身旁匍匐而眠的睡猫便是最好的说明。

　　《雨沥》的背面更值得琢磨，无异于谜面。玉牌背面并没有继续正面场景的铺排，仅有落叶数片，其余以文字代替。字体是恣肆的行书，"雨点"二字硕大，与大雨、骤风和激烈的情感呼应。"在夏天的新叶上滴沥"一句，完全与大雨过后树叶滴沥雨水的情境、女子渐趋平缓的心绪相吻合。字义、字形均能与景相融，形和意彻底相与为一，开拓了书法的表现空间，这恰恰是翟倚卫擅长的。

《雨沥》　玉雕

《早春》

　　《早春》是经典作品,这件作品最令人称道的是景别和视角的运用。"客路青山外"的图景采用远景、平视,房屋和小桥勾勒得都很简约,远处青山的线条隐隐,着重写意;"行舟绿水前"的图景则采用近景、后俯视,人物、船和花朵都刻画得很细致,颇有工笔风韵。此外,花不是全面怒放,而是浓淡相宜,这正能解释"早春"的主题。有人远行,有人劳作,作者把江南的春天描绘得朝气蓬勃。

　　景别和视角之外,空间层次也很别致。分布并不规则的洒金皮被巧妙地处理成渐变色效果的一树繁花,摘色干净,通过其丰富的色彩肌理形成第一层次;以船篷和人物的疏密变化形成第二层次;用带有秩序感的长曲线勾勒出流水的动感,形成第三层次。这种层次反映在背面的场景中依然如此,留有可供观赏的余地。

　　传统玉雕中女性的形象往往是仕女和仙女,或者羸弱,或者肃穆,大多不食人间烟火。翟倚卫有意拓宽女性题材的表达空间,挣脱传统束缚,第一次将表现的女性锁定为普通渔家少女,气质清新健康,令人耳目一新,这在当时的玉雕创作中并不多见。更为重要的是,继《倩影》之后他延续了女性背影这一开创性的表现手法,使得作品具有含蓄婉约的美感,大大加深了作品的意境。

《早春》　玉雕

《胜日》

这是一幅典型的山水画卷。胜日即晴日，作品表现的是春天晴朗的日子。

春日万物复苏，所以泗水沿岸及河中岛屿皆草木欣荣。既然为晴日，自然春光明媚，天朗气清，视野尤为开阔清晰。繁复线面由远及近层层铺排，如国画中的皴法般细致严谨。画面的细节不容小觑，虽是近乎条幅的结构，但山平水阔的气象一览无余。细密的阴刻线象征河面微波澹澹的情状，可知微风徐徐；树间飘荡的块面充盈柔软质感，一望可知，此时正云烟袅袅。至于河中船帆，堪称画龙点睛，增添动感的同时，也添加了些许闲适的气氛。至于牌首的缠枝纹和出廓的写意瑞兽腾云牌额，又将和气、祥瑞的意蕴凸显，可谓春和景明。

后面诗文的布局巧具心思。诗文分两种字体对应分布，恰似两副对联。按照创作者一贯的表达，楷书表现的内容一般比较中正和缓，而行书或草书表达的内容大都飘忽闲逸。细细品咂诗文内容，也的确如此。春光和人正当好，而将春风和万紫千红的花隐喻为飘逸闲适也不错。为什么"胜日寻芳泗水滨，无边光景一时新"要靠边呢？大约因为"泗水滨"和"无边光景"都有界限，如此安排颇有意味。标题"春日"位于上端的中间，主旨清晰。所有用心，用"守正出奇"来概括大概最为恰当。

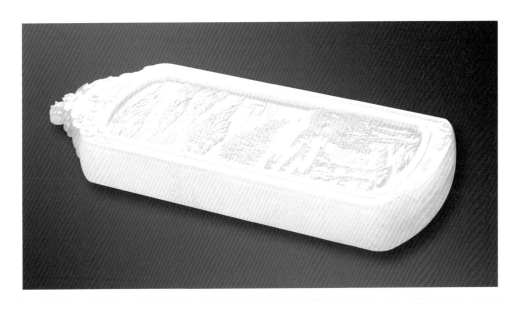

《胜日》 玉雕

翟倚卫——玉牌叙事与人生标牌

  翟倚卫玉雕技艺精湛,但是造就他成功的却是突破单纯地追求玉雕技法,进入广阔的图像叙事领域,比如说连环画、插图等,这增强了他的图像表现能力。他给《故事会》绘制的插图,与叙事文本融为一体,对于线条的应用便有了更多的心得。以玉比德是中国人的精神追求,而玉牌就是人的价值趣味的体现。翟倚卫以玉牌为中心开拓海派玉雕空间,抓住了审美之道的入口。方寸之间,吞纳宇宙万象,没有对于世界的理解不行,而没有叙事表现力更不行。艺术家的选择影响着消费者的选择,一方玉牌就是一件人生标牌,导引人的价值取向。在艺术家自我与公众价值之间对话,以玉牌叙述故事,讲述人生真谛,这是翟倚卫玉雕成果的奥秘之一。

翟倚卫玉雕工作室场景

6. 海派匠心　薪火相传
——海派玉雕项目传承人洪新华

　　洪新华，1959年生，上海人。师从中国工艺美术大师、中国国画大师肖海春。1976年进入上海玉石雕刻厂开始玉器的雕刻工作。1993年进入香港特勤珠宝公司从事白玉雕刻的设计与创作。1996年正式成立"弘艺轩"玉器工作室。现为中国玉石雕刻大师、中华玉雕艺术大师、上海市工艺美术大师、上海海派玉雕文化协会副会长。2012年被评为国家级非物质文化遗产项目海派玉雕的代表性传承人。

　　洪新华的艺术特点是在传统题材中寻找灵感，以现代审美加以提升、夸张、强调，并配以到位的工艺手法和融会贯通的技巧，最终形成自己的艺术个性。洪新华琢玉不仅用眼和手，更贵于用情去磨合，并将自己的情感融入其中，精妙地表现了人物的性格和强烈的个性语言。他的作品生动别致，巧夺天工，玉器圈内的朋友都恭称他为"洪大师"。

洪新华口述

中体西用　融会贯通

我从 1976 年开始做玉雕，至今已经 40 多个年头了。当初是小学毕业后到工业中学念书。工业中学这个说法，现在的小青年应该都不熟悉，就是以前的厂办技校。我有点画画天赋，平时画画的成绩还不错，常常得优秀。恰好那次学校选送学生进中学就是以画画为主，我就被选送上了，还挺高兴。那时候不像现在，既然是学校选送的，大家就顺其自然，也由不得自己，不像现在的孩子可以挑挑拣拣。我当时上的工业中学，就是上海玉石雕刻厂办的中学。这个玉雕厂是 50 年代成立的老牌国企了，就算是我刚入厂那个时候，也有点历史了。

进入上海玉石雕刻厂中学之后，我就开始了中学时期的学习。那时一个年级有一到两个班，每个班 50 人左右。进校后，我们并不直接学玉雕技艺，而是得继续从文化课学起。玉雕是传统文化的精髓之一，想要真正由内而外地把握它，就要有一定的文化造诣，这也像盖楼，一定要有稳固的地基。我们中学的学习主要分为两个部分——专业课和文化课。专业课上学习基础美术，包括素描、雕塑等。教授我们的老师，差不多都由玉雕厂内比较有文化层次的老师担当，他们抽出时间来教我们。文化课则跟一般的中学差不多，有思想政治、语文、英语、数学等，每门都要上。所以那时候整天忙忙碌碌，但也很充实。

时间过得很快，三年学习过后，就能进入玉雕厂工作，用现在时髦的话说就是"定向培养"。那时是计划经济，可不比现在的市场经济，基本上进入工业中学就等于进了就业的保险箱，毕业之后肯定可以分配到车间里。不过随着社会环境、经济形势等各方面的快速变化，许多人的想法也逐渐多元起来，从那时候起，不少同学开始渐渐从玉雕厂出来，改行做其他事业了。我倒是因为一直很喜欢玉雕，就坚持了下来——如果我不喜欢玉雕，或许我也早就不做了。

在玉石雕刻厂，我师从国画大师肖海春。肖老师在厂办中学就是我们的老师，也是德高望重的老前辈，教会了我们不少技术。那时候，跟随哪个老师学手艺都由不得自己挑选,而是靠厂里分配,现在看来和肖老师的师徒情谊也是一种缘分。厂里还有很多来自不同地区的玉雕师傅,我们也通过他们窥探到中国玉雕艺术的博大精深,比如全国闻名的扬派玉雕,我们最早就跟厂里的扬州师傅学扬派玉雕。虽然扬州主要做山子玉,立体的、大的风格,这跟我们海派玉雕发展重心有所区别,但如何做玉、如何雕刻都是扬州师傅启蒙我们的。那时候也有许多老师受过更为现代的专业训练,就像肖老师一样,不少美校毕业的老师被分配到玉雕厂,他们已经接受了一些西洋文化,美术的功底比较扎实,在某些方面比一些老师傅要好。比如老师傅们大多没有现代美术的功底,他们做玉雕主要凭感觉,因此,即便有不少实践经验,但在画图方面仍有所欠缺。美校毕业的老师来了以后,给我们讲了些西方的美术、雕塑的基本理论和方法,他们还会将这些西方的艺术审美融入玉雕中,果然,作品结构生动饱满了不少,比之前老师傅们的作品要好看多了。这一点我是有感触的,比如以前做仕女玉雕,老式的做法是把衣服做好即可,不去管内部的身体结构、骨骼走向、肌肉线条,看上去不舒服。另外,还有很多名师对我的影响很大。比如苏长才老师和费大为老师,两位老师都是我们车间小组的组长,负责管理我们这些徒弟。费老师是美校毕业的,他会不时传授一些先进的理念给我们,而苏老师是扬州的,主要教我们玉雕技术。两人各有所长,我们的技术也深受他们的影响。

当时的社会环境、经济状况和现在差别很大,但让很多人觉得惊讶的是,现在很多人或许会觉得一块玉很贵重,但在七八十年代,玉到处都是,没人会觉得玉石有什么特别的价值。我对待学习玉雕手艺

海派玉雕传承人洪新华

洪新华的玉雕作品

这件事，还是非常认真的。不同的人悟性不同，学习多久才能够真正触碰玉、雕琢玉，全凭努力程度和个人天赋。个人天赋可遇而不可求，更多的还是要看每个人的努力程度，首先就要坐得住，还要会画画，美术基础要好一些。像我们在中学时学习的素描、雕塑、白描、色彩等，都是为后来做玉雕打基础的。最初学玉雕时，一些基本的东西就是扬州师父教的，但要做好做精的话，就要由美术专业的老师指导，否则线条都画不好，那做出来的东西肯定就不行。我们玉石雕刻厂将作品品种按车间分成了几大类：人物、器皿、花鸟、动物等。被分配到哪个车间，就学习怎样的手艺。我当时被分配到人物车间，就雕刻仕女、罗汉等人物造型。"文革"时，厂里还会做伟人的雕塑，我们一些老师傅做过。当然，这是非常时期，玉雕行业的审美取向一直较为传统，正如现在的海派玉雕，虽然已经融合了很多西方的技法，但不会雕刻西方的人物。

那时候做玉雕，实际就是为国家干活。跟许多国营单位一样，做得好没有什么奖励，做得不好也并不会招致批评。我们当时和前途挂钩的是日常考评和玉雕考级，考评的分数低一点，可能影响到什么时候满师和未来职称的评定。所谓考评，主要靠平日积累，不能临时抱佛脚。我们平时上班做作品，做好以后技术部门会根据相应的标准给定分数。有时我们一件作品需要做很长时间，几个月、半年、一年都有可能，平时的作品也是考评的一部分。所谓考级，由厂里技术部门负责。当时学徒满师之后就要考级，从三级考到八级，全靠真本领。比如《贾宝玉梦游太虚幻境》就是我当年考级的作品，做的时间比较长，后来这件作品还得奖了。我们这些学徒都没有上过大学，学历非常一般，只能通过这种方式去竞争，大家都在拼命学技术，竞争还是挺激烈的。

醉心传承　光耀海派

1992 年年底，我离开玉石雕刻厂，开始了自己的玉雕新事业，这一方面缘于社会变迁，另一方面是由于一些机缘巧合。改革开放后，一些香港、台湾的老板纷纷踏进内地玉雕市场，踏进我们这个行业，他们甚至来我们厂里挖人。我们有技术，他们有资本。我出于经济方面的考虑，想多挣点钱，因为当时厂里钱太少了，一个月工资只有一两百块。从工厂出来后，我也开始自己招徒弟，通过别人介绍，招到了一些有美术基础并且对玉雕有兴趣的弟子。现在我工作室里摆放着一些我的得意弟子的照片，比如崔磊和于雪涛，他俩都是天津人，也是我最早招的两个徒弟。现在，崔磊成了中国玉石雕刻大师、天津市工艺美术大师、中国青年玉器雕刻艺术家。于雪涛也是天津市工艺美术大师、中国青年玉器雕刻艺术家，两个人也都有了自己的艺术工作室。这么多年，我教的学生非常多。说到师徒关系，我感觉到现在很多传统技艺行业有一股要恢复拜师仪式的潮流。我认为没必要，一定要给你磕个头，你就成为师父了？我觉得徒弟只要心里有你，将来他能用出色的成绩来报答你，就最好不过了。

海派玉雕的出现在上海开埠以后，它是逐渐形成的，直到现在形成这个风格。改革开放对于海派玉雕的发展功不可没，工具的改革相当重要。以前的工具很重，操作起来极不方便。改革开放后有了进口的电子笔，干活就轻松多了。与日本、韩国的产品有了比较以后，进口工具的效果就体现出来了。我们从厂里出来以后，把各种艺术都融入玉雕里，一时间百花齐放，大家各有各的想法，而不是像以前在厂里集中做，你只做这个，我只做那个。所以海派玉雕也是这样，逐渐形成现在的风格，因为每个人都释放了自己的想法，我想做什么，就达到什么程度，改革开放把上海的玉雕推向新的高度。海派风格主要体现在工艺、造型上，工艺上就是精、细，人家一看就知道这是海派的东西，能够给人一目了然的感觉，或者说同样的产品在一起，人家马上就能分得出，这是海派的风格。因此，海派玉雕真正形成应该在改革开放以后，在全国范围来看，还是领先的。

洪新华的玉雕作品

最近这两年，政府提高了资助文化产业的力度，高度重视文化领域包括手工行业，这非常有利于玉雕文化的继承与发展。我是第一批海派玉雕的代表性传承人。

现在海派玉雕发展势头很好，交流也很频繁。上海的两个玉雕协会经常交流、开会、搞活动，这样的交流遍布全国。当然，有合作就有竞争，是合理竞争，各人做各人的。玉雕界的同行若碰在一起就是朋友，不会谈生意，更不会产生很大的矛盾。

我一直认为，海派玉雕在工艺上要做到位，把海派风格发扬光大，代代相传。数十年间，我也培育了很多海派玉雕新人，他们不少都已在玉雕界小有名气。不过现在也出现了一些传承上的问题，至少在我这里，本地的徒弟已经没有了，都是外地的。本地的年轻人都想考大学，接受现代高等教育，即便考不上大学，也不愿意做这个行当。毕竟做玉雕既要有美术基础，也得静下心、沉住气。然而工作室以外，外面的世界太精彩了，上海的年轻人有几个愿意来学呢？相比之下，外地的徒弟，他们吃得起苦、肯努力、肯下功夫，或许这与他们本身经济条件不好有关，有些徒弟家在山区，日子清贫，他们反而觉得学习玉雕是极好的上升机会，学到技术后还能以此赚钱。

另外也有理论和实际不容易结合的问题。我觉得单单从讲课上来说玉雕，还比较空。玉雕行业技术性很强，就算放些图片，给玉雕爱好者们讲如何挑选辨别玉雕，人家也不一定能看懂。艺术训练是一个缓慢的过程，单单让我去上课，那太空洞了，这种矛盾只有通过实践来解决。现在一些学生，不像我们，坐不住。谁让现在外面的世界太精彩了呢？这就是海派玉雕传承面临的尴尬。

（本文由雷天来整理）

洪新华海派玉雕作品

《笑口常开》

2005年，获第四届中国玉石雕刻"天工奖"优秀作品奖。

2008年，获第三届中国玉雕"百花奖"银奖。

《笑口常开》 玉雕

《和合二仙》

2006年，在"大师玉雕精品展"上获珍藏奖、最佳创作奖。

2007年，获首届中国玉石雕"神工奖"银奖。

《和合二仙》 玉雕

《知足常乐》

2009年，获第三届中国玉石雕"神工奖"金奖。

《知足常乐》 玉雕

《梦入飞熊》

2012年，获中国上海玉石雕刻"玉龙奖"金奖。

2013年，获第八届中国玉雕"百花奖"金奖。

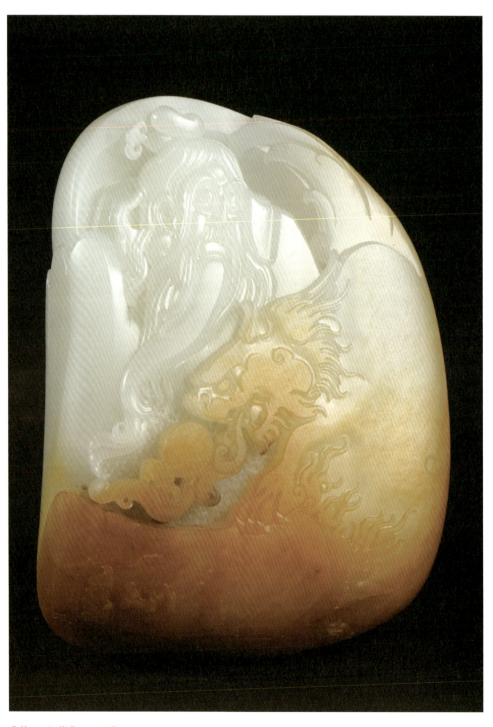

《梦入飞熊》 玉雕

《卧虎藏龙》

2014年，获第七届中国玉石雕"神工奖"金奖。

《卧虎藏龙》 玉雕

洪新华——融通百家，悉心传承

洪新华为玉雕界"罗汉三杰"之一，始终秉持"做玉先做人"的准则，认为只有人做好，才能把玉雕做好。他的玉雕创作，题材以罗汉人物为主，擅长做佛像。洪新华擅长做大件，在设计上以浑厚的风格为主，同时注重细部的把握，以此来表达主题思想。洪新华创作时不喜欢对材料作太多破坏，而是最大限度地保持原石本有的特征和灵气。洪新华的作品与他的人一样，有着一种质朴和敦厚的气息。其代表作有《封神榜》系列作品，总重量达到30斤，是其玉雕生涯中的里程碑。洪新华具有很强的市场开拓能力，使海派玉雕的标签享誉全国。在非遗的推广方面，洪新华积极举行展览展示等活动，其本人及作品多次被报纸、杂志、电视等媒体所报道。从艺以来，他教授了很多徒弟，有些人已经成为玉雕行业的佼佼者，甚至成为代表性传承人。洪新华融通国内多派玉雕风格，悉心传承，拓展玉雕的空间，为海派玉雕的开拓贡献良多。"洪大师"的称号，是社会各界对他的衷心赞誉。

7. 要把仙鹤做出神
——上海灯彩项目传承人何伟福

  何伟福，1949年生，是"江南灯王"何克明的长孙，国家级非物质文化遗产"何氏灯彩"的第三代传承人。2009年被评为国家级非物质文化遗产项目上海灯彩的代表性传承人。他曾受邀到德国汉堡、美国夏威夷、新加坡、马来西亚等多个国家和地区进行文化交流，作品受到当地电视台和报纸等媒体的争相报道，好评如潮。其代表性作品是为迎接2008年北京奥运会而耗时四个月制作的《祖国万岁》（松鹤长青），由松树和八只形态各异的仙鹤组成，寓意和平与长青，希望中国国家队在北京奥运会上取得好成绩。后来，这件作品参加全国第九届工艺美术大师精品展，获得了"百花杯"银奖。他的另一件代表性作品是历经八个月精心制作而成的《双龙戏珠》。

何伟福口述

搓铁丝和做仙鹤

谈起我和灯彩的结缘，主要受到我祖父的影响。从小，我的父亲在外地工作，我和我的祖父祖母住在一起，跟他们接触得比较多，所以受到祖父的影响比较大。对我影响最大的就是小时候看我祖父做灯彩。我打小就特别崇拜我的祖父，觉得他做出来的灯彩个个都漂亮，而且我小时候常常把我祖父的作品当作玩具玩，祖父做的小蜻蜓、小螳螂、小鸟、小鸡、小鸭，件件都是我爱不释手的玩具。祖父看我这么喜欢灯彩，就准许我拿去玩。到了十几岁的时候，我慢慢地有了接班意识，祖父在做灯彩的时候，我就帮忙打下手，比如他在做牡丹花时，做完了的一片片的牡丹花瓣和叶子是需要拼扎起来的，我就帮忙涂浆糊、抹胶水和摆布等。

小时候，祖父为了最大限度地观察动物，亲手用铁丝网在我们家阳台上搭了一个大约3平方米的鸟笼，里面养了各种各样的鸟，比如八哥、鹩哥、金丝雀、娇凤等。除此之外，当时我们家里也养了很多小动物。我对两只小兔子记忆很深刻，一只白白的，一只灰灰的，因为当时我还小，就吵着让祖父买。祖父也喜欢小动物，就买回来了。我小时候天天喜欢看这些小动物，祖父自己也观察，有时候他会教我认识这些动物以及了解它们的造型、结构和比例。

我跟我的祖父学做灯彩这门手艺主要是在"文革"之后。"文革"期间，祖父被打为"牛鬼蛇神"，当时"造反派"说祖父的作品是为"封资修"（封建主义、资产阶级、修正主义）服务的。那时祖父单位的一大批老艺人都不再从事手工艺了，而去接受劳动改造。"文革"结束后，祖父又可以做灯彩了，但还是小心翼翼的，不能乱做，龙凤之类的作

上海灯彩传承人何伟福

品不能做，做的大多是牛、马或者鱼、鸟。当时我在工厂工作，下班或星期天的时候过来帮祖父做灯彩。那时，我已经27岁了，我的祖父也80多岁了，我的父亲和两个叔叔、两个姑妈没有学这门手艺，但是我觉得我们家族的这门手艺一定要传承下来。正是怀着这个心愿，考虑清楚后，我就立马给我父亲写信，在信中我向父亲表明了我想学做灯彩的打算。父亲收到信后大力支持我，教导我踏实认真地跟随祖父学习，告诉我既然要学就一定要坚持下去，不能半途而废。接着，我父亲就向我祖父正式提出我要学做灯彩这件事，祖父也开始重视起来。祖父和父亲的想法一样，要求我一定要坚持下去，一定要有耐心，要有长远的眼光，不能只有短期的行动。祖父同意后，我就正式走上了从艺之路。

上海灯彩传承人何伟福

开始做灯彩后，祖父要求我首先要买一个做灯彩的写字台，再有就是台灯，这两样是必不可少的。然后就是买做灯彩的必要工具。一开始我跟祖父学的是基本功——搓铁丝，搓铁丝就是将买来的铁丝加工成做灯彩的铁丝，即用纸包住铁丝。祖父对我说："搓铁丝是做灯彩的基本功，你必须要练出来，如果吃不了这个苦，那还是不要学了。"于是，我就咬咬牙，心想一定要过关，练出来，这不仅是证明给祖父看我有没有决心，也是对自己的一个交代。于是，这项单调枯燥的基本功一练就练了10个多月。

从开始学灯彩起，我就意识到"要我学"和"我要学"这两者是有区别的。如果我的父亲或祖父叫我学，那我肯定学不好，如果我自己要学，就一定能学好。我在学习的过程中，也吃了很多苦。过去，上海的冬天又冷又潮，当时我祖父住在南昌大楼的底层，地面是用大理石做的。冬天特别冷，脚被冻出了冻疮，但为了做灯彩，我咬咬牙还是坚持下来了。夏天，天气热得不得了，还有蚊子，但我坚持住了，那时候我简直就是把做灯彩

何伟福在创作灯彩《金龙戏珠》

当作了一种信仰。在我做灯彩的过程中,祖父也会对我进行指导,我当时准备了一本工作手册,他指导我的话,我不光拿笔记下来,还记在脑子里。每当看到祖父做得非常好的作品,我就记录下来。比如他做鸟的翅膀,告诉我鸟的翅膀的标准以及线条和造型是怎样构成的,我就把它一模一样地画下来。我刚开始学的时候就是用这个方法,等熟练后就不用了。除此之外,平时我细心观察,观察久了,对各种动物的特点就心中有数了,它们的造型、比例、结构也就深深地印在我的脑海里了。

这样大概学了两三年,祖父就开始让我单独做灯彩了。他教导我做灯彩时一定要抓住重点,没有必要样样做到。比如做鸟,鸟的品种很多,但是一定要抓住几种特殊的鸟重点学,因为这其中很多东西都是相通的,一般来说鸟的构造都差不多。比如专注做仙鹤,就要下苦功夫,把它做得栩栩如生,表现出神韵。祖父当时给我举了几位画家的例子,如徐悲鸿画马,齐白石画虾,但是他们画其他的不太可能样样精通。所以,一定要抓住典型,先把仙鹤做好,做出神了,再开始做喜鹊、黄莺等。这些无非就是形状、大小、颜色等稍加改变。所以在我的作品中,仙鹤做得最好。

夏威夷和 Nene

美国的夏威夷每年都会举办一次中国风情节,作为灯彩手工艺的代表,我已经连续六次受邀进行文化交流,并且受到了夏威夷州州长的热情接见。在我第一次去之前,夏威夷那边的工作人员也将日本、中国香港特区和中国台湾地区的灯彩在风情节上展示。我去的时候,那些灯彩都还在,我的作品把他们的灯彩都比下去了,以至于后来,有做灯彩的香港人过来买我的灯彩,他们要买回去进行研究学习。我对灯彩制作毫无保留,我认为相互比较和竞争更有利于艺术的发展与进步。在夏威夷,我代表的不仅是我个人,更是自己的祖国。

有一年,在夏威夷的文化交流结束后,工作人员就带我到动物园进行参观,他们指着一只鸟说:"这是夏威夷的鸟,您能把它做成灯彩吗?"我拍下照片,心想中国的鸟我做得出来,夏威夷的鸟也能做得出来,明年一定给带过来。第二年进行文化交流时,我就把做成的灯彩带过去,受到了当地人的连连称赞。这只鸟就是夏威夷州的州鸟——Nene,现在属于濒危动物。除了这种鸟,我在夏威夷还做了很多其他动物灯彩,如夏威夷的深海鱼。艺术的沟通是无国界的,在夏威夷,灯彩也大受欢迎。

美国人乐意接受中国的传统文化。在夏威夷,我还当过灯彩老师,主要教美国的高中生和小学生一些灯彩的基本技法。美国倡导手工艺进入社区,还邀请我去教居民制作灯彩,从这些也可以看出,美国人喜欢中国的传统手工艺。

教学和传艺

现在国家开始重视非物质文化遗产,很多中小学也开辟了第二课堂,聘请我到学校为学生传授制作灯彩的技艺。我在中小学进行教学的原因主要有两点:第一是传承和弘扬中国的传统文化;第二是让我

《夏威夷鸟》 灯彩

何伟福灯彩作品

祖父的这门手艺不失传。最多的时候我在六所学校上课，现在坚持下来的有三所学校，主要是因为我要经常出国进行文化交流，不能坚持正常上课，所以就不教了。我在嘉定区外冈小学已经坚持教了八年。现在这所学校已经成为嘉定区灯彩的传承基地，并且每年获得国家补贴。学校会主动地去参加灯彩活动，而且出了很多成果。其中我教的一个小学生，他参加上海市的灯彩大赛，得了第一名，获得金奖。2007年，这所学校的学生参加长三角灯彩大赛，得了一个银奖、两个铜奖。普陀区青少年活动中心有初中班、小学班，一个初中生得了金奖，还有一个小学生得了铜奖，孩子们的父母都非常高兴，一直感谢我。虽然是学生自己的成绩，但是作为老师，我也有种满足感。我认为学习做灯彩的过程，可以培养小孩的耐心和恒心，这些对他们的一生都有很大的帮助。

除了在学校教授灯彩制作，我还在社区进行传承。在社区里教的大都是一些上了年纪的老太太，她们只是把灯彩当成业余爱好学一下，丰富一下自己的精神生活。我也在社会上收了一些徒弟，但是他们大多数有自己的工作，所以坚持下来的不多。

随着人民生活水平的提高，物质生活得到满足后，人们开始享受精神生活和艺术生活，所以对于灯彩之类的中国传统手工艺，喜欢的人肯定会越来越多，而且现在学的人也越来越多。国家和政府也比以前更重视非物质文化遗产了，为非遗的传承与保护创造了良好的环境，相信灯彩的发展前途是光明的。

从大的方面来讲，随着国家对教育投入的加大，受过一定教育的艺人要比没有受过教育的艺人对其所从事的技艺有更好的把握和理解，更能说出其中深刻的文化内涵。如果没有一定的文化就来从事灯彩这门手工艺，做得再好充其量也只能是个机械的劳动者。有文化、有知识、有丰富的阅历，再加上努力才可能成为真正的艺术家或者大师。从小的方面来讲，作为一个艺人你热不热爱自己的技艺是很重要的，如果你不热爱，只是混日子，那永远成不了一个真正的匠人。

（本文由秦娇娇整理）

何伟福灯彩作品

何氏灯彩

灯彩，又叫"花灯"，是起源于中国的一种传统民间手工艺品，它与民间流传的元宵赏灯习俗密切相关。据考证，元宵赏灯习俗始于西汉，盛于隋唐，明清尤为风行。关于上海的元宵赏灯习俗，明弘治、嘉靖年间修纂的地方志都有记载。从夏历正月十三上灯到十八落灯，其中正月十五的元宵灯彩最为吸引人。每年端午节和中秋节，申城的繁华商业街也是花灯高照、灯市红火。悠久的赏灯习俗，促进了上海灯彩艺术的发展。上海近代灯彩继承了古代灯彩的优秀技艺，不仅灯彩的材质在不断更新，有麻、纱、丝绸、玻璃等，而且品种更为丰富，有撑棚灯、走马灯、宫灯、立体动物灯四大类。"何氏灯彩"即"何克明灯彩"，又称"上海立体动物灯彩"，是由何伟福的祖父、一代灯彩艺术大师何克明创造的。其所创造的灯彩集观赏性、艺术性、装饰性于一体，是上海灯彩艺术中最为精粹的部分，具有做工精致、造型生动、比例准确等特点。2008年，"何氏灯彩"被评为国家级非物质文化遗产。

《凤凰》灯彩

何伟福灯彩作品

《白马龙灯》

这件作品表现的是一匹身形矫健、形象生动的长鬃白马。它身披红色披风,披风四周用 30 号细金丝盘扎成回魂边,上面配两条剪纸的"金龙戏珠"。大红披风上还搭了金黄色小披风,上面的图案是"旭日东升"。水浪、红日均用细金丝盘扎成型。马的脖子中间佩有红缨,左右两边有四只小铜铃,身上还有马鞍。嘴边有马缰绳,马脚蹬用细金丝扎成。白马身体内有数只 15 瓦灯泡,通电后更是栩栩如生,威风八面。

《白马龙灯》 灯彩

《鹿鹤同春》

　　这件作品是何伟福复制 20 世纪 50 年代其祖父何克明制作并赠送给来访的苏联国家主席伏罗希洛夫的那件作品。作品的中央是一棵古老的松树，树上有数朵松丛，内部有松果，还有青藤小果。松树上依稀可见树疤、树洞。松树顶部是一只展翅飞翔的仙鹤，与之呼应的是树下的一鹤一鹿，它们活灵活现。站着的鹤伸长脖子遥望远方，梅花鹿瞪着双眼好奇地看着树上的飞鹤。草地上的竹叶和小花作为配景，更是生机勃勃。鹿鹤体内均安装了小灯片，通电后作品更是通体透亮，吸引眼球。

《鹿鹤同春》　灯彩

《祖国万岁》（松鹤长青）

作品由一棵古老的松树和八只形态各异的仙鹤组成，其中一只位于松树顶端展翅欲飞。松树代表万古长青，仙鹤代表和谐长寿，也象征着人民。作品创作的初衷是希望国家永远繁荣昌盛、风调雨顺、国泰民安；同时也期盼着北京奥运会上，我国的体育健儿能获得好成绩。在 2008 年 11 月举办的第九届工艺美术大师作品展暨国际艺术精品展览会上，此作品荣获"天工艺苑"奖。

《祖国万岁》（松鹤长青） 灯彩

何伟福——祥瑞的创造者与传承者

张灯结彩是庆典的表现形式，烘托吉祥氛围，因为祥瑞是中国人的理想与幸福追求。祥瑞是一种民俗心境，是通过一系列的符号来感知的，灯彩制作就是这样一项创造祥瑞的工作。这些符号有些是现实中就有的，如松，如鹤，都是长寿意象，但龙凤麒麟，都是神话叙事，这就需要艺术家悉心制作，"何氏灯彩"就是海派吉祥的制造者与传承者。"何氏灯彩"是何氏家族的独门绝技，一开始便以家族传承的方式为主，其创始人何克明的嫡孙何伟福本着继承家族事业的责任心，主动传承了这一技艺。为扩大传承空间，"何氏灯彩"不囿于单一的家族传承方式，还通过学校、社区等，努力选好、带好徒弟，积极、持续、有效地培养接班人。何伟福以开放的胸襟，将非遗推向社会各界乃至国际领域，通过文化交流，反观自省，取他人之长补自身之短，不断建构自我、提升自我。"何氏灯彩"是华彩生活的歌唱者、国家民族的歌唱者，正如其作品《祖国万岁》，松鹤意象从个体长寿转喻祖国长盛不衰。"何氏灯彩"把祥瑞一代一代传下去，就是让美好生活与幸福感代代传承。

8. 拿捏之中的文化
——上海面人赵项目传承人赵艳林

"北有'泥人张',南有'面人赵'",民间流传的这句话的后半句说的就是海派面塑的开山祖师赵阔明。作为赵阔明的女儿,赵艳林责无旁贷地从她父亲手中接过了海派面塑的传承火炬。赵艳林,1941年生,是"上海面人赵"第二代传承人。她师从父亲赵阔明,学徒三年后,继续进行海派面塑的研究和创作。其创作兼具潘树华、赵阔明两人的特色,同时结合现代雕塑技法,总结出了"手捏九法"和"工具五法"。创作题材以戏剧人物、现代人物和儿童为主,对绢人面塑、微型面塑、核桃面塑、微雕面塑和大型面塑进行了创新。风格精巧典雅,兼具写实写意,既有雕塑般的质感,也充满灵动和飘逸的气韵,作品往往流露对人性的体悟。2007年6月,赵艳林获"中国民间杰出传承人"称号。2008年被评为国家级非物质文化遗产项目上海面人赵的代表性传承人,其代表作品有《贵妃醉酒》《少数民族大团结》等。

赵艳林口述

受业于慈父　"拿捏"技艺得传承

面塑在整个中国来说大体分南派和北派,南派从"面人赵",也就是我的父亲赵阔明开始。他是北京人,在天津学艺,后来到了上海,师从潘树华,也就是我的外公。当时我的父亲虽然会这门手艺,可是过得并不好。日本人侵略中国的时候,面粉在国内很少,我父亲的这个技艺也就面临着很大的阻碍。我们一家人曾经在东北待过八年,这八年过得相当艰苦。我从小受我父亲的熏陶,对面塑也很感兴趣,可是父亲艰辛的从艺经历让我有点望而却步。他当时看我有点想要放弃的意思,就三番五次地劝说我,叫我学习这门艺术。我抵挡不住他的苦口婆心,就继续在这个行当里干。其实现在回过头去看,父亲是很不容易的,生活的艰辛并没有让他放弃自己喜欢干的事。

赵艳林与父亲赵阔明

我是1959年进入上海工艺美术研究室的,在那里跟着我的父亲学面塑艺术,同时也学习书法、绘画等。那时候其实也还蛮有趣的,有空会跟着我的父亲去看戏。因为面塑的传统创作题材大都来自民间故事、京剧、戏曲、样板戏等的一些人物,所以肯定需要对这些民间文化有广泛而深刻的了解,这是基础。就这样一直学,到了1981年,我第一次出国,去了美国,参加他们的民间传统节日。我在那里表演的时候,有一位美国老人拿着一些面人过来,想让我帮他修补一下。我一看这些面人,心里一惊,这不正是父亲的作品吗?也正是在这一年,我的父亲去世了。他捏了一辈子的面人,也牵挂了一辈子,我还依稀记得,在他昏迷的那天早上,他的手里还捏着一个面人!因此,我也深刻地认识到了自己肩上的责任。

赵艳林与儿子陈凯峰

我虽然是我父亲的女儿,可是我在我父亲的弟子当中并不是排在最前面的,他的大弟子是郎绍安,人称"面人郎",是北派的代表,现在已经去世了,他的女儿郎志英继承了他的衣钵。我父亲的弟子有很多,你不要看我的外公、我的父亲、我,还有我的儿子陈凯峰都干这行,就以为我们这个技艺仅限于家族传承。其实不是这样的,我们"面人赵"有很多徒子徒孙呢,为什么会这样?就是因为我们不保守,从我父亲开始就不保守,我们没有家族传承这种保守的观念。其实中国很多技艺都有一个问题,就是家族传承,而且传男不传女,也是因为这个原因,北派面塑就陷入了困境。北派面塑以前有五个人,现在只有一个人了,就是因为家族传承的问题,而我们"面人赵"不光有家族传承,还有社会传承。我父亲和我都在学校里教过面塑艺术,现在我的儿子也在教,非遗就是要提倡社会传承,仅靠家族传承太狭隘了。

现在来说,学这个艺术的人主要是一些学生。学生学这个主要是出于自己的兴趣爱好,当然他们也面临着很多来自现实的压力。有一个上海师

赵艳林之子陈凯峰

大的女生,她是纯粹出于自己的热爱,虽然工资不高,每个月大概也就2500元,少得可怜,但还是在继续做着,特别不容易。当然像她这样能够坚持下来的人很少。以前有一个男的,是我父亲的一个学生的儿子,他从事这项技艺将近十年,但后来实在做不下去了,就跳槽了,现在去做设计师了,所以说做这个是很难的。当然也有一些人,他们学这门技艺主要是出于功利的目的。我就碰到过三个这样的人。一个人跟我说,老师,我马上要出国了,我到你这学个手艺行不?我说你学这个干吗呢?他回答说,至少出去有个手艺吧。第二个人是朋友介绍过来的,说他现在在国外,没什么事干,想学学中国的手艺。第三个人是我近期遇到的,是从南非回来的,他跟我说,他在南非是做点心的,想学学这个技艺,将技艺运用到食品上去。我并不是说这样做不好,其实只是想说明一个道理,学这门技艺面临着一系列的现实压力,有人可能是因为这门技艺对他来说有利可图才学的,但是如果不能为他个人带来利益,那就很少有人去学了,这就造成了传承的困境。我们提倡非遗进校园,其实可选择的学校就是中小学校,因为中学生、小学生没有功利思想,他们来学这门技艺可以说基本上是出自兴趣和热爱。像我的儿子陈凯峰,也是我的徒弟,他现在在北郊中学教面塑,就是这个道理。

坚守文化　革新变通显活力

海派面塑,从创作题材上来说,从我父亲到我,再到我儿子,几代人之间还是有变化的。我父亲这一代,基本是以传统元素作为题材的,是最传统的面塑。扎根于民间,涉及民间故事、戏曲人物、京剧、样板戏等,这些作品是中国人一看到基本上都认识的。到了我这一代,就开始变化了,我会结合那个时代的文化进行创作,在传统的基础上进行革新,比如说戏曲人物简单化,没有像以前那样复杂了,这是当时的人比较容易接受的。比如我的作品《贵妃醉酒》就是这样的,线条明快,比较简单。到了陈凯峰这一代,就更加注重挖掘本土文化了。面塑在上海的历史虽有百年,但相比其他地区，它的历史还不算长。但是上海因为受西方文化影响较大，中国近现代文化在这里能够得到很好的体现，因此上海的文化也是很有特色而且非常值得挖掘的，反映在面塑的创作上，表现为人物穿着旗袍、中山装等。从整个中国的面塑来讲，北方是讲究传统的，作品的颜色都是大红大紫的，比较扎实、粗壮，有种厚实感；南方的面塑则是轻巧细腻的，颜色以过渡色为主，比较淡雅、灵逸。

赵艳林面塑作品

中国的工业化给社会带来了巨大的影响，其实它对手工业者造成的冲击是最大的，机器化大生产取代了大批手工业者，因此很多手工工艺都面临消失的危险，包括我们的面塑艺术，所以国家才成立非遗机

赵艳林面塑作品

赵艳林面塑作品

构来保护它们。但是我们自己也要寻求发展之路，不能让时代的洪流将我们冲走，我们也要跟着时代的发展而发展。面塑艺术的出路在何处呢？在我看来，它有两条路可以走：一是食用，二是进入学校教育。这还是我从面塑的传统文化中得到的启发。面塑最早是用来祭祀的，这个功能现在在北方还依然保存着，但是在南方来说就相对较少，因此这个功能并不足以让面塑得到发展。近代面塑的功能主要是作为玩具来使用，但是现在市场上玩具铺天盖地，面塑要和它们竞争肯定是要失败的。中国有句古话叫"民以食为天"，如果把面塑技艺运用到食物的制作上，肯定是可以让这个技艺得到传承和发展的。我有些学生就是厨师，他们学了面塑技艺之后就把它运用到了点心、蛋糕等的制作上，使食物兼具食用功能和欣赏功能，这样就比较受欢迎了。另外一条路是进校园，因为面塑在制作时需要手脑结合，它有助于开发小孩子的大脑，有助于开发智力，就像剪纸一样，而且面塑用到的原材料比较简单，也不贵，因此它进入校园是具有可行性的。

说到非遗进校园，其实我也有点自己的看法。为什么让非遗进入校园呢？难道仅仅是让学生练习一种技艺吗？我不这样认为。我的儿子陈凯峰现在就在学校教面塑，我发现现在孩子创作的面塑作品几乎都是国外动画片里的人物，绝少有传统人物，难道我们的文化如此没有吸引力？我们的孩子如果都不喜欢传统文化，我们谈何保护？谈何发展？所以我觉得非遗进入校园其实是要让传统文化进入校园，而不仅仅是某种技艺进入校园。技艺只是文化的一种外在表现形式，文化才是我们民族的根，这才是我们让非遗进入校园的真正原因和目的。学校需要的是文化，我们每一个人需要的也是文化,如果只重视技艺的传授而不重视文化的熏陶,那就本末倒置了。

传统的面塑其实就是中国传统的文化,我一辈子从事面塑艺术,其实感触颇深的还是面塑背后所蕴含的中华文化,而熟练的技艺是我们领略中华灿烂文化的方式和手段。作为这项遗产的传承人,作为一个匠人,其实我不光要把这个技艺传承下去,还要把最根本的文化传承下去,把我们匠人骨子里的民间文化和精神传承下去。不光要传承,也要有所革新,这主要是就面塑技艺的材料和制作方式来说的。我们可以借用现代科技的成果革新面塑的原材料,还可以革新配方。有了材料上的创新,技艺也会跟着创新,文化也就会显现出活力。坚守文化和拥有革新意识,我想,这是一名匠人必须具备的品质,也应该是我们骨子里该有的精神。

(本文由黄凡整理)

赵艳林面塑作品

海派面塑

面塑最早起源于民间的祭祀活动,到明清时期,逐渐有一部分面塑脱离食用功能,成为一种民间工艺,具有很高的艺术价值和经济价值。上海的面塑起源于老城厢地区,有上百年的历史,那里商业发达,文化氛围浓厚;上海又长期受到西方文化的影响,具有异于中国传统的近现代风貌,如此特殊的环境造就了面塑艺术浓厚的"海派"风格。1843年,海派面塑就开始根植发展,有别于北方面塑的古朴、厚重和豪放,海派面塑具有细致、优美、婉约、精巧、造型逼真的特色,题材主要为人物、家禽、昆虫、蔬菜等,制作面塑的材料主要有白面粉、糯米粉、盐水、蜂蜜等。面塑的工具包括小剪刀、小梳子、毛笔、镊子等,有揉、捏、搓、捻、拧、挤、掐、拉等技法。海派面塑的开山鼻祖当推"面人赵"赵阔明,他师从"粉人潘"潘树华。赵阔明将面塑发展成为一种独立的民间工艺品,其女赵艳林及其他弟子将这一艺术传承了下来。海派面塑是上海地区重要的传统工艺美术品种,在长期的对外交流中,因其制作过程极具表演性,扮演着传播中国传统文化和上海地方文化的重要角色。2008年,海派面塑艺术作为上海市非物质文化遗产的代表之一,被列入国家级非物质文化遗产名录。

陈凯峰面塑作品

赵艳林海派面塑作品

《少数民族大团结》

该作品歌颂了党的领导和民族团结的幸福生活。通过舞蹈场面的塑造，体现了民族的和谐与欢乐，具有很强的表现力。

《少数民族大团结》 面塑

《贵妃醉酒》

唐明皇与杨贵妃相约夜游御花园,在百花亭设宴饮酒赏月。到了那天,贵妃在亭畔等候良久也未见皇上来临。太监前来禀告,明皇已去西宫梅妃那边了。贵妃只得一个人饮酒赏花,宫娥、太监轮流进酒,贵妃竟喝得酩酊大醉,说了许多酒话,做出许多醉态,至深夜才带着极度怨恨的心情独自回宫。杨贵妃的幽怨神情在面塑中得到了生动体现。

《贵妃醉酒》 面塑

《红楼读西厢》

宝玉携了一套《会真记》（即《西厢记》的源头）走到沁芳闸桥那边桃花底下一块石上坐着，从头细看。不想被黛玉撞见，两人共读《会真记》，情投意合。作品刻画了宝玉、黛玉沉浸在甜蜜爱情中的场面，其眼神塑造尤其出色。

《红楼读西厢》 面塑

赵艳林——面塑之家的社会担当

传承人是非遗的持有者,更是实践者,肩负着非遗传承的使命和义务。赵艳林主张非遗要以文化基因为灵魂,她在探索传承的路上,始终以文化为本位,积极开展"非遗进校园"等活动,倡导家族传承、社会传承、学校传承等多种方式,多管齐下,传承海派"面人赵"文化遗产。

赵艳林上承父辈"面人赵"厚重的品牌传统,又培养自己的儿子成为传人,成了不折不扣的面塑之家,让家庭担任文化传承的重担,实在令人敬佩。赵艳林在面塑题材上突破了民间故事、戏曲等的局限,将传统的面塑艺术与现代时尚审美和日常生活的需求结合起来,开拓了适应新时代的非遗传承之路。"赵家班"日益扩容,就是海派面塑不断发展的结果。

9. 指间刀尺呈芳华
——上海剪纸项目传承人奚小琴

  奚小琴，1956年生。从小就喜欢画画，中学毕业填写表格时，特长那一栏奚小琴填写了绘画。当时上海工艺美术研究室正好有两个民间艺术专业在招生，机缘巧合，研究室招收了她。奚小琴便于1973年进入上海工艺美术研究室跟随上海著名剪纸艺术家王子淦学习剪纸，至今已有40多年。奚小琴在继承老师王子淦剪纸艺术性极强的特点的同时，结合生活体验，偏爱粗犷、质朴之风。1981年起，奚小琴曾多次出国表演，作为优秀的剪纸工艺师，她去过美国、澳大利亚、日本、加拿大、法国等国开展文化交流活动。其作品多次获得一等奖、金奖，她更是在2006年获得全国"十大神剪"的称号，她的个人简介被收入《中国民间文艺家大辞典》。2009年，奚小琴被评为高级工艺美术师，被上海市人民政府授予"上海市工艺美术大师"称号。2012年被评为国家级非物质文化遗产项目上海剪纸的代表性传承人。

奚小琴口述

历经坎坷才出师

我小的时候一直喜欢画画，我爸爸刚好认识一位水彩画家，叫李咏森，就让我跟着他学画。后来父亲的朋友又介绍了一位水彩画家冉熙，这一段的学习主要是临摹，我学了一些绘画技法，也画过写生，相当于有一点美术基础。后来我中学毕业填表格的时候，在"有何特长"那一栏我填写了绘画。当时上海工艺美术研究室正好有两个专业在招学生，一个是剪纸，一个是面塑。他们到各个学校的毕业生里招生，可能看到我填了有绘画特长，就招了我。我是1973年11月开始随王子淦老师学习剪纸的。在这之前，我只有一点绘画基础，从未接触过剪纸。当时因为进研究室的时候要考察美术功底，我选择了临摹人物绘画，领导要把我安排去学面塑，但我的老师王子淦说："谁说我们剪纸就是花花鸟鸟，剪纸发展也是要做人物的。"他点名要我跟他学习剪纸，于是我就开始了我的剪纸学习。这些是后来研究室的其他人告诉我的，当时我还不知道。

奚小琴在创作中

剪纸是一门民间艺术，它源于生活，展现生活。我从最基础的方块、圆圈学起，这些都是基本功，就像学唱歌，爬音阶、吊嗓子都是基本功，需要练很长一段时间。学习剪纸之后，我也慢慢觉得这个专业真不错，同时王老师人很好，全心全意地教我，他的想法不拘于时，勇于开拓。当时有些师傅担心"教会徒弟，饿死师傅"，总会留一手。我的老师就觉得，既然我跟他学，就要尽心尽力地教，这是他的责任。他时常会指导我这个如何剪、那个如何剪。后来我教学生也是这样的。

学艺的过程中总会遇到坎坷，碰上某些不可知的因素。我学习了两年后，国内形势发生变化，为了整顿，单位里大部分人都下乡劳动。那时上海市青年宫办了创作培训班，我正好在学习，不在单位，所以我就没去下乡劳动。在青年宫的时候，我设计了一幅《红灯记》剪纸，有李铁梅举着红灯亮相的姿态，背景衬有装饰花，画面有两种颜色。剪好之后本来要在青年宫展览，但在展览之前作品不知何故遗失了。这应该是我的处女作，现在想来还觉得很可惜，当时也没有留下任何照片。青年宫的学习结束之后，我就参加了扫大街的劳动，如此折腾真是浪费了很多宝贵的时间。

改革开放后，上海工艺美术研究所（原上海工艺美术研究室）迎来了大批外宾，每天走马灯似的络绎不绝，他们对传统文化很有兴趣，研究所成立以来首次对外销售工艺品，剪纸作品旺销。有时候接待完旅游团之后，陈列展橱上的剪纸就会所剩无几，都被买走了。我们就要快速地剪一些作品以供参观选购，在这种情况下，创作新作品的时间就少了，有相当一部分时间花在了应付销售上。1981年，中国驻美国的休斯顿总领馆刚成立，为了便于开展外交，当时上海组织了一个工艺代表团，我是成员之一，去美国进行文化交流活动。我们一共去了六个城市，在当地的大学、文化机

《鱼鹰》 剪纸

构等进行剪纸表演，这段经历给了我很多感受，我认识到保护传统文化对于我们来说至关重要。

传承须具心与力

从1973年学习剪纸至今，我经历了剪纸的多次低潮和高潮，如今我也看到国家在大力保护包括剪纸在内的传统文化。上海的剪纸保护较其他地区来说稍晚，从2009年正式开始。不过政府千方百计在办展览、搞活动，扩大影响。《中华人民共和国非物质文化遗产法》出台之前，召集传承人开过两次座谈会，我在座谈会上说过：现在非遗的保护性传承与普及做得非常好，活动很多，去学校讲课也是一种普及，但是普及性的学习不可能学得深入。比如我的学生业余时间会去枫林街道教剪纸，学习的有老人、小孩，在职的人不大有，这些人只是娱乐，不以剪纸为生，这只是一个普及活动。传承是一个金字塔式的结构，上层的高精尖人才培养，目前还存在问题。不过这是一个好的开端，至少表明国家开始重视传统艺术的生存与传承。现在有艺术灵气的年轻人能否静下心来学深学透传统手工艺，与政府制定的政策能否使他们的收入与社会发展持平密切相关，传承仍然需要努力。

我带过两个学生，都是在单位里教的。2006年开始带，她们都毕业于上海工艺美术职业学院。虽然名为应聘而来，但其实就像旧时的师傅带徒弟一样，我从基本功开始教，脱稿剪纸是需要经过艰苦训练才能达到随心所欲剪花样的程度的。学期是三年，当初我跟王老师也是这样学的。三年的基本功足够摸到脱稿剪纸的门道，了解剪纸的特殊艺术手法后，就靠个人的努力以及悟性了。两个学生分别跟我学习了三年，第一个由于未掌握好技艺而转行

《龟寿》 剪纸

了。第二个现在兼职做剪纸，还会经常找我指导。我觉得学习剪纸不但要刻苦、勤奋，还要有灵性，不然后期创作会比较困难。

工艺美术研究所很长一段时间不招学生是有原因的。八九十年代，我们单位根据上级要求逐步改制，由事业单位转为企业，手工艺培训是需要先期投入的，剪纸亦如此，单位自负盈亏负荷不了，就不招学生。受市场经济浪潮的冲击，我们单位当时很多拔尖的专业都消失了，像黄杨木雕、竹刻、象牙细刻、瓷刻、绒线编织、绢花等，很可惜的。这个情况在非遗保护的政策支持下、在工艺美术博物馆成立之后才有所好转。

上海剪纸传承人奚小琴

波澜之中求生存

人生很少能一帆风顺，磕磕碰碰才能走上平稳的道路。有句话叫作"不经历风雨怎能见彩虹"，我们的剪纸行业也是如此。我进上海工艺美术研究所的时候，有很多专业。因为是事业单位，每年有专款拨下来，不用担心日常生活，所以这些专业发展得都很好，在全国也有名气。到了80年代末，国家要求我们由原先的事业单位变成企业，自负盈亏。当时自负盈亏对其他行业来说可能有促进发展作用，但对于手工艺行业来说，我觉得并非如此。国家政策是将拨款一年一年地减少，90年代之后，经费就彻底由单位承担。因为工艺品并非生活必需品，手工制作费时费力，价格低了不抵工，高了卖不出，当时单位比较困难，开支要靠卖作品。剪纸作品因为民族特色浓郁，价格相对低，还是比较好卖的，特别是小幅的作品，所以我们专业就一直存在。80年代外国游客较多，我们单位剪纸作品卖得很好。90年代后期，旅游业的竞争日渐激烈，鱼龙混杂，回扣风盛行，对研究所的旅游纪念品销售冲击很大，研究所员工的收入越来越低，跟不上社会的工资增长，更谈不上招收学生，人员的流失、专业的消失是必然结果。2000年后，国家开始意识到经济大潮中保护非物质文化遗产的重要性，采取了一系列措施，研究所抓住机遇成立了博物馆，有了一些经济上的补贴，情况才有所好转。剪纸行业目前形势困难，因为来所里的游客不多，剪纸作品不好销售，市场上大量复制的刻纸又太多。不过好在现在国家开始保护手工艺，发放传承补贴，有些单位还收购作品。此外，去授课、参加活动也都有经费补贴，我们也不用过于为生计发愁。

剪纸让生活更美好

艺术源于生活，剪纸题材可以是飞禽走兽、花鸟鱼虫、山水风景、人物建筑。如今我可以静下心创作，相对于以往为销售而设计的精细类作品，我更喜欢质朴的、富有生活气息的作品。精美绝伦的工艺品与蕴含思想的创作是两种不同的概念。真正有价值的作品能体现文化内涵，尽管不一定能得到众人的赞赏，如果能雅俗共赏那就最好。

艺术能保持原创性是最理想的状态，一幅剪纸作品快的几分钟、十几分钟能做好，大的、复杂的，从构思到创作再到制作完成有时需要一个多月。"台上一分钟，台下十年功"就很能说明剪纸的学习历程。

我收集了很多彩色的纸，然后根据彩纸来创作。大幅的作品则事先画好稿子，画稿剪纸、脱稿剪纸、刻纸、细纹刻纸我都有涉及，我的老师当时是不让刻纸的，他说刻纸一卖，人家都来买刻纸，他要营造剪纸的氛围。现在我有时会做刻纸，但自始至终都记着不能把剪纸的语言丢了，剪纸与刻纸有不一样的感觉。

这幅《奔马》有一种奔跑的动感，这是剪纸的一种特别表现手法，画面可以很写实。剪纸的专长不在于逼真，它与绘画各有所长，剪纸要有自己的艺术语言。行家一眼就能看出脱稿剪纸与画稿剪纸的区别，构图与造型存在很大不同。脱稿剪纸相对来说自由度高，可随心所欲，每张不相同。

我现在的精力分成了几部分，有上课教学，有参加活动，补充陈列室里卖掉的作品，还有就是自己创作。创作的过程需要不断学习，了解别人的作品，吸收不同的文化，两耳不闻窗外事反而会限制创作。我也会通过微信看别人的剪纸，吸收一些新的养分，但我不会抄袭。就像程十发所说：

《奔马》 剪纸

"我会借鉴别人的东西，但是你看不出来。"因为他是将别人好的元素融入自己的作品，学习表现方法，在作品中体现。现在有很多剪纸就是照抄，很不像话。

现在市面上剪纸的复制品应有尽有，有些收藏或购买我作品的人担心我会大量复制，我这个人很讲信用，一幅就是一幅，绝对不会多做。作品好坏并不由数量多少来决定，主要是创意和文化含量，要有时代特征。有幅作品是我为世博会设计的，18幅上海著名建筑刻纸，贴成"申"字，寓意上海。还有一幅是30小幅上海名建筑刻纸，我贴成了中国馆的造型，底下是白玉兰与"城市让生活更美好"文字的组合，作品被评为"上海市工艺美术精品"。

你看，这个兔子有意思吧。2011年农历辛卯年元宵节正好是60年一遇的"辛卯年""癸卯日""卯时"出现在同一日，"卯"代表兔年、兔年、兔日、兔时，60年轮回一次，很难得。我想着元宵节有汤圆，因此设计的图案都是圆形的，组成兔子灯，兔子的身体可以互用，头变成身体的装

上海匠心

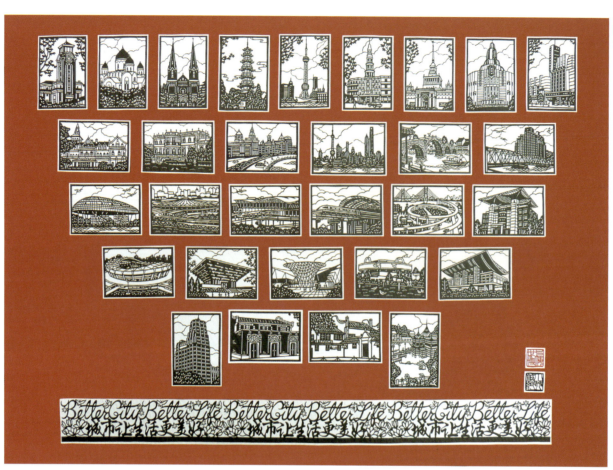

《美好城市》 剪纸

《三兔会元宵》 剪纸

《中秋玉兔》
立体剪纸

饰。三个循环转,团在一起。乍一眼,是个图案,仔细看来,就会发现是三个兔子灯,这就是《三兔会元宵》作品。我想,我不会再有一个60年,所以我把这种"难得"收入剪纸,好作品要有一个时间节点,体现时代性,就有收藏的意义。

每个人的剪纸都会打上自己的烙印,我的作品也不例外。它能体现我的想法,通过它,观众能认识一个不一样的我。现在非遗生产性保护运动开展得如火如荼,普及基本已成体系,如今要考虑的便是如何形成系统的传承谱系。作为国家级非物质文化遗产传承项目,剪纸植根于民间,已有的技艺与沃土缺一不可,由此,传承也可突破死守的局面而焕发生机。

(本文由吴瑶整理)

上海剪纸

　　上海剪纸艺术是我国剪纸流派中极具沪地文化特色的一支，也被称为海派剪纸，极具装饰性和趣味性。上海剪纸早在19世纪就已出现，起始于上海老城厢和徐家汇地区，当时多表现在门笺、鞋花、绣花样上。之后吸收其他剪纸流派和艺术思想，形成独具一格的上海剪纸。上海剪纸打破传统格局，在作者主观想象的基础上，运用夸张、套色、拼接等手法，概括物象，体现民众的生活世界。王子淦和林曦明是两位杰出的上海剪纸艺术大师。上海剪纸种类繁多，传承多样，随着上海的发展，国际化大都市海纳百川的特点也在剪纸上体现出来。王子淦剪纸艺术最大的特点在于可用剪刀来脱稿创作剪纸，作品既保留了南方剪纸讲究的流畅线条，又吸收了北方剪纸粗犷大气的造型。林曦明的剪纸艺术则吸收传统的细腻质朴的特点，糅合现代元素，将书画与剪纸融会在一起。2005年，剪纸艺术经上海市经委同意被认定为上海市传统保护技艺。

奚小琴在创作中

奚小琴上海剪纸作品

《四季歌》

彩色阴阳剪纸，表现一年四季的丰富多彩以及大自然的和谐韵律。以变化的人形代表春风、秋风以及夏天的水、冬天的雪，配以因季节而出现的各种生物、自然景象，其中点缀以音符，使之组成一幅华美图画。

《四季歌》
刻刀剪纸

《巧色双面书签》

上海工艺美术研究所王子淦的脱稿剪纸是其一大特色，起源于鞋花剪纸，需要经过刻苦的基本功训练才能达到线条流畅、造型准确、随心所欲地脱稿剪花样的境界。2001年研究所重新装修前，一位常带旅游团来研究所的北欧导游对奚小琴说，有位客人要剪书签剪纸，她马上为其设计，脱稿剪成了双面书签剪纸。旁边的客人见了很喜欢，也想要，于是她又剪了多张不重样的。外国导游见状让奚小琴再多剪点备着，过些日子还要带团来，当场要的人多会来不及剪。于是，研究所的剪纸又多了一个品种。脱稿双面书签剪纸集实用性与欣赏性于一体，又因利用彩色报纸、杂志等巧色、随色设计剪纸，因此每张都不同，一直很受欢迎。

《巧色双面书签》
脱稿剪纸

《德克萨斯回想》

该作品是奚小琴 2017 年为上海工艺美术职业学院讲座而剪的，1981 年奚小琴去美国参加休斯顿节，剪了当地的动物犰狳、船尾鸟以及蓝帽花等图案，当时剪的都送美国人了。后来为制作讲座 PPT 图片而重剪。

《德克萨斯回想》 剪纸

奚小琴——以剪为笔，图绘都市风采

奚小琴是上海剪纸艺术的代表人物之一。她有很深的美术功底，绘画技法好。这是她的剪纸艺术表现力出彩的重要基础。剪刀就是她的画笔，剪纸造型就是她的画作。无论是写实还是写意，奚小琴都能够得心应手。人们都说书画相通，诗画相通，乐画相通，这就是艺术创作中的通感，即不同的艺术形式相互融合，产生画外之音、弦外之音。奚小琴的《美好城市》是剪纸塑造的文化景观，具有强烈的都市画面感。人们惊叹，一把剪刀，一张纸头，何以有如此强烈的表现力呢？其实，这正是中国艺术的奥秘，中国的民俗艺术都有强烈的绘画色彩。中国绘画与剪纸一样，都是线的艺术，而剪纸的轮廓线更加清晰锐化，因此便有了更加突出的绘画感。除了写实，写意更是奚小琴剪纸艺术的一大特点。《四季歌》就是一曲时光的舞蹈，剪刀就是一双舞鞋，舞动的是岁月的旋律。

二

传统技艺名家

1. "纺织祖师爷"黄道婆的传人
——乌泥泾手工棉纺织技艺项目传承人康新琴

"黄道婆，黄道婆，教我纱，教我布，二只筒子二匹布……"在中国这个五千年文明古国的东部城市——上海，一直流传着这样的歌谣。初识黄道婆，是在中学的历史课上，老师为我们讲述了这位伟大女性的光辉事迹。另据元末文人陶宗仪的《南村辍耕录》、诗人王逢的《梧溪集》等记载，黄道婆出生在松江府乌泥泾（今上海市徐汇区华泾镇），年轻时流落到海南崖州（今海南省三亚市崖城镇水南村）长达30余年，于元代元贞年间（1295—1297年）乘船回到了家乡。古人云"衣食足而知荣辱"，黄道婆革新的纺织技艺泽被后世，让老百姓能够过上丰衣足食的生活。多少年过去了，乌泥泾在历史的长河中历经变迁，如今演变为上海市徐汇区的华泾镇。康新琴，1932年生，是黄道婆的传人，也是乌泥泾最后一代织布娘。从1985年起，康新琴坚持为"纺织祖师爷"黄道婆守墓数十年，用坏了300多把扫帚。2007年被评为国家级非物质文化遗产项目乌泥泾手工棉纺织技艺的代表性传承人。

康新琴口述

为了生活学手艺

我叫康新琴，出生在曹行民建村，21岁时嫁到东湾村，一直住在此地。

我出生在旧社会，那时候生活很苦，家里很穷很穷，吃不起饭，没衣裳穿。吃饭、穿衣是大问题，生活又艰苦，所以没办法，衣服啥的都要自己做，不学点手艺不行。我是家里的老大，8岁的时候就开始学纺纱，16岁开始学织布，这个手艺是外婆教给妈妈，妈妈再教给我，一代代传下来的。我有5个孩子，现在小女儿接我的班。

纺纱织布的棉花都是我们自己种的，从地里收回棉花后，过去是用手把棉籽剥出来，后来就用洋轧车轧棉籽，把棉籽去掉，然后用弹弓打成花，再用手搓成棉条子，这样就可以纺纱了。纺成纱线后，再织成布。如果要给布染颜色的话，就要去专门的染坊。当时，织布、湿布、浸布、浆布样样手艺我们都要会的。学这个手艺的时候，我心里面很高兴，也没啥困难，家里人都很支持的，有了纺纱织布的手艺就不用愁吃穿了。

康新琴在操作织布机

在我结婚前,每个村子、每户人家白天在地里种田,晚上都要纺纱织布。织布是为了给自己家里人做衣裳,多的就拿出去卖,虽然卖不了多少钱,但卖了布可以买米、买面吃,可以过生活了。生活苦的人必须要学纺纱织布的手艺,不然生活不下去啊。有钞票的人就学着白相相(玩玩)。

我最擅长的是纺纱,这也是现在最熟悉的手艺。织布呢,我年纪大了,力道不够,不太能做了。黄道婆的纺织技术也想不起来了,现在能做的都是我小辰光(时候)学会的手艺。

21岁结婚以后,因为我生了5个孩子,生活很苦。我每天早上3点半就起床、做饭,然后下地种田,种棉花、稻子,样样都种的。那时候我的丈夫在工地上班,家里就我一个人操持,也听了很多黄道婆的故事。抽空时,我会纺纺纱、织织布,或者养养猪。后来生活慢慢好了,织布也少了。

"纺织祖师爷"的守墓人和传承人

我从曹行民建村嫁到东湾村以后,就住在离黄道婆墓不远的地方。天晴啦,落雨啦,我都不怕的,基本上每天都要去黄道婆墓那边守墓。扫扫地,看看墓地。后来政府在黄道婆墓旁边建了一个纪念馆,那边我也一直在弄的。十几年前,徐汇区领导来我们这儿叫了好多人到华泾镇去,要找会纺布的人。她们一根线也纺不出。我想,我都50多年不做这个事了,肯定也纺不来纱、织不来布的,结果我还是做出来了,这都是小辰光学的,还没忘记掉。领导就让我来教她们纺纱织布。我在黄道婆墓把地扫好了,就进纪念馆教她们纺纺纱、织织布,一点点地教。

10年前,徐汇区政府、上海市文化广播影视管理局给我发了好几张证书(包括第一批国家级非物质文化遗产名录:"乌泥泾手工棉纺织技艺"传承人)。有外国人问我要把手艺传给谁,我想传给自己的女儿,如果有人想学,我都愿意免费教给她们的。

我在早些年没有专门收过徒弟,收徒弟是10多年前政府的需要、政府的要求,也是黄道婆的要求。2008年,政府开设了黄道婆纺织技艺的培训班,我开始收徒弟。那时候我70多岁了,上课啊,教徒弟手艺啊,心里面很开心。那时候,我小女儿在工地上做事,弄混凝土,很苦的。她还不会纺布，我就教给她，四五年后她就学会了这个手艺，也成了我第六个徒弟。

黄道婆纪念馆有个讲解员，叫杨丽影，我慢慢地教她纺纱织布，她学会了，也成了我的徒弟。再后来，纪念馆的人都学会了这个手艺。

薪火相传　身体力行

我总共带了6个徒弟，她们基本上都学会了三锭纺纱技艺。徒弟们都没有专门收徒弟。2009年起，她们到园南中学、紫阳中学、黄道婆纪念馆做老师，教小朋友们学手艺。

我有个徒弟叫李晓明，来黄道婆纪念馆跟我学会织布后，就到园南中学去教学生。一般在每个星期二下午上一次课，一次一个多钟头。学校还专门出了两本书。现在织布技术发达了，但老祖宗留下来的手艺还是很宝贵的，年轻人应该学起来。2013年，我和小女儿王梅芳还去园南中学参加过他们的课外活动课。

每次来学手艺的学生还是挺多的，一批一批的，到现在差不多培养了六七十个学生了，她们都是黄道婆的传人。上海世博会的时候，她们去世博园表演过纺纱织布，还去电视台拍过片子呢。

政府支持我们搞手艺，也相信我们，我也要为黄道婆的手艺做些事。2007年6月9日，政府邀请我去体育馆（东亚展览馆的"上海民族民俗民间文化博览会"）表演脚踏板、翻梭子、纺纱织布。

2009年春节，华泾镇领导专程来我家看我，还给我带了花和礼品，那次5个孩子都回来陪我过了年。国家每年搞的"文化遗产日"活动，我身体行的话，一定要去参加的。2009年，徐汇区里的活动搞得好，徐汇区文化局专门找了20台纺纱车，送到了紫阳中学和园南中学，我的徒弟做老师，教那些女同学学习三锭纺车技

黄道婆纪念馆内的黄道婆塑像

艺。这个三锭纺车是用脚来踩的，手就可以腾出来做其他事情，就可以纺更多的纱了，这是黄道婆传下来的好东西啊。

2011年，上海戏曲学院的一批同学来我们东湾村，镇长亲自接待他们，我让他们来家里做客，我还给他们表演了纺纱织布的手艺呢。

现在，每年清明节来黄道婆墓扫墓的人很多。2012年，市领导、区领导来过黄道婆墓和纪念馆，还看望了我。

2013年6月8日，区里的遗产日活动在徐家汇文化活动中心举行，我带着王梅芳、金桂琴、林秀梅，还有紫阳中学的孩子们为大家演示用三锭纺车纺纱。

我每星期一、三、五，都会去黄道婆纪念馆，坐上纺车，纺纺纱，织

黄道婆纪念馆内陈列的织布机

织布，心里高兴啊。但是这几天我脚不好了，在扎针，好了我还会再去。现在我年纪大了，赶上了国家的好政策和政府的支持，黄道婆留下来的东西，还有这么多人愿意学习，愿意传下去，真是件好事。

（本文由游红霞整理）

乌泥泾手工棉纺织技艺

黄道婆开创的乌泥泾手工棉纺织技艺革新了捍、弹、纺、织的技术,她以黎族的踏车为基础,创造出一种搅车,改进了去棉籽的技术;她运用改进后的大弹弓,代替以前用手指拨弦的小弹弓。黄道婆还把单锭手摇纺车改革为三锭脚踏棉纺车,人们称之为"黄道婆纺车"。黄道婆运用素织机、提花机,生产出彩色条格织物与提花织物,并总结出一套"错纱配色,综线挈花"的技术。黄道婆借鉴了崖州被的"挈花"(提花)技艺,运用于棉织品,后称为乌泥泾被。到明代,松江府"绫、布二物,衣被天下",成为全国棉纺织业的中心。黄道婆的创举推动了当时松江府一带棉纺织业的发展,改善了老百姓的经济生活,提升了妇女在家庭中的经济地位,直接对江南地区的经济发展产生积极影响并带动了相关产业的发展,如纺车的销售、修理行业,印染坊行业以及上海的沙船业等。黄道婆是中国棉纺织业的奠基人,被后世尊为"棉圣"。由黄道婆开创的技艺至今发挥着功效,2006年5月20日,乌泥泾手工棉纺织技艺经国务院批准列入第一批国家级非物质文化遗产名录,康新琴为该项目的代表性传承人。

黄道婆纪念馆内陈列的手工织带工具

康新琴手工棉纺织技艺传承活动

康新琴被称为乌泥泾最后一代织布娘。下图中她正在操作织机,表演了脚踩踏板、翻飞梭子的技艺。此技艺目前只掌握在少数老人手中,几近失传。

康新琴在操作织布机

康新琴演示三锭纺纱技艺

2010年5月黄道婆纪念馆内，康新琴带领其他传人和园南中学棉纺社团的学员一起向黄道婆致敬。

康新琴带领其他传人和园南中学棉纺社团的学员一起向黄道婆致敬

康新琴在黄道婆纪念馆内传授技艺，康新琴的女儿王梅芳也跟随康新琴学习三锭纺车技艺，现为区级非遗传承人。

康新琴（左）与女儿王梅芳（右）

康新琴（中）与两位徒弟

康新琴——手工棉纺织关键技艺传承

　　乌泥泾手工棉纺织技艺泽被后世，使上海成为最大的手工棉纺织中心，上海土布一度成为海派文化和江南文化的代表。随着现代化、城镇化时代的来临，黄道婆传承下来的手工棉纺织技艺濒临失传，土布逐渐远离人们的生活。土布其实是一种织锦，是通过织布机一丝一丝地织就的生活图画，五彩斑斓，这是上海棉纺织技艺最为璀璨的篇章。康新琴的技艺传承，却不是主要传承纹样，而是着力传承黄道婆发明的脚踏三锭纺车的纺线技术。脚踏三锭纺线技术难度大，没有好的棉线就没有好的棉布，所以纺线是棉纺织技术的重要基础。康新琴以纺线为突破口，抓住了棉纺织技艺的关键。三锭脚踏纺车纺线技术，是黄道婆创新棉纺织技艺的核心技术。康新琴抓住关键技术进行传承，有效地保护了非物质文化遗产的核心要素。

2. 笔头向下心向上　写好人生每一笔
——周虎臣毛笔制作技艺项目传承人吴庆春

　　吴庆春，周虎臣第十一代传人。师从著名制笔大师杨振华、著名水盆技师严琴学、周虎臣第十代传人刻字技师雪莲，也是书法名家李天马的再传弟子。他曾参与市名牌产品"如意牌狼毫笔"、部优产品"豹狼毫联笔"、2008年北京奥运特许商品"龙凤对笔"的制作。2009年获评上海市技术能手，2012年被评为国家级非物质文化遗产项目周虎臣毛笔制作技艺的代表性传承人，2015年被评为中国文房四宝制笔艺术大师。现任上海周虎臣曹素功笔墨公司笔厂总工艺师。

吴庆春口述

笔头朝下学做笔

我父亲是上海周虎臣笔厂的老员工。小时候，每当学校放假，我就从家乡到上海来玩，并且常常随父亲到厂里，我的假期大多数时间也都是在那里度过的。厂里老师傅很慈祥，对我很亲切，而我也感到制作毛笔很有趣。过年过节，父亲回家探亲也常讲厂里的事和制笔方面的趣闻。耳濡目染之下，从小我就对制笔行业有了感情。1979年父亲退休时，我就高兴地顶替他进入了周虎臣笔厂。

进厂后我首先学的是水盆技艺。水盆，是做毛笔的主要工序。一支笔的质量如何，最关键的是其笔头的好坏。整个笔头制作过程都是在水盆里面操作的，因为笔毛只有在湿润时才温顺听话，干的毛不好操作，甚至会"飞"掉，所以制笔行业就把这道工序称为"水盆"。笔头的整个制作过程也相当复杂，共有几十道工序，主要有齐毫、压毫、整毫、配毫、起样、梳毫、圆头、扎头、修笔等，只有每一道工序都精心操作，才能做成一个好笔头。

后来，我非常幸运，跟了一位好师傅严琴学。她是著名制笔大师杨振华的妻妹。她与姐姐严再林早年在湖州家乡就是著名的水盆好手，一对姐妹花。1935年，姐姐结婚后随夫到上海创业，一站稳脚跟就邀她同来。"杨振华笔庄"开创的狼毫书画笔非常受欢迎，曾为吴湖帆、沈尹默、谢稚柳、白蕉、唐云、任政、吴青霞、程十发、邵洛羊、胡问遂、张守成、林曦明、郁文华等名家大师量身定制个人用笔，严琴学几乎都参与了制作过程。新中国成立后，上海制笔企业大归并，杨振华笔庄并入周虎臣笔庄，

制作毛笔的水盆工具

周虎臣制笔技艺海纳百川、兼容并蓄,使其成为海派制笔技艺的集大成者,严琴学也是顶梁柱之一。

1979年,那个时候大地回春,传统书画艺术得以复兴,制笔业随之进入旺季。再加上中日建交,紧接着海内外交往开放,出国热、探亲热也随之带来了礼品热。那时厂里制笔任务很重,生产的毛笔品种多、数量大,使我有很多学习的机会。老师们不仅手把手地教我技艺,还给我讲他们创业的经历,为名人定制笔的故事,这些都深深地印在我的脑海里。尤其让我印象特别深刻的是老师讲的这句话:"我们行业有句话,'要做好笔,光笔头朝上不行,还要笔头朝下'。"因为老一代制笔工人的家庭都比较穷苦,十一二岁就开始做学徒,没有读过什么书,也不太会写字。因此,只知道每道工序应该做什么,怎么做,但对其为什么这样做,却没有很深的理解,而且对怎样做得更好,很难去研究和提高。所以要做好笔必须会用笔,才能懂得用笔人的要求,那些制笔大师都能用笔、懂笔,所以才做得出好笔。我在顶替进厂之前曾当过小学老师,稍有些写字的基础,也较喜欢书法。老师的话使我感触很大,决心笔头朝下心向上,向前辈大师学习。后来我就专门寻师学艺,向张云虎老师学习李天马的书法艺术。

学了书法后,我对毛笔的使用的确有了实际的感受。记得刚进车间时,我看到墙上挂着一幅书法家胡问遂的题词,写着"尖、齐、圆、健",当时不理解,这四个风马牛不相及的字凑在一起是什么意思。老师傅告诉我,这是古人对笔的最高标准,称为"四德",并简单地向我作了一些解释。那时我虽知道了一些,但只是一知半解。学了书法后,我才真正懂得什么是"尖、齐、圆、健"。比如写细的笔画,笔头必须尖;写粗的笔画,笔按下去是粗的,但却是均匀的,不能偏,提起来又要马上变细。

赵朴初为杨振华笔庄兰竹笔作诗

随着书艺学习的深入，我对这四个字的体会和认识也不断深化，懂得只有"尖、齐、圆、健"，才能得心应手。在评定技术职称时，我写的论文就是《浅谈"尖、齐、圆、健"》。

刻好人生每一笔

后来，领导看我练字很用心，又调我去当刻字工，这下我很高兴。说句笑话，整个制笔工序中，几乎笔头始终是朝上的，只有刻字时笔头是朝下的。我父亲原来就是个刻字工，我现在真正顶替父亲，子承父业了。

那时候，刻字车间的主任雪莲是一名出色的刻字技师，她刻的字既有女性的隽美、清秀的特点，更有勾捺有力、入竹三分的刚劲气质。1989年，她还参加了我国在日本举办的"大中国展"，在现场作刻字技艺的表演。当时我就跟着她学习。我父亲更是每次与我见面时总要把自己工作中的点点滴滴体会告诉我，他希望我为他争光，不要丢他的脸。

笔杆刻字其实与纸上写字大不相同。首先笔顺不同，因为竹是由纤维组成的，如果竖刀一刻，纤维与周围的粘连断了，再刻横刀，竹丝就一定会翘起，出现许多细短的毛丝。所以刻字时必须先把横的笔画刻完，再刻竖的笔画，完全不能按书写的笔顺来刻；再加上它不像刻印章那样事先画

吴庆春在创作中

样，完全凭空随手而刻，因此必须心中有字，意在刀先。要先在脑海里把每个字的所有笔画分解开，下刀刻时，先把所有的横的笔画刻完，再刻竖的笔画，然后补上所有的点撇捺。像这样把许多笔画拼起来，能成一个完整的字已很不易，还要符合楷体、行体的标准，并刻出笔锋、气势来，的确很难。常言熟能生巧，毕竟我有一定的书法基础，经过一段时间的勤学苦练，我逐渐掌握了刻字技艺，不料后来又面临一个更大的考验。

20世纪八九十年代，国家大力推行独生子女政策，周虎臣在全国首推胎发笔的定制业务。人的头发只有刚出娘胎的胎发有锋颖，可以制笔，"一生一次的机会，一生一世的纪念"再加上"从小写好人生每一笔"的含义，打动了无数独生子女的父母，定制业务非常火爆。但胎发笔刻字有其特殊性，笔杆上要刻的名字、出生日期、祝福词、人生寄语各不相同，而且定制的笔杆精细，质地也不一样，过去固定的"熟能生巧"完全用不上了；原先刻100支笔偶有一支刻得不理想，优质率仍

乾隆遗制大、中、小长锋笔

有99%，而现在100支中只要有一支刻不好，对这位顾客来说就是100%的不好，更会难过一辈子。正是怀着这样的想法，我要求自己必须刻好每支笔，始终不敢马虎。每次动刀前，脑子里先仔细构思、安排好整体布局以及字体大小、字距，再根据不同内容，考虑所刻的风格是刚劲些还是柔和些，力求刻出笔锋，刻出神韵，把父母对子女的爱渗入刀尖，融入字里。我为这些孩子刻笔，同样也刻下了我对他们的祝福。

那段时间我经常加班加点，每天刻得手酸眼花，但刻字技艺得到了极大的提高。更重要的是，从中我也得到了感悟，刻字要刻好每一笔，人生更要走好每一步，无形中自己的思想也得到了升华。后来我能被评为上海刻字技术能手、国家级制笔大师，能让我参与部优产品和奥运纪念笔的刻字，派我参加世博会现场表演……这一切，应该说都得益于此。

吴庆春在创作书法作品

工欲善其事 必先利其器

2008年，领导决定在公司专设"质量总监"的岗位（后为减少行政功能，突出专业职能，改称"总工艺师"），并任命我担任此职，让我专门试笔，负责检验笔的质量。因为做的笔好不好用，从来不是做笔的人说了算，而是用笔的人说了算。领导对我说："我们要把'说了算'提前设置在出厂前，你会书法，懂得用笔，能知道笔的好坏；你学过水盆，懂得制笔，能找出发生问题的原因。我们把'尚方宝剑'给你，你要对质量全面负责。"我十分佩服领导的质量意识和管理理念，更感到责任之巨和压力之重。

我们周虎臣品牌做的是海派制笔，具有海纳百川的特色，同时又具有海派商业经营的理念，讲究精细。不光如此，我们的毛笔产品分类很细，尤其是有许多个性化的产品。20世纪初，上海集聚了很多书法家、画家，他们要在作品中彰显自己的书画特色、艺术个性，就要有符合自己个性的笔墨工具。"工欲善其事，必先利其器"，当时我们的前辈就根据他们的需求为其量身定制毛笔，不断改良笔毛配方和制作技艺，探索出了一套海派制笔的技艺。百余年的创新发展，我们总结出了层锋法、齐顶法、健腰法、兼毫法、精修法、特配法等六大海派制笔技艺精要，并形成了传统名笔、名人名笔、名帖名笔、名技名笔这四大系列的笔品。比如写隶书、篆书与写楷书的用笔就不同，同是楷书，欧（阳询）体和颜（真卿）体又不一样。我们生产不同的笔，让书写者能更好地发挥其书艺，初学者更便于选笔和尽快入门。绘画方面则更加复杂，写意、工笔等不同风格，勾、斫、皴、擦、晕、染、斡、渲、点、揉等各种技艺，对笔都有不同的要求。我虽然学了些书法，但平时以欧体为主，对于绘画技艺更是"门外汉"，面对如此众多的品种，要作出客观、专业的评价，我的确感到诚惶诚恐。几年来我一直在努力为自己补课，学习书画理论、笔墨知识，尽量扩大知识面，以更好地完成领导交给我的重任。

坚守一份责任

如今时代不断发展，人们的生活方式发生了变化，有些人认为现在使用笔墨的人少了，这个行业不可能有大的发展，赚不了大钱、发不了财。十几年前国营企业中曾出现一股"跳槽热"，有些朋友劝我，"你人不笨，趁年纪轻，离开这老古董行业出去赚大钱"。当时我想，如果我离厂而去，一定会气坏我的父亲，更会让培养我的师傅和领导伤心失望，而且我更不想丢弃自己的爱好，于是坚定地选择了留下。

事实证明，我当初的选择是正确的。中国传统文化历史悠久，艺术魅力永存，随着时间的推移，传统书画艺术越来越为人们所珍视。对书画艺术来说，如果没有笔墨的支撑，它将成无本之木，难以维持和生存。制笔技艺已有3000多年的历史，它源远流长，更是博大精深。21世纪以来，国家对传统文化和技艺的传承非常重视，推出了保护非遗项目的一系列有力举措，近些年更提出了弘扬"工匠精神"的口号。

自从周虎臣毛笔制作技艺被评为国家级非遗项目后，企

吴庆春的书法作品

宿纯长颖羊毫大中小楷、豹狼毫联笔、京楂

业得到社会众多的关注，获得各级政府有力的扶持，经济效益和社会效益都得到长足的发展。这几年，由于我被评为国家级大师和非遗传承人，经常参加一些非遗宣传活动，演示技艺、交流体会，也上过媒体。我一直在想，我的父辈、我的老师，他们默默无闻地工作了几十年，把技艺传给了我，他们当了人梯；我们的领导为技艺的传承、企业的兴盛，殚精竭虑、呕心沥血，却把我推到了前台，他们自己甘当后勤；厂里员工那么多，个个在岗位上勤奋地工作，而经常出头露面的却是我。人人都说我幸运：既有父

中华杰出工匠大工程系列
(第一辑)

狼毫、羊毫、兼毫毛笔

亲的家传，又有名师的传授；既会水盆技艺，又会刻字工艺；既会制笔，又会书法，具有双重的优势。其实我想说的是优势是双重的，但压力也是多重的：父亲是笔厂老员工，我不能给他丢脸；两位师傅都是名匠，我不能让技艺失传；领导这样培养我、信任我，我不能出半点差错；周虎臣是全国创立最早的制笔企业，已有300多年的历史，到我这里是第11代了，这份传承责任落在我的肩上，更是无比厚重。

人们常说学书法能陶冶情操，静气养神。我认为学技艺，更需要坚持，要提倡"工匠精神"。工匠精神有多重含义，包括精益求精，追求完美、极致；严谨，一丝不苟；耐心、专注、坚持；专业、敬业。这正是我应该一辈子努力和追求的。制笔要"笔头向下"，做人要"人心向上"，工作中要做好每一支笔，人生道路中要走好每一步路。

我也一定会笔头向下心向上，写好人生每一笔。

（本文由秦娇娇、肖圆整理）

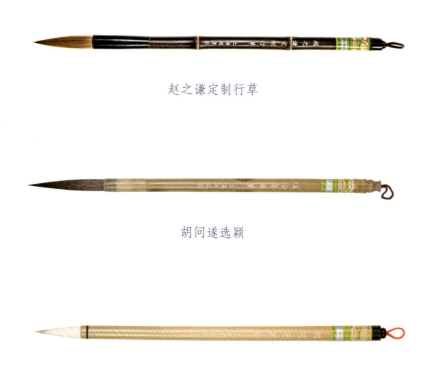

赵之谦定制行草

胡问遂选颖

任伯年画笔

周虎臣毛笔制作技艺

周虎臣是我国最早出口，最先注册商标、使用商标的企业，老周虎臣笔厂创设于清康熙三十三年（1694年），至今已有300多年历史。周虎臣以生产狼毫书画笔、狼毫水笔著称，清末著名书法家李瑞清曾赞誉："海上制笔者，无逾周虎臣。"1956年公私合营又合并了"杨振华"和"李鼎和"等8家著名笔庄，使狼毫、羊毫和兼毫的制笔技术及品种更加齐全、完备。周虎臣毛笔具有"尖、齐、圆、健"的特点，笔身平整、厚薄适当、锋颖锐利、圆润饱满、刚劲有力、书写挺劲、富有弹性；书写、绘画挥洒自如，得心应手，久用不损；能因势造形，适合书家的个人特征、肌肉习惯和运行轨迹，能助长书家的优势。在清代，周虎臣毛笔是文人学子们科举考试、通信、写奏章及公文、记账以及挥书绘画等不可缺少的工具，笔杆上还刻有名言警句以激励文人、学士和考生。周虎臣曾为康熙皇帝的六十大寿制作大小不一的60支笔，康熙皇帝使用后非常满意；乾隆皇帝也曾使用过周虎臣的万寿贡笔，还为周虎臣题写牌匾，使周虎臣毛笔名声大噪。周虎臣毛笔制作技艺有70多道工艺流程，主要有水盆工艺、装套工艺、修笔工艺、刻字工艺等，严把选料关和操作关，做到刚柔自在，笔形美观，书写时圆润流畅。狼毫笔选用纯正黄鼠狼尾、石獾毛、淮兔尖等材料，均以手工工艺，经梳洗、扎结、装套、修择等5大工序流程精制而成，并使用湘妃竹、红木、景泰蓝、象牙等多种名贵材质做笔杆，有独特的观赏性，是有收藏价值的工艺品。周虎臣毛笔在海内外享有盛誉，多次被遴选为国家礼品，有的被藏入博物馆，产品远销日本、韩国、新加坡等国家和中国香港、澳门特区及中国台湾地区。

黄宾虹山水

梅景书屋

吴庆春作品

龙凤对笔

此笔（直径0.9厘米，全长28厘米，2008年由吴庆春参与设计）经2008北京第29届奥运会组委会批准，荣获奥运特许商品资格。笔杆以紫檀木雕刻龙凤图案仿象牙镶嵌，上刻奥运会会标及"同一个世界，同一个梦想"字样，笔头分别是羊毫和狼毫。羊毫柔绵，狼毫刚健，分别适用中国书法创作的不同风格和情趣。

龙凤对笔

吴昌硕定制笔

此笔（直径1.4厘米，出锋6厘米，杆长15.2厘米，2008年吴庆春参与复制）是近代著名书画家吴昌硕的定制笔。由于缶翁是海派书画的泰斗，后生众多，纷纷要求复制此笔。

根据原样，分析材料配比，精选湖州地区山羊毛，以细光锋为主，配以羊胡须和猪鬃增加健力，能写石鼓文，具金石气息。吴门传人用后皆喜。

吴昌硕定制笔

大号张迁碑佐书

此笔（直径1.2厘米，出锋5.5厘米，杆长22厘米，2007年吴庆春参与复制）适用于隶书张迁碑风格，锋厚腰挺。宜用书笔，体现棱角分明的特点。选料羊毫、马毛、香狸毛。在配料上顶部毛要锋细，腰部毛要有力，层次分明，尤其第五道衬只放猪鬃。

大号张迁碑佐书

吴庆春——为艺术家制作艺术化工具

工欲善其事，必先利其器。吴庆春从艺多年，擅长刻字、书法等技艺，并将其用于周虎臣毛笔制作技艺的提升上。吴庆春本人及其所属的上海周虎臣曹素功笔墨有限公司具备敏锐的市场意识，与时俱进地适应市场的需求。在制笔工艺方面，吴庆春能够以书法家的感受，体验毛笔的精妙之处，故冷暖自知，所制毛笔广受欢迎。将本来是为艺术服务的工具，变为艺术品本身，这是中国艺术品谱系的独特之处。墨不仅可用于书写，墨锭本身也可变为艺术品；砚台本为盛墨研墨工具，也可变为艺术藏品。但是把毛笔做成艺术品，远比砚台、墨锭困难，吴庆春制笔技艺的贡献，为中国制笔工艺写下了浓墨重彩的一笔。

吴庆春现场教学

3. 龙麝黄金皆不贵　墨工汗水是精魂
——曹素功墨锭制作技艺项目传承人鲁建庆

　　鲁建庆，1952年生，制墨艺术大师。20世纪70年代末，师从制墨名师程加臣，从业30多年，刻苦钻研制墨技艺，传承了"隃糜""易水"的制墨遗法。鲁建庆长期在第一线从事墨锭制作和管理，其制墨用传统方法选料、配方，擅长高级油烟墨锭和定版墨的制作。鲁建庆工艺精湛，制作的墨锭平整，墨面纹理清晰，墨坚如玉，色泛紫光。多次为书画家制作定制墨，并为外交部定制"国礼"墨。产品受到中外书画家赞许，并荣获多项奖项。2009年被中国轻工业联合会和中国文房四宝协会授予"中国制墨大师"称号，2012年被评为国家级非物质文化遗产项目曹素功墨锭制作技艺的代表性传承人。

鲁建庆口述

师承名家 薪火相传

  1979 年，我进制墨厂学艺，那时我差不多 27 岁，已近而立之年，可以说起步得比较晚了，因为 1969 年我上山下乡到东北插队，10 年后才回上海。当时从农村回来的人找工作是相当不容易的，很多人都在里弄生产组工作，一般都是些家庭妇女做的工作，能进国有企业是很不错的。我们是经过商业局招工考试进去的，因为那时上海墨厂属于商业局管辖，想进这个厂相当不容易，面试是很难的。当初选择这个工作主要是生活所迫，没有工作不行，马上就要到而立之年，要成家立业了，有工作就很高兴了。我们那个年代跟你们这个年代不一样，你们是有选择的，我们是没有选择的。进厂之后，我的老师程加臣是第十三代传人，我是第十四代传人，我的师傅在这一行业可以说是相当有名气的。在学艺过程中他对我们很严格，话很少，但是工作的时候会一直盯着你。刚学习的时候，第一步就是捶打，光这一项就要练习半年，捶打不过关就不让你做墨。捶打很累，我们那时候工作很辛苦，早上五六点就上班了，晚上 7 点就累得早早睡下了。所以我

曹素功墨生产现场

们那时候吃得多，睡得着，因为工作强度实在大，用8斤的锤子每天不停地捶打，每天捶打五六个小时，体力消耗很大。就这样半年以后我们才慢慢跟着师傅学做墨。如果我们学习的时候犯了错误，师傅就会立即让我们改正。我的整个学艺过程都跟着程加臣老师，因为那时一个学生一般就由一个师傅带。

在学艺和工作中最大的困难大概就是这个工作比较脏、比较累，看着就几个动作，很枯燥，但是

曹素功墨制作技艺传承人鲁建庆

必须要坚持下来。因为我在农村待过，吃过很多苦，所以能坚持下来，不像现在的年轻人没吃过什么苦。另外我体会过苦的滋味，因此就很珍惜这个工作机会，很努力工作。

差不多一年以后，我真正可以自己做墨了，先从低档的墨做起，高档的墨只有技术到一定层次后才能做，一般的墨由学生做，好的墨由师傅做，学生做的墨原料差一些，墨模也差一些。因为好的模子都是清朝遗留下来的，已经相当于是文物了，损坏就不得了，学生只能用一些现在的模子，原先的东西都不让碰的，到了一定的技术才让你学。

我在制墨厂已经工作30多年了，虽然当初是没有选择才来制墨厂的，但是工作一段时间之后，我对制墨的兴趣自然就有了，从最小的墨做到大的墨，我感到很自豪，能体现自己的价值了。我之所以一直坚持待在工厂，一方面是因为自己已经有了一些成绩，从工人到车间主任再到厂长；另一方面是自己的责任感也越来越强，把这份工作当成了自己的事业，即使我现在退休了，我也还在这个厂里，还带徒弟，做技术指导。

基本上现在厂里的那些年轻人都是我的徒弟，包括现在的厂长，也是我的徒弟。现在招人比以前容易了，因为改革以后工厂环境好了，以前我们的工作环境是很差的，而且现在工作也不像以前那么辛苦了。现在年轻人跟我们那时候是有区别的。现在工艺改进了，劳动强度比我们那时候小了，我们那时候全部都是手工的，现在有些步骤是由机器代替了，所以他们比我们要轻松多了。比方说和料，我们都是手工和的，现在是机器搅拌，轻松多了，所以现在的年轻人要比我们幸福，条件也比我们好。一些机械活逐步替代了手工活，比方说用机械的三辊机来替代捶打，同样能达到那种细腻感。

一般来说，做墨不需要那么多人，因为产品出来后是要卖得掉的，关键是按照市场的需求就够了。我们制墨行业人不是很多的，有和料的，有制墨的，有晾干的，有描金的，有包装的，最关键的是做墨这个环节。

个性定制　不断创新

我们厂有将近400年的历史，是历史最悠久的制墨厂，我们感到很自豪。一般企业没多长时间就淘汰了，这个企业能持续这么长的时间，很不容易。除了上海的厂，安徽还有几个厂。

至今，曹素功墨能够经历近400年，一定有它独到的地方，比如像我们这样的捶打，别人做不来。日本做的墨很软，他们用的是化学胶，而我

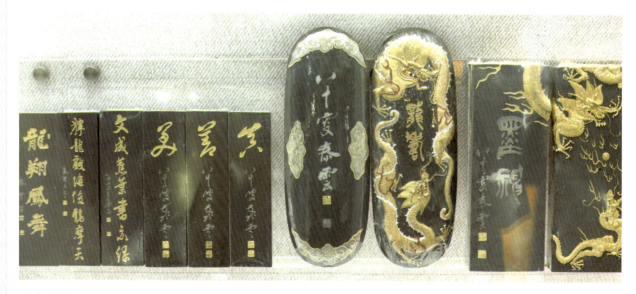

曹素功墨

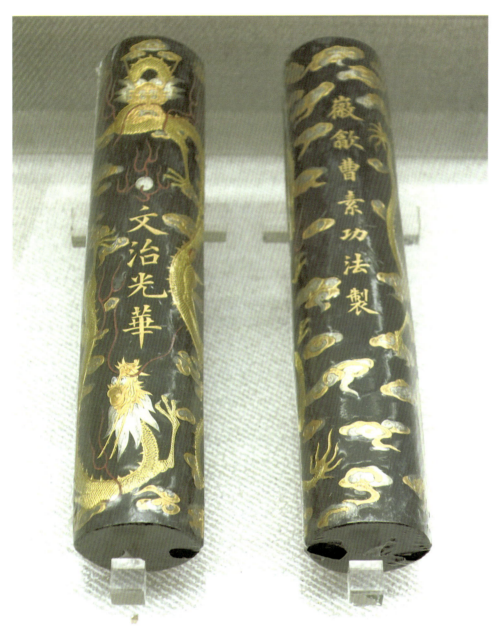

曹素功墨

们用的是动物胶，很硬。日本人到我们厂里来，我们的墨他们做不来，他们的墨我们能做。不过他们的墨不能保存，因为很软，放久了就散了，没用了；我们的墨只要不放在空调间里吹风，不过分潮湿，保持常温，就可以保存很久。曹素功墨的配方比例讲究个性化，根据需求者的爱好而定，也就是说，如果客户不太懂，那我们就很明了地告诉他这个墨是什么墨，是怎么使用的，适用于什么字体。就是做个性化生产，让客户一目了然，知道这个产品有什么样的使用效果。比方说色素墨，那就是写字用的，油烟是用来画画的。作为厂长，我主要负责生产环节，我特别喜欢钻研和创

曹素功墨锭制作技艺传承人鲁建庆

新，根据客户的喜好创新配方。我们主要的客户之一是日本客户，他们的喜好跟中国的不一样，他们喜欢暗淡的、泛青光的墨，我们就要根据他们的要求配制墨，而中国的客户喜欢写起来黑而亮的墨。还有就是不同的字体对墨的要求也不一样，比如小楷，要用浓度很高的墨。因此要根据客户的个人喜好定制，不同的原料能达到不同的效果，在原料和配比上要有所创新。

制墨最重要的是要掌握原材料，因为每一批的原材料都不同，就像糯米和籼米的区别，糯米不吃水，籼米吃水。原材料也一样，有干燥的，也有糯性的，这就要凭自己的感觉。这种手工技艺是非标的，就要靠自己悟，一靠手感，二靠眼睛看、耳朵听，比如搅拌时就要凭声音，发出什么声音就算搅拌好了，我们心里都知道。

我最得意的作品是一块世界之最的墨，重40斤，是20世纪80年代末为一位台商定制的，我带领工人，花了两个月的时间制作了这块墨。当时和料与制作墨模是很大的难题，我们经历了很多次失败，然后一次一次地改进，最后把困难都克服了。之后还有好几年翻晾的时间，当它最终完成的一刹那，那种喜悦的心情，我现在仍然记忆犹新。现在也许不会再做这么大的墨锭了。

抢救精粹　重焕生机

我们曹素功墨是给很多大家、名家定制墨的，国内有名的大家都定制我们的墨，以前还定制御墨。现在的市场跟以前完全两样了，现在一般都用墨汁写了，墨汁方便，所以墨的功能主要转为收藏了，使用的相对就少了，当然墨也有人用。现在我们的墨卖得还是可以的，在行业里排名第一，我们的墨远销东南亚、日本和中国香港、台湾等地区。曹素功墨很有名气，属于制墨行业的龙头企业。我们以后的发展要以消费者为主导，我们的消费群体主要是书法家、书画爱好者，我们要根据他们的需求为他们服务，生产出他们需要的东西。

曹素功墨锭制作技艺被评为国家级非物质文化遗产以后，我们加大力度抢救和整理墨模。很多墨模是明末清初的，很珍贵。"文革"以后很多墨模丢失、破损、散乱了，没有人整理。我们主要要抢救一些古文字资料，还要把这些墨模整理好、修理好。另外，我们还要培养更多优秀的传承人，现在我们很多老师傅退休了还在带徒弟，要培养好徒弟，把我们的技艺传承下去。我们在通过各种努力使曹素功墨这个百年老字号继续发展下去。

（本文由曹美聪整理）

曹素功墨锭制作技艺

墨是传统的"文房四宝"之一，曹素功墨锭制作技艺是传统手工制作技艺，是对徽墨的创新发展。明末，创始人曹素功开始制墨生产，康熙六年（1667年）于"徽墨"故乡安徽歙县的岩寺镇创设曹素功墨庄，同治三年（1864年）曹素功的第九世开始定居上海，民国期间传绵至第十三代。乾隆年间，曹素功派人到北京圆明园绘画，共绘制了45幅画，然后再根据这些画去制墨，制成了有名的"御园图"，由45锭墨组成，每一锭墨都反映了圆明园的一处场景，记录了圆明园被烧毁之前的景观。"曹素功墨"是上承明末、下启清代、绵延当代的响当当的品牌。曹素功墨历史绵长，继承脉缘清晰，创新鲜明独到，在历史、区域、工艺、产品、造型等方面都具有唯一性的特征，有"金殿余香""海派书画墨"等作品，是当代中国和世界墨锭制作技艺的代表，除了具有书画工具和工艺品的功能以外，还具有历史、文化、工艺和经济价值。曹素功墨锭制作技艺采各家之长，海纳百川，具有"一点如漆，万载存真"的特性和独特的"和料"工艺；其"蒸胶"工艺有"一看料，二掐时，三观泡"的要诀；"轻胶"工艺则产生了"易发墨，不滞笔"的特色；"翻晾"工艺是将墨锭晾干并定时翻动的工艺，必须小心谨慎，否则墨锭就会弯曲或碎裂；"打磨"工艺是将即将成型的墨制品，修去多余的边角料，使其光滑平整；"描金"工艺就是将制成的墨锭描上金银的工艺，对一块墨的外观起着决定性的作用。曹素功墨色彩漂亮、款式丰富，墨的图案、文字大都是由书画大家参与制作的，有山水、人物、花鸟，还有博大精深的诗词歌赋，有很高的观赏价值和收藏价值。使用曹素功墨来作画，能呈现出浓淡枯涩、五色分明、层次清晰的艺术效果，曹素功墨是传统书画艺术发展的重要见证。至今，曹素功墨是当代中国制墨行业历时最久的"中华老字号"，也是"海派徽墨"的唯一代表和遗存。曹素功墨不仅是上海市的著名品牌，还是重要的民族瑰宝，它成为故宫博物院墨品典藏的重点，也是民间收藏的宠儿。

鲁建庆作品

御制兰亭高会仿古墨

御制兰亭高会仿古墨，墨正面刻有篆书"御墨"二字和隶书"兰亭高会"四字，下钤闲章"大块假我以文章"，更显高雅古朴。墨背面为"曲水流觞"图，重现了当年集会盛况，有很高的艺术价值。边版刻有"延趣楼珍藏"五字。延趣楼为清乾隆帝所造，是故宫"乾隆花园"中的名楼，故此墨已成为不可多得的艺术珍品。

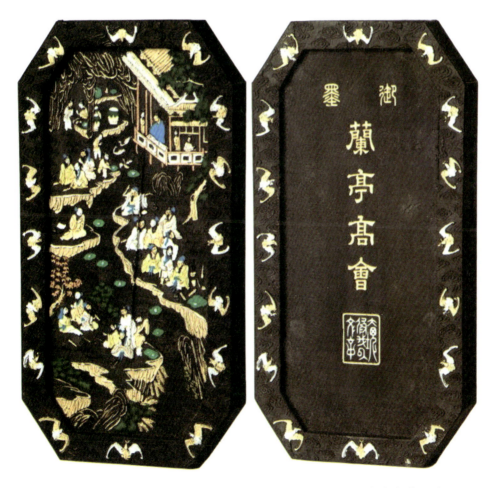

御制兰亭高会仿古墨
重量：225 克
20 世纪 80 年代，鲁建庆制作

曹素功诞辰四百周年纪念墨

　　以墨纪史、制墨庆喜，为纪念曹素功诞辰四百周年，曹素功墨厂设计制作了一锭四两"纪念墨"，由制墨大师鲁建庆、李光雨监制。墨面：曹素功图像线描填银，右阴字填金"古歙曹圣臣素功氏 1615—1689"；下镌阳文，取自于王震书《曹素功尧千氏墨庄介绍启》中对曹素功的赞辞。墨背：王蘧常为纪念曹素功墨苑重新开业所书对联。左边款：许思豪书"纪念曹素功诞辰四百周年"。右边款：限量编号，长椭型"上墨堂"印。

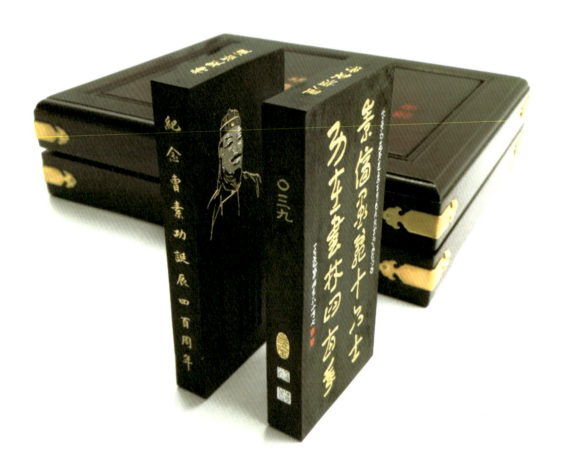

曹素功诞辰四百周年纪念墨
重量：125克×2锭
2017年，鲁建庆参与设计制作

世博会纪念墨
重量：62克×4锭
2010年，鲁建庆制作

世博纪念墨

为迎接2010年上海世博会，曹素功墨厂特制一套四笏的世博纪念墨。墨面由书法家高式熊、张森、王冬龄、许思豪分别以篆、隶、草、行书写"理解、沟通、欢聚、合作"八字。墨背面由画家绘四锭通景"百花齐放"图，表达了对世博会的美好祝愿。

鲁建庆——曹素功墨锭：书画颜料还是艺术收藏品？

在中国传统文化中，笔墨纸砚加印泥为"文房五宝"，构成了整个诗书画印的文化体系。这"文房五宝"，无论哪一样，对于书画来说，首先都是工具和材料。墨是书画用的颜料，可有趣的是：一般书画不一定能够成为艺术品，但是创作的颜料——曹素功墨锭却成为人们竞相收藏的艺术品。鲁建庆及其所属的上海周虎臣曹素功笔墨有限公司的传统制墨技艺考究，一块黑黑的墨锭，经过多道工序，最后成为艺术精品。墨在当今日常生活中的使用越来越少，而作为一种文化记忆，其收藏功能正日益增强。墨锭作为一种文化载体，附丽其上的文字、图案以及造型是对中国传统文化的传承和发展。作为书画创作的材料，墨锭的雅致造型无形中营造了书画创作的氛围，影响着书画家的心境与审美情趣。曹素功墨锭不经意间还参与了书画创作，促进了艺术品的诞生。

4. 始于友情　忠于传承
——上海鲁庵印泥制作技艺项目传承人高式熊

高式熊，1921年生，浙江宁波鄞州人，当代著名书法篆刻家、印泥制作大师。他幼承家学，随父高振霄（清末进士）习书法、诗文。1936年起，自学篆刻，获名家赵叔孺、王福庵指导。1947年，经王福庵、丁辅之推荐加入西泠印社。曾受教于印学家、收藏家、鲁庵印泥创始人张鲁庵先生，得张先生真传。1962年张鲁庵临终前，将"鲁庵印泥49号秘方"托付给高式熊，叮嘱其务必将鲁庵印泥的制作工艺传承下去，并将此秘方捐献给国家。现为西泠印社名誉副社长、上海市文史研究馆馆员、中国书法家协会会员、上海市书法家协会顾问、上海市静安区书法协会会长、国宝鲁庵印泥第二代传承人及传习所所长。对历代印谱版本深有研究，为海内外著名印学家之一。作品为海内外多家博物馆收藏。著有《茶经印谱》《西泠印社同人印传》《高式熊印稿》《太仓胜迹印谱》及《高式熊篆刻集》等。2009年被评为国家级非物质文化遗产项目上海鲁庵印泥制作技艺代表性传承人。

高式熊口述

志同道合　印泥情缘

我叫高式熊，我出生在浙江鄞州。我以前还常回去看看，但是现在年纪大了，不方便了，但还常常梦见家乡。11岁的时候我就跟着家里人一起来上海了，这么多年了，还真是有些想念在鄞州的伙伴们。我父亲高振霄是清末进士，是新中国成立后上海市第一批书法家，我自小就尊奉家规，跟着父亲研习书法和诗文，耳濡目染，9岁开始练字，15岁开始学篆刻，也就是从那时候起喜欢上了书法和篆刻。从家乡到上海，我在书法篆刻方面的学习从没中断过。当时我们住在延安中路，常常有艺术家们过来交流，我就去听他们的讨论，这对我影响很大，我从他们身上学到了很多东西。

那时候，赵叔孺先生是我父亲的朋友，赵先生是名家，我就跟着父亲常到他家里去玩。我记得在我20岁的时候，我去他家玩，带了几件我自己刻的图章给他看，他一看，说做得很好呀，还跟我父亲说要好好培养我。后来有一天，赵先生就跟我说，他的学生张鲁庵有一部黄牧甫的印谱，很好的，我也应该弄一部来看看。在那个年代，这么一部印谱，要5块钱，我就说要给赵先生印谱的钱，但是他怎么都不要我的钱，还让张鲁庵直接把印谱送过来。后来张鲁庵就拿着印谱来了，那时候我才知道，原来他比我整整大了21岁，但是人特别亲切，照现在的话讲，我们成了忘年交。之后，他晓得我喜欢篆刻，喜欢印谱，他就请我到位于九福里的家里去看。我在他家里，真是不看不知道，

上海鲁庵印泥制作技艺传承人高式熊

一看吓一跳，整整三间屋子放的全部都是印谱，我当时都有点看傻眼了。他还跟我说，这些印谱我不用买，当然了，我也是买不起的。我会刻图章，他就说给我开一个单子，编上书号，一部一部预备好，让我来看这些印谱，他那里大概有400多部印谱，我大概花了几年的时间才看完这些。

张鲁庵为人非常热心，当时他最贵的印谱都是用几百两银子买来的，有名的像《十钟山房印举》《天倪阁印谱》等，他都有。但不管贵重与否，他每次都借给我，所以我到现在也不能忘记这个恩惠。因为那个时候我也喜欢篆刻，得到这样的帮助十分难得，有些资料我可以自己去看。一般人家有这种收藏的十分罕见，他对我的确是很关心的。我在看这些印谱时也是相当认真的，每次我都把我不懂的地方记下来，写到一个本子上，等下次再见到他的时候，便问他，他就给我讲解，他很有耐心的。每次看到我这么认真，他也很开心。

那时候，张鲁庵制作印泥不是为了赚钱，很少是拿来卖的，而是经常送给书画家，也送给过我和我父亲。因为他一开始就是为了好玩才做印泥的，他自己也有经济条件，因为他是杭州张同泰药店的小老板，生意跟药材方面有点关系，这样子才去做印泥的。张鲁庵做印泥的时候，全国最好、最出名的就是福建漳州的魏丽华印泥，当时漳州的魏丽华印泥就像现在上海的陆家嘴一样有名，到处都是魏丽华印泥。魏丽华老板做的印泥是相当贵的，当时都要上百块一两，但张鲁庵也不去管魏丽华的印泥价值怎么样，他自己做自己的。

当时漳州印泥的特色是：颜色带田黄，不是朱红的，这种印泥做好了之后打出来的印比较细、比较正。刚打的印泥看上去呈黄色，日子越久越红，这是魏丽华印泥的特色所在。他知道漳州的印泥好，便想办法买来，并在家里弄了一个化验室，请化学师亲自上门对魏丽华的印泥进行分析。因为他是做生意的，家庭条件好，所以他钻到这个里面，就是为了玩。他自己做出来的印泥就是"张鲁庵印泥"。

我们见面以后，他就送我印泥，那么，我总算有印泥用了，使用下来，的确是不错的。后来，我就对制作印泥产生了兴趣，而且我在他家时常常看他做印泥。说真的，这是一件非常辛苦的事情，我当时就想，我也要学会自己做印泥。我就把这个想法告诉他了，没想到，他直接就告诉我说，既然我对这个感兴趣，那我们就一起做。后来，他就一边做一边教我，他还在他家里专门给我安了一张写字台，这样我去他家的时候就有我自己的桌子来做印泥了，甚至他的房间我都有钥匙，所有的东西都可以拿。我就是这样进入了印泥这个行业。

心系印泥　始终如一

　　我自己开始做的时候，其实也不大懂，差不多每个礼拜都到张鲁庵那里去，跑进门就问，今天做什么。从第一道工序一直到成品出来，我们都在一起。磨刀，大家就做刀，做好之后便是把钢条开好，再之后怎么弄，整个过程中张鲁庵所有的动作我全都看到过。我就这样跟着他学，学怎么选朱砂，油怎么做，什么样的艾绒是好的，他还教我怎么样去弄配方。他要求我做印泥前先调油，再把油和颜料拼起来，然后加艾绒。艾绒是用镊子一点一点加进去的，不是一下子扔下去的，我一面操作，他一面说："不对，不对，不是这样子。"我磨朱砂的时候，他说："你不能这样子操作，一定不能乱弄。"他相当严格，我也很仔细，这样子弄起来就蛮开心的。料的配比数量，他都帮我用天平称好，告诉我怎么来配。我当时已经二十几岁了，图章也刻过不少了，也用过不少印泥。学做印泥前的基础打得蛮牢的。

　　我和他在一起研究出了50多个配方，那时候我的经验还不够，有些配方都是张先生口述，然后我就把它记录下来的，写清楚哪种印泥要用什么样的配方，什么样的分量。鲁庵印泥的制作看起来简单，工具也很简单，但事实上，它的工艺性和技术性要求都是很高的。我们就经常说，鲁庵印泥用的艾绒、蓖麻油、朱砂都是特别讲究的。比如说艾绒，我们只用里面的纤维，但是现在已经很难找到这样的艾绒了，尤其高档的、质量好的艾绒更是难找。十斤艾蒿才能收到一斤艾叶，从里头提取艾绒，就只能得到一两。你想想这有多不容易，而且这还是一件成本很高的事情。艾绒拿来之后，还要先将石子、杂质筛选干净，再洗干净，洗过之后一定要水漂。如果用漂白剂漂，漂是漂白了，但艾绒也脆了，弹性不好了。好的纤维拉起来，碎的东西不会有，蹩脚的拉出来像棉花一样。又比如说朱砂，用作颜料的朱砂也要经过研碎、水漂、磨粉等多道工序才行。再比如说蓖麻油，

符制鲁庵印泥

从前用的是自然制油法，蓖麻油放在盘子里，上面盖一块玻璃，经过太阳晒以及阳光漂白，漂到三年以后才能用。

那时候，张先生也跟我讲，其实制作印泥的方子是死的，最重要的是料。有的书画家在他作品上用的印泥，我一看就觉得不是很好，好的印泥是可以给作品添光加彩的，是可以锦上添花的，但有些人就不懂得这个道理，不过也有可能是他们还没用到过我们的鲁庵印泥。后来，我们把做好的印泥送给那些名家，看看他们的评价和使用的感觉，要是他们觉得有哪里不好的，我们就继续摸索，继续改进。除了材料，还有制作的过程。就拿生产工艺流程来说，制作鲁庵印泥虽然用到的工具不多，但是要经过研朱、搓艾、制油等各个工序，可以说它的手法是很独特的。比如说，搓艾是很讲究的，在研磨的过程中，艾草要均匀不断裂，颜色还要能够平均，这是很难做到的。我们做出来的印泥天再热也不烂，天再冷也不硬，吴湖帆、张大千、丰子恺、贺天健、王福庵、陈巨来、沙孟海、启功、程十发、白蕉、沈鹏等很多书画家都使用我们的印泥。所以，曾几何时，鲁庵印泥比西泠印泥、潜泉印泥还出名。

在我们那个年代，从来没说什么"传人"，也没讲究过什么"非物质文化遗产"，我一直觉得，我和张鲁庵就是好朋友、忘年交，我们一起制作印泥，他把他制作印泥的技艺传给我，还把他的秘方都告诉我，这就是信任我。我当然不能辜负他对我的这份信任，我要把这份技艺传承下去。那时候我记得我们的50多个配方，都编了号的，其中，49号配方做出来

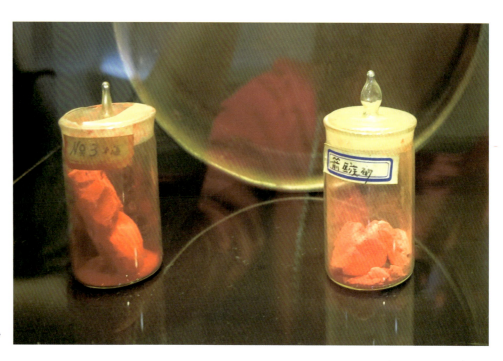

张鲁庵生前用的朱砂

的印泥在艺坛上最受欢迎,好多书画家都特别喜欢,当时我们就把这些都命名为"鲁庵印泥",很珍贵的。

1954年,我那时候也30多岁了,进入上海维纳氏电工器材厂工作。工作之后,时间就没那么多了,还要养家糊口,和张鲁庵来往的机会就少了。我时常想起我们来往频繁的那些年,那时候我基本上每个星期都到他家去两三天,没有人这么陪他制作印泥的。想想那时候多开心啊,我们今天做印泥,明天看印谱,后天刻图章,很简单但的确很开心。回想起来,我从第一次见到他,到最后在医院和他永别,我们的交情整整有21年。这21年,的确是让我永生难忘的,我常常都能想起那些场景,这一辈子确实都很感谢他。

传人回归　赤胆忠心

张鲁庵晚年被打成了"右派",有一次我想去张鲁庵家要一点艾绒,张鲁庵回答我说艾绒都挑好了,做成了球状,像绒线球的样子,最后让小朋友在外面当皮球踢,就这样踢光了。这些珍贵的艾绒就这样被糟蹋了,十分可惜。我还问他是否还有晒好的油剂,他回答我说油还是有的,在书堆上,我找到放油的缸后把盖头掀开,发现里面已经都是水了,一点油剂都没。我本来想要点制作印泥的原料,但都没有了,朱砂也没了,十分可惜。

1962年，张鲁庵在医院病逝，我和他的家人一起，遵照他的遗愿，把他一辈子积攒收集下来的所有印谱、刻印、印泥都捐献给了西泠印社，可以这么说，当时是他撑起了西泠印社。没过几年"文革"发生了，我虽然说是张鲁庵的"资方代理人"，但是由于当时恶劣的文化环境，我又在厂里上班，空下来的时间也比较少，还有其他原因，鲁庵印泥就慢慢地在艺坛上没声音了。那时候我其实也受到一些牵连，不能把印泥的配方拿出来，因为当时的环境和条件不允许。其实，我心里是很着急的，我想我要对得起张鲁庵才行，我不能让鲁庵印泥真的就这么失传了。

到了1982年，我从厂里退休了，虽然我也60多岁，但是我心里最牵挂的事还是鲁庵印泥的传承和发展。从张鲁庵逝世到1982年，时间已经过去这么久了，鲁庵印泥真的要几近失传了，我心里很担忧。后来我想，我手里还有配方，我还会做，虽然年纪大了，但我身体还可以，我要坚持把这件事做下去。当时，我就带着这些配方，跑了很多地方，也找了很多人，有企业、机关单位、书画家、篆刻家，一方面跟他们说鲁庵印泥的历

国宝鲁庵印泥　名家印蜕

史文化价值和复出的前景，想把秘方捐出来，另一方面就抓紧时间制作印泥，但是那时候效果不尽人意，他们都不以为意。说实话，我当时很难过，我不懂他们为什么看不到鲁庵印泥背后的深厚价值。

　　1991年，我认识了李耘萍，她已经做了很多年的印泥，而且非常认真，非常有热情，投入了很多精力，我就把几张秘方给她，让她来做，但她那时候也不知道这就是鲁庵印泥。她费了很多精力，受了很多挫折，不停地总结经验，不停地修改调整，终于做了出来。但是我们也发现了一个问题，就算我们用的是同一个方子，但是做出来的还是和张鲁庵那时候做出来的有差别。我们想有可能是材料不一样，还有材料的质地和制作过程不一样。后来，我们就拿着新制作出来的印泥去注册了"高式熊印泥"。我们制作出来的印泥很受欢迎，除了国内，日本也非常重视中国的字画和印泥，我的字和印泥也在日本销售过。韩国人也非常喜欢印泥，韩国的朋友来拜访西泠印社，都是一大批一大批地来，很多时候是来请教怎么做印泥的，还有买印泥的，他们都很诚恳。就这样，我看到了希望。

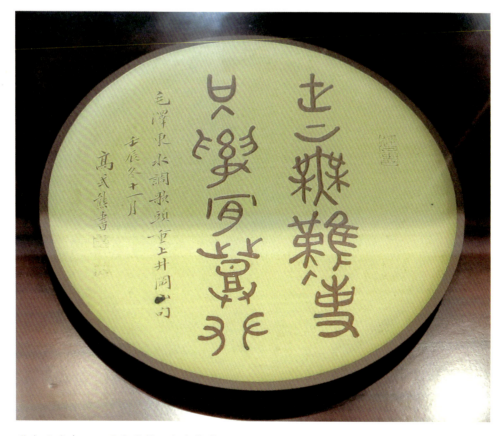

世上无难事，只要肯登攀　高式熊书

2006年，我知道上海市静安区正在将鲁庵印泥制作技艺作为非物质文化遗产向上海市和国务院进行项目申报，我当时听了非常高兴，是真的感到欣慰，我赶紧把我珍藏的秘方都捐了出来。之前，我跑了那么多地方，找了那么多人，都没人愿意接手。这么有价值的东西，这么多人付出心血的东西，如果国家不来保护，光靠我们自己保存着能保存多久呢？我们私人拿着有什么用呢？2008年，鲁庵印泥成为第二批国家级非物质文化遗产项目，申遗成功后，我放心多了，看到了鲁庵印泥的希望，我还是很乐观的。到了2013年，国宝鲁庵印泥传习所建立了。我们要用好这个平台，这是我们研究和发展鲁庵印泥的一个重要基地，我相信总有人愿意来了解，愿意来学习，只要有人诚心来看，诚心来学，鲁庵印泥的制作技艺就会好好地传承和发展下去。作为鲁庵印泥制作技艺的代表性传承人，我现在正式收了我女儿高定珠和李耘萍为徒，她们也是鲁庵印泥的第三代传承人。我这一辈子，经历了这么多，现在看到鲁庵印泥正在得到很好的传承，我们的海派文化有这么好的发展前景，华东师范大学还承办了文化和旅游部、教育部、人事部的"中国非物质文化遗产人群研修研习培训计划"——华东师范大学印泥制作技艺研修班，我真的感到非常欣慰，我的心也就定了。

（本文由黎忠慧、李柯整理）

上海鲁庵印泥制作技艺

传统印泥，精选朱砂、蓖麻油、艾绒等手工调制而成，多用于文件签署、印章钤记，是传达印章艺术、书画作品点睛、笔墨真迹鉴定的重要凭借，很多书画家都把印泥视为其作品的重要组成部分，印泥被誉为"笔、墨、纸、砚"之外的文房第五宝。鲁庵印泥制作技艺是上海市静安区的传统手工技艺，在清末由张鲁庵先生于沪上首创。其工序流程繁复，既要手工操作，亦需自然氧化，主要包括研朱、搓艾、制油三道工序。其成品印色雅丽鲜润、质地细薄匀净、暑天不烂、寒天不硬、永不褪色，广受吴湖帆、张大千、丰子恺、贺天健、王福庵、陈巨来、沙孟海、启功、程十发、白蕉、沈鹏等艺苑名家的青睐。篆刻大家陈巨来曾评价说："用此印泥，即便连钤细元朱文印十方，印文不走样，这在别的印泥是办不到的。"今人高式熊、符骥良等承张鲁庵衣钵，将鲁庵印泥发扬光大。2008年，"印泥制作技艺（上海鲁庵印泥）"入选第二批国家级非物质文化遗产项目。2009年，文化部授予高式熊、符骥良"印泥制作技艺（上海鲁庵印泥）国家级代表性传承人"称号。

上海鲁庵印泥制作技艺传习所

上海鲁庵印泥作品

这盒印泥的制作工艺既仰尊传统，又运用了科学方法，传承至今仍雅丽鲜润生动如初，弥足珍贵。

张鲁庵创制的国宝鲁庵印泥（李明洁供图）

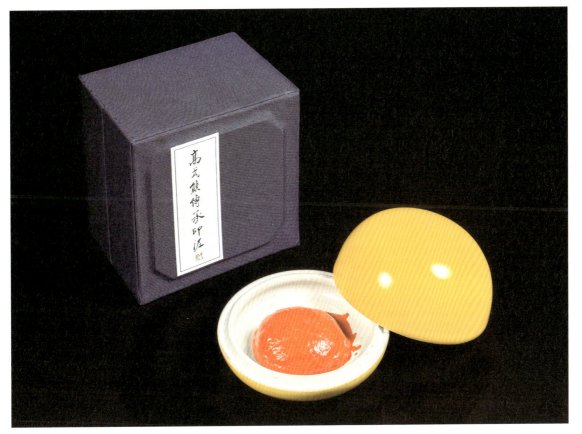

高式熊传承张鲁庵衣钵而创制的印泥（李明洁供图）

这盒朱膘印泥色鲜而有光泽、有弹性，以之钤拓，可使印文细薄匀净，不走样、不涩滞、不漏油、不褪色，实乃文房瑰宝。

这既是鲁庵印泥制作配方的手录,也是一幅洒脱俊逸的书法作品,更是张鲁庵、高式熊两位先生一生情谊的生动写照,字里行间自有一段切磋琢磨、薪火相传的文坛佳话。

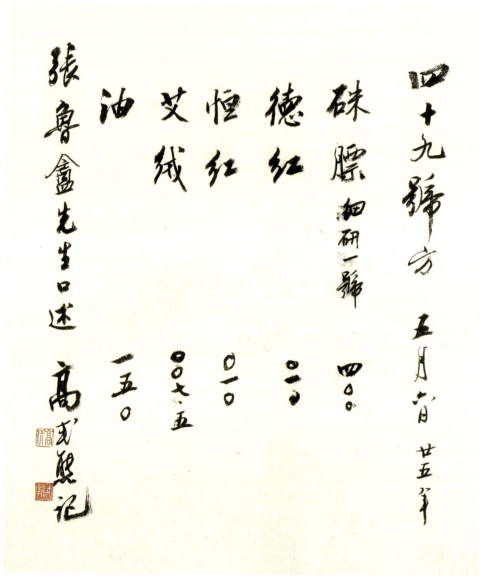

张鲁庵口述、高式熊记录的鲁庵印泥第49号配方(李明洁供图)

高式熊为文化和旅游部、教育部、人事部的"中国非物质文化遗产传承人群研修研习培训计划"——华东师范大学印泥制作技艺研修班题字"丹泥新颜"（李明洁供图）

这幅书法笔力伟健，气韵勃发，而又不失其从容，寄寓着高式熊对鲁庵印泥制作技艺活态传承和文房文化全面复兴的美好期许，殷殷之情，溢于言表。

高式熊的这幅题款用笔自然，行文雅致，鉴评精要，排版得当，书法与钤印相得益彰，令人爱不释手，表现出老一辈艺术家对新一辈非遗传承人的提携鼓励之心。

高式熊试用华东师大印泥制作技艺研修班学员沈桉宇所制印泥后为之题款（李明洁供图）

高式熊——鲁庵印泥传承的生态构建与精品制作

实现印泥制作技艺的活态传承,对传统的敬畏和赓续是第一位的;而要使其走进现代生活,更重要的是进行整体性保护。"皮之不存,毛将焉附",如果没有传统书画篆刻艺术,乃至整个文房文化的发展,印泥是很难有生存之所的。2017年,华东师范大学社会发展学院民俗学研究所承担了文化和旅游部、教育部、人事部的"中国非物质文化遗产传承人群研修研习培训计划",举办了印泥制作技艺研修班,旨在通过理论学习、创作实践、考察切磋、视野扩展,着力提高传承人群的综合素养与创新能力。培训班将国宝鲁庵印泥作为合作单位,通过高校平台,鲁庵印泥有了更大的发展空间。通过传播"文房五宝"的叙事话语,提升印泥的地位,综合改善其生态。鲁庵印泥这样的小众市场的物品,必须走高端之路。鲁庵印泥也是这样做的,每年就几公斤的产量,价格昂贵。高式熊既是书画名家,又是印泥制作名家,进一步提升了鲁庵印泥的文化厚度,因此,鲁庵印泥被称为"国宝"。

5. 精雕细刻下的人生
——木版水印技艺项目传承人蒋敏

"镂象于木，印之素纸"，这是对木版水印技艺简单而精准的描述。所谓"镂象于木"，说的就是木版水印技艺三道工序中的雕版这一程序。虽然"雕版"在整个木版水印技艺里只是一道工序，却足以让人一辈子倾心于此，木版水印技艺传承人蒋敏就在其中灌注了毕生心血。蒋敏，1941年生，江苏镇江人。1957年就读于上海出版学校，之后进入朵云轩，在半工半读的状态下学习文化必修课、木版水印雕版技艺和绘画艺术相关课程。蒋敏师从于书勤，又得韦志荣指点，拥有全面而扎实的基本功，现朵云轩木版水印雕版的群英后辈大都师从于他。2008年被评为国家级非物质文化遗产项目木版水印技艺的代表性传承人。其雕版技术全面，尤以雕制再现原稿笔墨形态和神韵的枯笔版见长，朵云轩木版水印有一大批精品由他主刻，如《徐渭杂花图卷》和《萝轩变古笺谱》等，主刻的众多作品获得过国内外大奖。《十竹斋书画谱》荣获1989年莱比锡国际书籍艺术博览会国家大奖、1991年首届中国优秀美术图书奖银奖和1994年上海优秀图书一等奖；《顾恺之洛神赋图卷》荣获2000年中国优秀美术图书奖铜奖。

蒋敏口述

偶入朵云 以刀代笔书华章

我的老家在江苏镇江的一个农村,父亲在上海工作,母亲一直待在乡下,我还有一个哥哥也在乡下,父亲的收入是当时家庭经济的主要来源。在老家上完小学之后,我的母亲就觉得小孩子长大了不能老待在农村,应该出去闯一闯,因此1956年下半年我就跟随我的父亲来到了上海。当时我的父亲所在的单位属于出版,就是上海市出版局系统,他们建立了一个职工子弟学校——上海民办印刷业中学(1958年并入上海印刷学校,1960年毕业时为上海出版学校),凡是那些在出版系统里工作的人的小孩,如果没有找到学校读书,都可以在这个学校学习。我当时就是在这个学校读书的。那时候朵云轩也刚好在上海市出版局领导下筹办木版水印室,适逢他们招木版水印学徒,我们就按照当时学校的安排,一个班26个人全都被招进去学习了。当时处于一种半工半读的状态,三天学习文化课,三天学艺。这26个人也有一些上海本地人,女同志居多。我本来是打算在那儿上初中的,没想到去了朵云轩当学徒,这应该是我没有预想到的,不过我也是很愿意的,为什么呢?因为我们是作为学徒进去的,所以有一定的生活补助。我是从农村来的,父亲的收入是家庭经济的主要来源,当时我就想自己能够养活自己,尽量减轻父母的负担,这是一个方面;还有一个方面,当时我的母亲经常教育我,一到上海,不论学什么,一定要把技术学好,只有把技术学好了才能在社会上立足。因此,这两方面都促使我继续走这条路,父母也都是很支持我的。

我们当时学艺时,是师傅手把手教的。

木版水印技艺传承人蒋敏

我的启蒙师傅韦志荣从事木版水印技艺也算半路出家，他15岁从农村老家到上海学雕版，之前在刻字社工作，已经刻了20多年的字版和单色雕版，雕版功力深厚。半工半读这三年，其实就是打底子的三年，在上海出版学校木版水印班初中毕业后，我还是无法单独工作，还要继续跟随师父，给师傅打下手，六七年过后，我才基本上能够独立完成比较复杂的作品的版子雕镌工作。因此，就木版水印技艺而言，要想达到较高的艺术水准，少说也得经过差不多十年的历练。虽然说这是一个很漫长的过程，但其实是可以学到很多东西的。木版水印是集绘画、书法、雕刻、刷印于一体的再创作艺术，在这个工作中，你还有机会去深入学习研究相关的艺术并能得到名家指导，我们当时那26个人当中就有几位同学精研某一方面的艺术而成名成家。很遗憾的是，我是从入这行开始就专心于雕版这一块，其他的技艺虽然很熟悉，但是做不来。

我们这个技艺主要靠单位保护下的师徒传承，过去也许有家族传承，但从目前来看，家族传承在木版水印技艺传承上是行不通的。要是靠家族传承，恐怕这项技艺早就没有了。记得我们雕印《萝轩变古笺谱》时，郭绍虞教授为重梓《萝轩变古笺谱》写的序里一开头就讲到"个人专攻之学"和"社会通力之学"。木版水印技艺的保护和传承应该属于"社会通力之学"，它属于出版印刷范畴，不仅选稿时"画须大雅又入时眸"，而且择套勾描、雕版、刷印等每一道工序都得有高超的技艺和对作品的领悟力，才能做好一件木版水印书画作品。

我带过的徒弟大概有十多个，现在在朵云轩的就有四个，两男两女。虽然学成这个技艺要花费十多年，但还是不乏热爱这项技艺的人。我在上海大学美术学院版画系任教的时候认识了一些学生，有的毕业之后就真的来了我们朵云轩，虽然收入不是很高，但是他们还是愿意在这个行业干下去的。也有很多人迫于现实的压力，不得不放弃自己热爱的事业。前几年我带过一个中国美术学院的学生，是学版画的，当时在我们单位做学徒，刚进来的时候工资不高，才两千多元。虽然有户口、住房的问题，不过她都克服了，后来薪水也涨了一些。不过后来她打电话跟我说，房租又涨了，她压力很大，有可能要打退堂鼓了。其实她真是个很优秀的孩子，也很努力，只是一些现实的问题让她望而却步。上海高房价，"居大不易"，也影响着我们这个技艺的保护与传承。

群仙祝寿　献礼世博功圆满

2001年，我在退休之后又被返聘回去了，当时主要是因为要制作《任伯年群仙祝寿图》这件通景十二屏巨制。其实在我还没退休之前，也就是《顾恺之洛神赋图卷》雕印即将完成时，我们朵云轩就将任伯年的《群仙祝寿图》列为下一个木版水印精品选题，并列入十五规划和十一五规划的重点出版项目，我也参与了这件作品的选题讨论。《顾恺之洛神赋图卷》和《任伯年群仙祝寿图》都是当时上海书画出版社的总编辑卢辅圣确定的。《顾恺之洛神赋图卷》是十几米长的手卷，主要适合案头把玩，而《任伯年群仙祝寿图》则是十二屏的210厘米×60厘米的通景画，既可以裱成传统的通景屏，也可以以镜框的形式呈现，还可以制作成屏风。当年开选题会时有同事还讲到，这套金碧辉煌的巨制如果有机会陈列在市政府门厅，既能装点空间，又能起到宣传的作用。虽然后来这个愿望没能实现，但《任伯年群仙祝寿图》制作出来后就在上海世博会中国元素馆（宝钢大舞台）作了为期一个月的陈列与展示，献礼世博，取得了很好的宣传效果。在我退休之前，我们就已经为雕印《任伯年群仙祝寿图》做准备了，以徒弟李

木版水印技艺传承人蒋敏

蒋敏在工作中

智为主试刻了其中一屏,后来他负责全部十二屏的人物和精细线条部分。这幅画相当大,要按照原画原大进行木版水印的制作确实是一项巨大的工程,12幅雕版分了2000多块版。当时人手不够,于是便只能将我返聘回去,一干又是十几年,2013年,我才真正地退休了。

退休之后,我还是很怀念以前的日子的,也怀念我们以前制作的那些作品,因为现在的朵云轩木版水印新版主要雕印信笺《朵云诗笺谱》和画笺。我们以前做的是立轴、画册、镜片等,这些也是最能体现木版水印高超技艺的品种。现在的学徒如果想掌握木版水印这种技艺,光学画笺的制作是不行的,也要学习那些最复杂的技艺。当然,不搞这些品种也是有原因的,因为立轴、画册、镜片等的制作需要投入较大的成本,而且耗时长,最小的画作也需要两三个月才能完成。要是光制作这些,那肯定是要亏本的,所以朵云轩能够维持下来还是很不容易的。我觉得我们现在可以以制作画笺为主,但是不能全部都搞画笺,还可以制作两三幅我们以前制作的作品,这样学徒也能从中学到很多东西。据徒弟们讲,这几年朵云轩木版水印雕印了北宋赵昌的传世名作《写生蛱蝶图卷》,这件由朵云轩年轻传承人勾描、雕版、印制的木版水印精品,精彩亮相于2016年央视二套的《一槌定音》栏目，并得到专家们的肯定。

我曾两次去北京荣宝斋取经，有一次听荣宝斋的同志讲起周恩来总理在1971年全国出版工作汇报会上指示，要保留荣宝斋名号并搞好木版水印事业。他说，木版水印作品既然能出口创汇，为什么不搞？周恩来总理一句话挽救了木版水印事业，但他同时也指出大搞不必。那我们就根据市场需要雕印相关产品，但是不可能大规模生产，这样容易导致产品的积压。在这方面，我们朵云轩和荣宝斋其实都走过弯路，我们曾经为了丰富品种、丰富内容，什么都制作，但是后来发现市场需求并没有那么大。因此，周总理的话还是很有道理的。

说到木版水印的市场化问题，就不得不提木版水印的用途了。我们的作品可用于装饰，很多人会买我们的产品也是出于这方面的原因，当然也有不少人做传统版画收藏。木版水印是对名人书画原稿的复制，但它又不像现代印刷品。现代印刷品就是用油墨印刷，质量肯定是不行的，保存久了就会褪色；而我们的作品，那是根据原稿书画来选取纸张、颜料的，力求和原作的用料保持一致。这就和印刷品不一样了，它不仅能保存很长的时间，而且因为是通过人工进行复制，其中自然还会带有一些手工的温度，很多人其实也是看重这方面的。也就是说木版水印是通过人的手制作出来的，它包含人的情感，并不像那些机器生产的复制品，毫无生命力。木版水印的作品还可以用于教学，曾经有许多美术院校把木版水印作品作为国画临摹范本。一些书画原作是很难为人所见的，我们通过对原作的高度模仿可以让更多的人看到神似的复制品，增加人民群众对我国传统艺术文化的了解。现在美术院校里也有相关的传统水印版画课程，比如上海大学美术学院版画系，专业设有传统水印版画课，需要学习传统水印版画的雕版和套印技艺，也就是"饾版术"。木版水印技艺是"饾版术"的现代叫法，但比"饾版"时代分版更细腻、雕版更生动、套印更具水墨韵味。我和同事被上大美院版画系请去做教学示范也就是这个原因，所以木版水印技艺有它的教学实践方面的价值和意义。

2008年，朵云轩木版水印技艺被列入第一批国家级非物质文化遗产扩展项目名录，之后我也被定为这项遗产的国家级代表性传承人。回过头来看，我感到很欣慰，我不仅为我自己感到欣慰，也为我们木版水印技艺感到欣慰,更为那些从事这个行业的人感到欣慰。当初进朵云轩的26个人,80年代后因木版水印市场不大景气,有不少人转到别的岗位了,也有不少同学和我一样退休返聘后继续在这行做到近70岁的,但也有的甚至连技师都没有评上,因为全国从业人员很少,上海就朵云轩的二三十人,技术等级鉴定很难做到常态化。要在我们这行干出成绩,实在是太艰难了,我是比较幸运的。其实木版水印技艺作品是集体的结晶,一件作品并不是某个人独立就能创作出来的。它分多道工序,缺少了任何一环都无法使作品呈现出来。像我们制作的《任伯年群仙祝寿图》,在雕版这一块,我也只是雕刻了其中的三分之一,剩下的都交给我的两个徒弟去做了,它是集体的艺术结晶,并不能将成果归于个人。因此,我觉得我被定为这项技艺的传承人,不仅仅是对我个人的肯定,也是对我们集体的肯定,不能因为

《竹》 饾版

我个人而消弭了整个集体的贡献。

  我从十六七岁踏入木版水印这一行,直到退休还在这一行,现在也依然无法与之割舍,毕竟这是陪我度过了大半辈子的东西。现在回头去想,充满了无限感慨。与木版水印的结缘,虽是我预想之外的,却也是我愿意去做的。历经"文革"、改革开放,时代在发生巨变,人的命运其实也在沉沉浮浮,但我的命运因为木版水印的存在而显得比较安定。任何时候,只要你拥有自己热爱的事业,有自己心向往之的目标,内心不乏激情,眼中常含热泪,不管时代如何巨变,你始终都能找到你自己、坚守你自己。这是我的一点小小的感悟,也是作为一个工匠想要传达的想法。

(本文由黄凡整理)

木版水印技艺

"镂象于木,印之素纸"的木版水印技艺源于中国古老的雕版印刷术。朵云轩自清光绪二十六年(1900年)创立之时起,就传承了木版水印这一传统技艺。118年的薪火相传,朵云轩奉行开业公告中"新裁别出,精益加精"的宗旨,将木版水印技艺发展成为一门综合了绘画、雕刻和刷印的再创造艺术。以简单的工具、复杂的技艺,通过勾描、雕版和水印三道纯手工工序,就能将中国书画作品的笔情墨韵惟妙惟肖地再现出来,达到乱真的效果。朵云轩印制出大量的木版水印画,具有浓厚的艺术魅力,被誉为东方的艺术明珠,为发扬中华民族的文化艺术,作出了卓越的贡献。朵云轩木版水印再造的新善本《十竹斋书画谱》,在1989年德国莱比锡国际书籍艺术博览会上获得唯一最高奖——"国家大奖",为我国图书出版业争得了极大的荣誉。今天,朵云轩的木版水印技艺在中国书画复制、古籍善本再造、传统水印笺纸的制作以及水印版画语言的实践与探索等方面仍然发挥着不可替代的作用。2008年6月,朵云轩的木版水印技艺被列入国家级非物质文化遗产保护扩展项目名录。2014年5月,木版水印技艺传承保护单位上海朵云轩艺术发展有限公司被文化部认定为第二批国家级非物质文化遗产生产性保护示范基地。

《鹤》 木刻

蒋敏木版水印作品

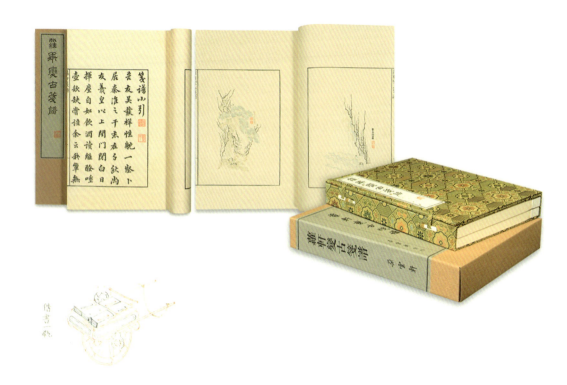

《萝轩变古笺谱》最全本　木版水印

《徐渭杂花图卷》　木版水印

《明刻套色〈西厢记〉图册》（图十三）　木版水印

《明刻套色〈西厢记〉图册》（图十四）　木版水印

中华杰出工匠大工程系列
（第一辑）

蒋敏雕版工作照

中华杰出工匠大工程系列
（第一辑）

《任伯年群仙祝寿图》 木版水印

蒋敏——木版水印技艺的精品路线与品质传承

  木版水印技艺是对传统书画艺术的复制和艺术再创作，专业性很强，传承人除了要有精湛的技艺外，还需要对传统书画艺术有深入研究。蒋敏从事木版水印雕版工作50多年，雕版技艺全面，可谓"刀头具眼，指节通灵"。传承木版水印技艺，雕版是重要环节之一。作为木版水印技艺的传承保护单位，朵云轩坚持以人才队伍建设为核心，以精品项目确保技艺的传承品质。朵云轩木版水印每五到十年就会有一个重点精品选题付梓，以高精、高难和高艺术水准确保技艺传承的品质。从《萝轩变古笺谱》《徐渭杂花图卷》《十竹斋书画谱》《明刻套色〈西厢记〉图册》《孙位高逸图卷》《顾恺之洛神赋图卷》到《任伯年群仙祝寿图》，蒋敏几乎参与了每一件精品的雕版工作，同时培养出高水平的雕版传承人。精品打造品质传承，木版水印技艺传承便有了厚重的底气。

6. 凤鸣祥瑞　心一金工
——金银细工制作技艺项目传承人张心一

　　张心一，1958年生，上海人，为上海市金银细工技艺主要传承人。20世纪70年代初开始学习金银细工制作，其制作的作品多次荣获国际和国内大奖。1993年获"中国工艺美术大师"荣誉称号，享受国务院特殊津贴。2002年任上海老凤祥有限公司副总工艺师。2008年被评为国家级非物质文化遗产项目金银细工制作技艺的代表性传承人。2009年任上海市工艺美术博物馆馆长、上海市工艺美术研究所所长。在其40多年的艺术生涯里，他对金银细工制作技艺刻苦钻研、精益求精，在继承中创新，在创新中发展，为我国金银细工技艺传承和发展做出了很大的贡献。

张心一口述

名师高徒　写时代金银情缘

我出生在上海的一个中医世家,是个大家庭,祖辈收藏了不少古玩字画,家里有深厚的中国传统文化氛围。儿时的环境,培养了我对画画的兴趣,我想这为我以后的艺术道路奠定了基础。

到了20世纪70年代,历经多年的社会动荡,那时国家亟须以扩大出口换取外汇,国务院下达"发展民族传统工艺争取外汇"的指示,我就幸运地被挑选到上海金属一厂(其前身是上海老凤祥银楼)开办的工业中学学习。那时我和全班50个同学一起半工半读,条件虽然艰苦,但是在那个阶段我受到了良好的金银细工基础训练。

1975年2月我毕业了,和其他四位同学一起被分配到厂大件组。"大件"就是金银和珠宝材料做成的细工摆件。我的两位老师是陶良宝和边炳森,那时他们都年近花甲了。两位老师都是银楼老板出身,在业界有很好的口碑,他们十分看重人的品行,自身也是安分守己的人,为人很正派,他们强调"要有艺,更要有品"。他们在带徒弟和传授技艺上毫无保留,根本没有旧社会那种"教会徒弟,饿死师傅"的顾虑。在传授技艺时,师傅是非常严苛的,哪怕有一点做不好就反复做,直到做好为止。虽然学艺

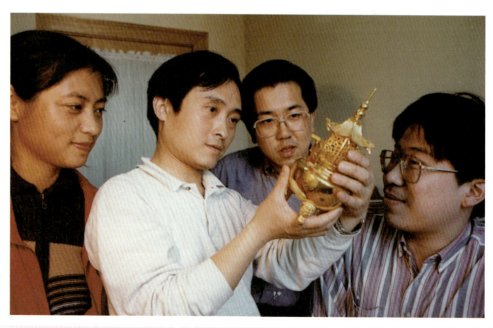

1997年,张心一在上海老凤祥有限公司指导学生

时师傅对我们很严厉，但是在情感上却与我们情同父子。我记得有一次我病重，师傅亲自钓了鱼送给我，给我补身体，所以对于师傅我是非常感恩的。那时师傅有意识地让我参与了《龙华塔》《圣母玛利亚号船模》《大盘龙》的设计和制作，作品后来被上海市工艺美术博物馆收藏了。

到了20世纪80年代，可以说那个阶段我在人生路上迈出了一大步。我进入老凤祥金银细工生产组担任组长，那时东南亚、香港地区的金银饰品的需求量很大，出口订单繁忙，时间又很紧。我一边补习文化课一边赶工，师傅也完全放开手让我担当起重任。虽然我感到很累，但是技艺上却突飞猛进，那时的作品《驰骋》《龙的传人》都获得了

金银细工制作技艺传承人张心一

全国工艺美术"百花奖"一等奖。1985年，轻工局又给了我一个很好的交流学习机会，派我到爱尔兰克尔凯尼设计公司学习首饰设计与制作。西方的设计风格和理念与中国传统设计大相径庭，我当时感觉大开眼界，因此努力学习并汲取西方艺术养料，并融入自己的设计创作中。当时的指导老师看到我具有东方特色的设计稿时，也十分赞赏，他们充分肯定了我的中西融合的理念与风格。我还记得设计的一次作业作品，被一位美国客商看到，当场以高价订下了，所以我坚信东方传统神韵是属于世界的。

到了90年代，是我放开手脚、奋力拼搏的阶段。国家的黄金市场开放，为了适应竞争和新的市场消费理念，可以用"夜以继日"来形容我当时的工作状态。那时我的创作力极为旺盛，常常是设计图纸到制作模板再到成品一件一件连轴转。作品获得很多奖项，业界对我的创新也很认可。1993年，我获得了"中国工艺美术大师"的称号，享受国务院颁发的政府特殊津贴，这一年我35岁。

进入21世纪，我承担了老凤祥总设计师等更多的职务，更是感觉到肩头的责任与压力。不仅要考虑产品创新，比如如何与世界黄金首饰行业

一同引领潮流，还要考虑不能让设计师断层。在培养接班人上，我牢记师傅的教诲，同样把"品"与"德"放在第一位。最多的时候大概有二三十人跟着我学金银细工技术，可是真正留下来的没有几个人。有的人离开是因为有了更好的发展，有的是因为吃不了这行的苦，还有出去了又重新回来的，我觉得这是找到了自己的定位，而这些留下来的学生都取得了一定的成就，甚至也有成为工艺大师的，我很以此为荣。

我们老凤祥年轻的设计师们真是非常幸运的，条件比我们当年好了不知多少倍。我也和师傅一样，鼓励他们放开手脚大胆干，公司大楼里就有专门为年轻设计师设置的展示专柜，让他们不受约束尽情展示自己的设计才能。如今我们还购置了最前沿的3D建模打印机，有专门的研究团队运用高科技来研制更为精美的饰品。

回顾走过的路，没有政府和企业的培养与扶持，就没有我如今取得的成绩。现在的我，要把更多的思考放在传统工艺美术及非遗传承所面临的问题、困难和需要改进的地方上。我对金银细工技艺，还是充满着希望和信心的，只要不停脚步，不辍耕耘，一定会有更好的明天。

张心一进行金银细工制作

张心一进行金银细工制作

中西合璧　制杰作巧夺天工

中国金银细工是世界金银文化中的奇葩。它形制优美、精细入微、装饰瑰丽，不仅展示了我国浓郁的民族风格和艺术特色，也展现了中国古人的聪明才智与高超技能。

我一直认为中国传统文化是我们艺术设计的"本"，任何创新都离不开"本"，即我们的文化之本。中国金银细工自商代形成以来，历代传承，经过历史的淘洗，如今留给我们许多经典的花纹、造型，这些都是我们设计师极好的养料，经典是永不过时的。古时候的设备落后，完全是靠手工艺人高超的技艺，打造出一件又一件令现代人都震撼的作品，而我们拿着这么好的"养料"如不充分利用，实在是有愧于我国灿烂悠久的历史文化，所以我设计时都会从传统元素出发。

比如由我设计、我的学生共同制作的《盛世观音》，整件作品高88厘米，选用珍贵的象牙、黄金、翡翠、红宝石和紫檀红木等多种材质，运用传统金银细工技艺精心制成。在这件作品中，金银细工摆件的基本制作技法如搯揲、抬压、錾刻、扳金、镶嵌、垒丝、焊接、打磨、鎏金、镀金等都得到了体现。再加上传统牙雕和镂空、失蜡浇铸、宝石密镶和齿镶，映托出的观音形象慈悲含蓄、婉约庄重，显示了鲜明的海派艺术特色。所以我一直认为工艺技法传承中最重要的是基本功的训练。

金银细工是活态发展的，在每一个朝代的演变其实都形成了各自的风格。从这个角度来说，我们也不能一味地循古，而是应该面对新时代的需求，设计出具有时代感的作品。比如20世纪80年代，我参加东南亚钻饰设计比赛，我的作品《金蛇革镶钻女士项圈》和《黑石镶钻耳插》就是糅合了国际先进技术与西方设计理念以及中国传统金银细工技艺创作而成的。《金蛇革镶钻女士项圈》以蟒蛇皮为衬，以黄金为框架进行加固，然后镶钻。当时材质选定蟒蛇皮是一个非常大胆的决定，事实上富有纹理的蟒蛇皮衬托着具有光泽的黄金，再加上耀眼的白钻，极具视觉冲击力。这件作品获得了最佳设计奖。所以如何利用西方理念为我所用，同时又不丢弃传统元素是我们年轻设计师应该好好考虑的。

随着时代的发展，金店越开越多，国外商家大量涌入我国市场，工艺技术也越来越繁多，这就对传统提出了挑战。老凤祥在业界的口碑是众所

《福禄寿大如意》
金银细工摆件

周知的，老一辈用心血为我们打下了基础，我们年轻一辈如果在这场竞争中落败，承受的压力是可想而知的。我们要创新，力推符合时代需要的产品。90年代，我设计了一系列的金银礼品，比如用金箔制作金卡，在国内尚属首创，贺卡与首日封以优质卡纸为底板，里面嵌仅重1克、面积不足4平方厘米的四九金版，用十二生肖作为主题。因为它们既有收藏价值，又有鉴赏保值功能，因而走进了千家万户。后来我又尝试印章、挂件、金银雕刻装饰画等，这些东西成本都不太高，符合市民消费水平，送礼也很体面，所以销路一直很好。在探寻金银细工创新产品的道路上，真的是其乐无穷。

非遗保护　传民艺还看民众

我的众多职务中有一个是上海工艺美术博物馆馆长，我想从博物馆的角度来说说我们的工艺传承。上海工艺术美术博物馆位于汾阳路，是那幢有名的小白楼。2002年10月正式开馆，在馆内设立民间工艺（一楼）、雕刻（二楼）、织绣（三楼）三大展示厅及专业工作室，收藏了老一辈工艺美术大师精湛高雅的作品，其中不少作品已经是该专业的顶峰，至今无人可超越。所以我们能收藏这样一批作品进行陈列、展示，供人们观摩、研究，是非常幸运的。比如我们展出、保留的品种有绒绣、刺绣、灯彩、面塑、剪纸、玉雕、牙雕、木雕、刻漆、镶嵌、砚刻、竹刻、瓷刻、细刻、戏服、编结、工艺绘画等。在展示上我们相对突出作者的传承关系、制作流程、材料及工具的介绍并配以操作表演，"以人为本"的展示主导思想是与传统博物馆"以物为本"的展览有所区别的。这种活态的展演方式应该是对参观者、参与者最好的一种教育方式，让参观者知道我们中国有如此优秀的技艺，如果再不加以保护，我们的子孙后代可能就再也没有机会看到了。我们准备策划多种课程，面对市民开放，比如开展亲子手工体验课程、都市白领手作课程，还可以将作品送到学校去展示，作普及式的教育。我们还准备设立工艺大师工作室，不仅是为传承人提供一个良好的工作场所，同时也完善了宣传教育功能。

作为一名手工艺者，我觉得要有培养自己"粉丝"的魄力和能力。举个例子，大家都知道国粹京剧，就是因为有不少票友的追捧，所以到哪儿演出都有捧场的人。我们也要培养手工艺者的知音，只有懂得欣赏的知音，

《白玉兰》 金银细工摆件

才会有延续下去的工艺。为什么手工技艺会越来越少？就是少了欣赏的人，少了需要的人。所以要让我们的年轻一代，了解中国文化的博大精深，看到中国传统工艺的精美绝伦，而不是一味去追捧西方商品，要把消费观念、审美观念转变过来。学校教育要强调爱国主义教育，对中国文化的欣赏能力要"从娃娃抓起"，只有会欣赏本国的文化、本国的技艺，传承保护才有可能。所以非遗保护的工作，离不开培养国民的文化自信。

现在非常流行一个词："匠心"。我所理解的"匠"并非仅限于工匠及手工业者。我认为专注、执着于本真，再加上责任心就是工匠精神，而这样一种精神是应提倡并推行于社会各行各业的。我们每个人都应该以此标准运用到自己的工作当中去。对自己的工作专注，对自己的工作执着，对自己的工作负责任，有这样的专注、执着和责任感，还有什么事是不能做成的？作为中国的手工艺从业者，我们不以技艺精湛为傲，而要以一份随时间沉淀下来的平和心来对待自己从事的工作，这就是匠心精神。我也希望我们每个人都能以这样一份精神来成就自己的事业。

（本文由方云整理）

老凤祥金银细工制作技艺

老凤祥金银细工是在传承中国金银细工优秀技艺的基础上,形成的具有海派特点的金银工艺。老凤祥金银细工汲取中外工艺精华,以黄金、铂金、白银等贵金属为原料,镶嵌以各种天然名贵宝石,制成首饰、摆件及多种金银创新产品。老凤祥金银细工艺人在熔炼、拔丝、捶揲、范铸、錾刻、花丝、编织、镂空、烧焊等传统工艺技术的基础上,还完善、发展了抬压、镶嵌及磨钻工艺,达到国际顶尖水平。经设计、造型和工艺加工而成的金银细工作品造型新颖、工艺精良、坚守传统又不失时代感,不仅有极高的观赏价值,也兼具极高的收藏价值。

《八仙神葫》 金银细工摆件

2010年,联合国教科文组织总干事伊琳娜·博科娃在上海某创意园区观赏张心一的作品《八仙神葫》

张心一金银细工制作技艺作品

《18K 金蛇革镶钻女士项圈》

此件作品的创作灵感源于一只女士挎包。一天，张心一走在人潮攒动的大街上，在他前面有一位年轻的姑娘，背着一只精致的挎包，包上的蛇皮花纹激发了他的灵感。在初步完成项圈的设计稿后，张心一又奔走于各皮革研究所、皮衣厂、皮鞋厂、民族乐器厂，只为了寻觅理想的蛇革材料。随后，张心一将世界上最柔软的蛇革和最坚硬的金刚钻用黄金做缘，刚柔相济。作品的造型如航船上的风帆，又好似茎脉分明的秋叶。

《18K 金蛇革镶钻女士项圈》 金银细工首饰

《百龙舞舟》 金银细工摆件

《百龙舞舟》

张心一将中国传统的龙舟题材用金银细工技艺进行再创造,在构图上采用横S形和三角形叠加的方式,将亭阁与龙舟结合起来。该作品的龙头威严肃穆,两根触须飒爽舒展,用红宝石点缀的高凸的龙眼和龙嘴喷出银色的海水浪花,呈戏球状。龙须、龙尾飘洒自如,富有畅游天地大海的活力。龙舟中的亭台、围栏错落有致,与神采奕奕的百龙相得益彰。该作品在1989年荣获全国工艺美术"百花奖"金杯奖。

《盛世观音》

此件作品由张心一设计，吴蓓青、丁毅、王伟成、沈国兴等制作，选用象牙、黄金、翡翠、红宝石和紫檀红木等多种材质相结合，运用传统的金银细工技艺制作而成。作品中的象牙观音手持荷花，被环抱在金色佛龛的中央。佛龛以宝莲花、香莲花图案构成，用密镶和齿镶法，镶嵌着34颗红宝石、56颗珍珠。

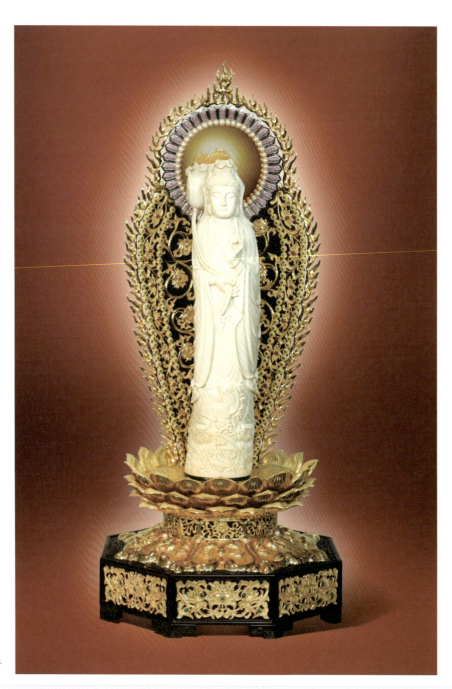

《盛世观音》
金银细工摆件

《织》

此件作品的灵感源于牛郎织女的传说,如一颗在太空中遨游的织女星,给人以纯净质朴的审美享受。作品构思新颖、造型简练、做工细腻,极富层次感和生动感。作者采用了钣金、抬压、镂空、焊接等金银细工技艺,将金属工艺的肌理美表现得淋漓尽致。《织》在1994年中国足金首饰设计比赛中获得第二名。

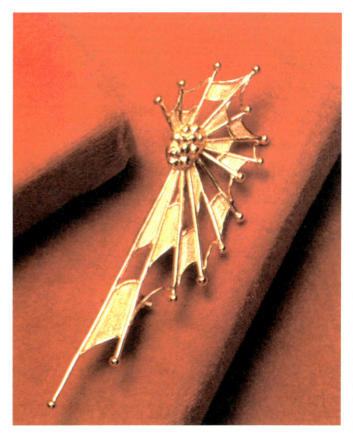

《织》 金银细工首饰

《飘逸》

此件作品具有浓烈的海派艺术特色和浪漫主义风格,构思新颖,款式秀美。作者运用金银细工传统的抬压、镶嵌等技艺,以金刚钻为装饰主体,18K黄金为架构材料,显示了丰富的艺术想象和高超的技艺水平。该作品在1990年第九届全国工艺美术"百花奖"评审会上获得优秀创作一等奖。1991年,又参加了在保加利亚举行的"国际青年发明奖展览",为祖国赢得了荣誉。

《飘逸》 金银细工首饰

张心一 —— 德艺双馨与动静华美

　　张心一是金银细工制作技艺的翘楚，其传承讲究德艺双馨。在师徒传承方面，张心一的选徒标准以"品"和"德"为首要条件，收徒众多，虽历经艰辛，但已经培养了一批德才兼备的优秀传人。张心一依托其所在的公司收徒，具有专业的传承环境，比较了解徒弟的为人，可以教授专业的非遗技艺，更好地开展同行业人群的交流工作。由于注重"品""德"传承，保证了传承人的道德修养，也就成就了传承人群体的传承自觉。在技艺与艺术追求方面，张心一的作品讲究动中有静，静中有动，动静合一，体现出金银器艺术的生命韵律。金银摆件，是静态的陈设，须有灵动的风采，如《白玉兰》《百龙舞舟》，栩栩如生。《18K金蛇革镶钻女士项圈》，则是动中有静，体现女士的静雅。首饰《飘逸》造型也是出奇地沉稳，其动态是借助女性的运动体现出来的。这些动静处理，符合艺术的辩证法，创造出华美的艺术精品。重德性，追求艺境，使得老凤祥金银器制作技艺长盛不衰。

7. 古筝传神韵　凤鹤发清音
——上海民族乐器制作技艺项目传承人徐振高

　　徐振高，1933年生，扬州邵伯人。10岁时，他离开扬州到上海学艺，1952年起从事乐器制作，1958年来到上海民族乐器一厂，1959年开始从事古筝的制作。徐振高学艺勤恳，一面努力继承师傅缪金林的制筝技艺，一面广泛学习筝艺文化知识，积极探究古筝制作的理念及其技艺奥妙。60年代初期，他与师傅缪金林共同研制成功S型岳山二十一弦古筝，不仅扩大了音域范围，而且美化了古筝的样式，如今，这个款式的古筝已成为全国古筝的通用样式，他也因此被业内誉为"古筝之父"。徐振高古筝制作技艺最突出的特点在于他勇于突破传统，不断探索创新，从创制十六根弦、十八根弦、十九根弦到二十一根弦古筝，从古筝的装饰、等码的调整到琴弦的改良、标准化制筝模式的引入，实现了古筝制作技艺发展的蜕变。从70年代开始，徐振高开始带徒弟，先后教出了100多名学生，这些新生力量成为上海古筝制作的骨干。2012年被评为国家级非物质文化遗产项目上海民族乐器制作技艺的代表性传承人。2014年获得中华非物质文化遗产传承人薪传奖。

徐振高口述

拜师学艺　薪火相传

1959年，我成了我师傅的接班人。那个时候，他身体不怎么好，领导就让他找接班人，但不好交接。后来，领导就让我去当接班人，我当时已经27岁了。1958年之前，我在城隍庙及合作社做乐器，1958年合作社改组整改，就有了我们现在的上海民族乐器一厂。当时我去一厂的时候还不是做古筝，是做三弦。后来选我当接班人，因为我比较能吃苦，做了好几年也有了技术。那时候师傅身体不好，我就要尽快学习手艺。师傅说："你要肯做肯干，要肯吃苦才可以，有什么问题我们都一起商量，苦了累了之后也要学会放松自己。"我每次改完一稿改二稿，有什么困难的地方就问问师傅，问问同事，师傅和同事再跟我讲解，我们就一起商量，把几方的意见融合起来修改。师傅常常跟我们说一些故事，讲他是怎么做古筝的，有时候他讲的没那么详细，我们就在自己做的过程中领会。

我从20多岁进入这个行业，现在已经有60多年的时间了，我感觉时间过得很快。到后来我自己带徒弟了，我对徒弟很严厉。有的徒弟是他们自己来厂里做事，我教他们，这些不是真正的徒弟。真正的徒弟是我到人家家里去选的，厂里再把他招进来，招进来还要考文化课。1970年我带了第一个徒弟，后来越带越多。我教徒弟时，首先要看人格品质，勤不勤劳，能不能吃苦，技术行不行，也要看文化程度，虽然是工人，但我们还是要求文化程度。要有文化和知识，没有文化和知识，有很多事情想办都办不好，无法改进，文化对创新有很大的推动作用。我不同意"名师出高徒"的说法，我认为是"严师出高徒"，我对徒弟是相当严

上海民族乐器制作技艺传承人徐振高

徐振高与徒弟在调试古筝

格的。我们都是通过点香拜师仪式之后才正式确定师徒关系的，我们吃住都在一起。跟我师傅一样，凡事都是商量着一起来，但我对古筝的制作很严格，任何环节都不能出现问题。我工作时是非常严格的，工作以外大家都是好朋友。徒弟一方面要传承吸收师傅的技艺，另一方面要继续创新。不仅仅是要做传统的古筝，更要创新，要有个性，要适应时代的需要。时代在变，我们也要活跃起来，不能停滞不前，要继续努力，跟着时代走，不然就要被淘汰。他们现在都很不错，有的成了有名的古筝制作师，有的成了管理古筝制作的干部，有的成了专家，他们又继续招徒弟，把我们的古筝制作技艺传承下去。

我觉得"匠心"和"工匠精神"就是一个人一定要有这种传承精神，口头上要和心里想的一样，要吃苦耐劳，师傅带徒弟，徒弟再带徒弟。有的人，你教他的时候，他说会了，可是做的时候又不会了；有的人，他说要传承，可是他心里没有真正这么想，这都是不行的。一定要多方面传承，要有好好传承下去的思想态度和精神，心里想的和做的说的都一样，同时自己还要刻苦，光传统的不行，要不断探索、不断创新。

制筝技艺　别具匠心

制作古筝最重要的是要有责任心。你做了这件事,就要把它当成是自己的理想,要肯下功夫。我始终都是这样的,以前我在城隍庙学做乐器的时候经常一个稿子改好多遍,不停地修改,一稿、二稿、三稿……修改到自己觉得基本上像样了,再请我们的店家去看,再商量再修改,这是一件很严谨的事情。在传统基础上还要不断探索创新。比如S型岳山古筝,之前的不是S型,之前的是斜型,一节一节拼起来的,有时候音色就不大均匀,后来我们就跟厂里的技术人员商量,看能不能借鉴潮州筝的制作方法,斜向拴弦桩。也是经过了好几稿,不断地修改创新,才设计出S型岳山,这能够更好地区分琴弦的高中低音,音色也更亮更均匀了,相当于变革。后来,又有许多专家来跟我们交流,提了一些建议,我又做了一些改良,比如筝码的规格和形状。琴弦也试了好多次,失败过后再继续尝试,最后才确定二十一弦。

过去的古筝和现在有很大不同,以前没什么花色,没什么装饰,刷的也是黑漆,没这么好看,两边一大一小,有些人看了感觉不大舒服。后来,

徐振高在制作古筝

我增加了好多花式，比如有龙、凤、鹤、松、梅、竹等，都是一些古色古香的元素。有些是我在城隍庙看到的图就把它画下来，再修改调整，拿给师傅和领导看，他们也同意，还给我意见，直到自己满意为止。现在就更多了，我们每年都开发几十种新品种的花板，至少有二十几种吧，还在不断地创新。有的创新成功了，有的没成功，没成功的就要继续修改。像"双鹤朝阳"是我们的知名商标，双鹤象征长寿，松树也象征长寿，两只仙鹤穿过松树飞向太阳，"双鹤朝阳"就有长寿的意思。还有"孔雀开屏""龙凤呈祥"，都象征吉利，寓意好又美观，买的人很喜欢。以前古筝没现在卖得这么多，有很多人都买不起。古筝也不像二胡、琵琶，比较好拿好带，古筝比较大，有的人觉得不方便。但现在人们条件好了，大家能买得起了，古筝的声音好听，音色也亮，所以买的人就多了。

徐振高在制作古筝

其实在创新的过程当中，有顺利的时候也有不顺利的时候。如开头不顺利，改稿一直改不满意，有的时候不知道该怎么办，但直到改好了把它做出来了，大家对此有好评，心中也就开心了。开心之余我也一直觉得，成功后还要继续努力，要不停地探索，发现新的东西。

非遗保护 "筝筝"日上

我在2012年被评为上海民族乐器制作技艺的国家级代表性传承人，但我感觉自己做得还不够，年纪大了，心有余而力不足。现在，国家对我特别关心，给我基本的生活保障。社会上我也有了名望，这促使我要行动，不能停下，要更加努力才行。1992年我就从厂里退休了，但是这么多年，我每个星期都会到厂里来，看看厂里的古筝制作，指点指点后辈的制筝技艺，他们有哪里没做好的，我就帮他们看看，指导他们，我还跟着民乐团到国外去宣传过古筝。

我们古筝市场的需求量是很大的，古筝卖得挺好的。1998年年底，卖了六七千台古筝，近20年过去了，现在每年能卖八九万台，包括传统的，也有新品种。现在全社会都在讲非遗保护，古筝制作技艺也是一样的。我觉得现在各个方面都还可以提高，音量、音色，还有音域、音质、音律都还需要提高，比如说音色的亮度、厚度都应该好好加强改良力度。现在，我们厂古筝的国内外市场都很好，"敦煌牌"古筝是非常有名气的，好多国内外的名家都用我们的古筝。除了制作常规尺寸的古筝外，还有一些小尺寸的，非常受外国人欢迎，因为有中国的传统文化在里面，既可以弹，又美观，还可以当装饰品。一台古筝，它用的材料不同，音色、音量不同，价格也是不一样的。王厂长说"外国是钢琴，中国是古筝"，因为古筝代表我们的传统文化。我们讲"万事开头难"，我做古筝也一样，一开始也是难的，但是每次创新成功、制作成功都是很开心的。其实，我觉得我没什么了不起的，一个人完全靠他自己是不行的，我也是靠领导的支持、群众的支持，还有自己的努力。人说"勤劳一辈子，活一辈子"，现在时代不同了，要跟着时代的需求走，还是那句话，要探索创新。

（本文由黎忠慧整理，上海民族乐器一厂提供采访支持）

徐振高在制作古筝

上海民族乐器制作技艺

琵琶、古筝、二胡是我国最具代表性的三大民族乐器，其制作原料以木材为主，木材种类对乐器音质的影响至关重要，乐器产品可分为普及品、中级品和高级品三个等级。上海为我国民族乐器的重要产地之一，制作技艺可追溯到清代乾隆、嘉庆年间。上海的古筝制作从无到有、从粗到精，融入了历史、色彩、美学等元素，结合了造型、雕刻、彩绘、镶嵌等工艺手法，有突出的文化价值和艺术价值。古筝历史悠久、音色优美、音域宽广，演奏技巧丰富，具有相当的表现力。古筝制作的关键工序是共鸣体制作和等码制作，包括琴框的制作，底板与面板厚薄的把控，琴框、面板和底板的镶嵌、胶合，等码与面板的配合等。徐振高是我国目前唯一的古筝制作高级技师，1963年，徐振高首创"双鹤朝阳"等四种木刻图案筝。1987年，"敦煌牌"二十一弦古筝被评为全国轻工行业优质产品。80年代末，上海民族乐器一厂对古筝的音质、工艺、装饰等进行了全方位的改良和创新，古筝花色品种不断翻新，老红木扦雕筝"梅庄琴韵"、老红木镶嵌筝"蕉窗夜语"、红木竹刻筝"风摆翠竹"等都很受欢迎。这些古筝将书法、绘画等文化元素与雕刻及骨粉、螺钿的镶嵌艺术相结合，具有浓厚的文化韵味。1998年，在全国民族乐器制作大赛中，上海民族乐器一厂的古筝包揽前三名。现在，民乐一厂已成为全国最大的古筝制作厂家，年产量达到八万多台。

徐振高与同事们在研究古筝图案设计

徐振高古筝作品

"双鹤朝阳"

在古筝界,"双鹤朝阳"久负盛名,"双鹤朝阳"不仅是"敦煌牌"古筝的经典花色,也是古筝在当代第一次拥有装饰花色。在20世纪60年代之前,古筝外观鲜有装饰,只是在琴体表面涂刷黑漆,加上古筝两端一大一小的样式,被人戏称为与棺材相似。徐振高突发奇想:"若将字画装饰艺术设计在古筝两端,既可提升古筝的关注度,又可突出古筝的外观工艺价值。"带着这个设想,徐振高在学习制筝技艺的同时,经常到上海的太仓路、城隍庙等有较多古建筑的地方获取古样在纸上描摹绘画。回到制作车间后,将纸上描摹到的花式画在古筝花板上,画完后再跑去城隍庙等地核对,然后再修改调整,如此反复直到满意为止。

1960年诞生的第一台S型岳山古筝上,就有由徐振高设计、经专业老师指导修改,以松、鹤、朝阳为主要内容的图饰花板。到后来S型二十一弦古筝流行开来的时候,人们把两只仙鹤穿过松枝飞向太阳的图案直观地称为"双鹤朝阳"。几十年传承发展下来,千年古筝的新面貌"双鹤朝阳"也已成为上海民族乐器一厂"敦煌牌"古筝的经典款式。此后,徐振高的古筝装饰创举得到了延续和拓展,1998年全国古筝制作大赛后,"蕉窗夜语""梅庄琴韵""香墨垂弦""五彩呈祥"和"玉影长驻"等数十种花色相继问世,多种雕刻、针刻、绢画、镶骨、漆画、珐琅等装饰性工艺融于古筝,呈现百花齐放、群芳争艳之势。

中华杰出工匠大工程系列
（第一辑）

"双鹤朝阳"（局部） 古筝

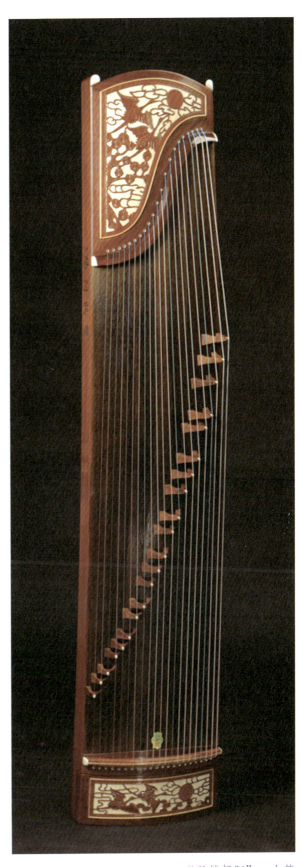

"双鹤朝阳" 古筝

219

徐振高——与市场互动的生产性传承

徐振高从艺多年,是民族乐器制作行业的泰斗级人物。他善于挖掘古筝背后的中华传统文化,加以研习,将其运用于乐器的制作。当市场上对古筝的需求量越来越大,徐振高便以敏锐的市场意识,积极组织古筝的生产制作。他善于与时俱进地满足消费者的需求,遵循非遗本身的规律,适时地进行文化创新。以面对市场需求为出发点,与市场互动,这是古筝制作技艺的生产性传承得以成功的前提。徐振高多年来善于选拔优秀的、合适的人才作为徒弟,严格按照传统的拜师礼仪,重视徒弟的品德培养,培养了大量的传人,有效传承了古筝制作技艺。与德性一样,高超的技艺是非遗传承的基础。徐振高制作的古筝,声音清越高亮,形制精美,如"双鹤朝阳"古筝,可谓艺术精品。

徐振高在调试古筝

8. 高超厨艺　高尚厨德
——功德林素食制作技艺项目传承人赵友铭

赵友铭，1954年生，浙江黄岩人，国家高级烹饪大师。1979年进入功德林学艺以来，厨师生涯已近40年，他长期致力于素食的研究和创新制作，将功德林素食文化发扬光大。1992年参加世界烹饪大赛荣获团体展台金牌；1993年受邀担任马来西亚吉隆坡素食馆总厨，精湛的厨艺在当地颇受欢迎，多家媒体对他进行过采访报道，并受到马来西亚卫生部部长李金狮的接见。1999年在昆明国家经贸宾馆素食厅担任主厨，参与组织了经贸宾馆创"吉尼斯中西自助餐品种之最"活动。2009年被评为国家级非物质文化遗产项目功德林素食制作技艺的代表性传承人。2010年担任上海世博园区功德林素食馆行政总厨，并荣获"上海世博园区服务保障先进个人"称号。

赵友铭口述

与佛有缘　服务大众

功德林的历史大概可以从 1922 年说起,最早的老板是赵云韶,他的老家在浙江台州。此前他在杭州做居士,后来上海南洋烟草公司的两兄弟邀请他来上海开素菜馆,当时叫功德林蔬食处。最早开在北京路那边,后来搬到了黄河路 43 号,那时的规模也蛮大的,三楼还设有佛堂,可供居士礼佛讲经。那时候功德林的素食,吸引了不少社会名流。功德林以前就做得蛮高档的,你要知道素菜馆以前都是有钱人消费的地方,真正的贫穷老百姓是吃不起素菜的。当时为了适应上海佛门弟子和素食食客的口味,功德林还特地从江浙等地聘请名厨,吸收扬帮菜的精工细作。所以,功德林素食的产生与存在可以用八个字来概括:"与佛有缘,服务大众",并巧妙地与中国传统饮食文化融合。将素食营养健康理念视为己任的功德林素食,将佛道、世理、人情相结合,以其独特的餐饮载体形式,向顾客传递着绿色、健康的同时也展现着其独特的餐饮理念。

我父亲从 1937 年开始就在功德林当学徒,而后在这里做菜一直做到 1979 年。父亲退休后我就接替他进入功德林。功德林在"文化大革命"的时候一度改名为立新饭店,那会儿功德林的菜品相对来说较单调,做的都是很大众化的菜肴。1978 年才恢复为功德林蔬食处,我进功德林的时候"文化大革命"结束了。改革开放以后,功德林的菜系等各个方面就重新恢复到以前的传统,而且还不断地创新,制作也越来越精细,制作原料、调味品也比以前丰富多了。那时候功德林的生意很好,因为 70 年代末 80 年代初,市里面的饭店不多,大多是国营企业。每天早上功德林的卷闸门一拉开,人像潮水一样涌进来,四个大厅一下子就坐满了。因为功德林与佛教的不解之缘,所以我们这儿也有不少信奉佛教的食客,尤其在初一、十五这些重要的日子,基本上都是爆满的。

80 年代,为响应"全国名店进北京"的号召,北京也开了功德林素菜馆。北京功德林开张的时候,当时的总经理罗来耀、另一个师傅和我去北京给他们做技术指导,在那边待了大概半年时间。后来过了五六年后,因技术交流我又去过一次，他们菜的口味与上海已大不相同了，这也是因为南北方口味的差别，他们要适应当地人的口味。刚开始那几年，他们也会来上海学习，后来慢慢地联系就少了，到现在基本上已经没什么联系了。

南京西路上的总店很大的，一楼卖些素面、素包子等，满足周围居民的早餐需求，二楼承办一般宴席，一桌大概在1500～2000元左右，三楼的规格比较高了，主要做一些高级宴席。黄河路上的店面相对就小一点了，前几年是会所，主要是会客，要有会员卡的才能进来，后来因为周边居民的强烈要求，才对大众开放。由于这边是老地址，所以老年顾客比较多，大多数人是因为怀旧，他们从小就吃着功德林的素菜长大，喜欢这种熟悉的味道。

现今我们越来越讲求健康、营养的饮食观念，因此这促使我们对自己的要求越来越严，不断地提升自己的水平来满足食客们的需求与口味。身在后厨的我们会经常听取由服务员反馈而来的消费者意见，不断地改进菜品的口味、色泽等。

我们当学徒的那个时候，重糖重油，重调味，现在我们讲求清淡自然、少油少糖，色泽上也更讲究。调味上会使用复合调料，但禁用任何添加剂，

赵友铭在制作素食

功德林素食制作技艺传承人赵友铭

所以绝对符合健康、绿色的理念。特别是宴席方面,现在做得都很精致,拼盘、造型呀,做成各种山珍海味,原料就是菌菇类、大豆蛋白类、海藻提取物类等,品种很丰富。现在还有魔芋类,包括素鲍鱼、素海参什么的,都是用魔芋粉加工出来的。

功德林素菜加工,对手工方面的要求还是蛮高的,比如做造型,尤其是素菜荤做,色、香、味、形都要具备。首先样子要像,再次烹调方法也要对,要做得像真的一样,让食客们看着就有食欲。在手工加工方面,功德林有一套自己的特殊加工方法。比如冬笋不用刀切,而是用刀尖撕开,拉出纤维,烹调时便于入味;烤麸一条一条撕开,炸干水分重新吸收卤汁等。外面的素食加工好多都达不到这个要求。"素菜荤做",其实是借鉴荤菜的烹调方法——炸、溜、爆、炒,这样加工出来的菜品更加入味,口感也会更好。比如说黄油蟹粉,这道菜主要就是调味,糖呀、盐呀、醋呀,再加上一点姜末,调到恰到好处,蟹的味道就出来了。土豆泥代表蟹肉、胡萝卜泥代表蟹黄,再配上香菇丝,这样,色、香、味、形就都有了。

学无止境　精益求精

我进入功德林从基本功学起,刚开始做一些原料的粗加工。在我学艺的那个年代,老师傅相对来说还是比较保守的,当时有句话说"教会徒弟,饿死师傅",会做不难,做好做精确实要下功夫,所以关键还是要看自己的勤奋程度、积累和能力。走出去天地宽,每当有各大酒店的展示活动,我就带着相机,学习其他菜系的精华,借鉴他们的烹调技法,为功德林的素菜所用。

1989年,我利用业余时间在上海文化生活技艺专修学校学了大概一年多的雕刻技术,主要是为了进一步充实自己。因为学无止境、山外有山,做菜不仅要做得好吃,还要做得漂亮,讲究造型,雕刻能提高菜的档次。色、香、味、形俱全的菜,消费者吃起来心情也会更好。当然,除了不断提高自己的技艺,更要不断反思、改进,做一个有厨德、有追求的创作者。我觉得作为厨师,我最大的快乐就是制作的创新菜肴能被顾客接受,得到他们的好评。2003年、2004年,我在功德林做菜已经很长时间了,但我还是会去外面考察,包括福建厦门、安徽鸡公山等与素食有关的地方,去学习、借鉴他们的精华,充实自己。

1993年,我有幸去马来西亚吉隆坡素食馆担任总厨,在那儿待了大概两年多三年不到的时间。那个时候是因为"技术输出"的政策,公司便派我过去。我在那边主要是教他们一些素食的制作方法,还带了一些徒弟。其中有一个是现在很优秀的滇菜大师,在昆明做素食做得很不错。他在吉隆坡跟了我两年左右,再加上他本来是做荤菜的,有不错的功底,学得很快,他自己也很有兴趣。

马来西亚这两年多的生活体验,开阔了我的眼界。因为90年代初,国内素菜市场原料加工技术相对落后,功德林的技艺也停留在初始阶段,但东南亚那时的经济发展很快,素食市场已经发展得很兴旺了。特别是新加坡等地的素食加工技术已领先我们很多,当然传统技艺方面是我们的强项,所以结合他们先进的加工技术和我们的制作技艺,我在当地传播素食制作技艺取得了很好的效果,这对弘扬我们的饮食文化具有很大的意义。

赵友铭的素食作品

赵友铭的素食作品

吉隆坡《星洲日报》大幅刊登《上海功德林，香飘吉隆坡》的文章并配以素食佳肴照片；马来西亚的妇女杂志连续五期专栏刊登《非一般的素食》；后来妇女杂志再次刊登素菜《莲池美景》的图片，《南洋商报》《新通报》都多次采访报道。在一次向吉隆坡推介素月饼的仪式上，我有幸受到马来西亚卫生部部长李金狮的接见。

1999年，我被委派到昆明国家经贸宾馆素食厅任主厨，在那儿我积极参与组织了经贸宾馆创"吉尼斯中西自助餐品种之最"活动，并获得荣誉证书。2004年，我们公司在杭州的河坊街开了一家功德林素菜馆，在那边我当了5年的主厨。2009年因为房租合同到期，我们便回到上海。2010年，对我们上海来说是很重要的一年，世博会在这里举办。这也是让我印象很深的一年，我担任世博园功德林素食馆行政总厨，荣获"上海世博园区服务保障先进个人"的称号。那段时间虽然很忙，要接待来自新加坡等地的300多位佛教代表，但是我还是很高兴能有机会宣传功德林的素食技艺，发扬功德林的素食文化。这些经历都给我积累了不少经验与制作心得，对我不断提高、改进自己的制作技艺和制作理念都有很大的帮助。从我的第一次获奖作品《年年有余》，到2012年亚洲素食文化论坛暨上海功德林90周年庆典时展出的作品《功德吉祥宴》，我不断创作、不断改进，就是希望这门技艺越来越精、越来越深。

百年老店　火尽薪传

功德林作为具有百年历史的老字号，早已名扬海外，知音众多。成为拥有上海非物质文化遗产称号的餐饮企业之后，前来功德林品尝素食的客人越来越多，越来越年轻，这使我们对菜肴、对自己的要求越来越高，不但强调安全性强、等级高、品质好，还要求原材料新鲜度高、具有养生功效，少用复合调料，为的就是让食客吃得更营养和更加放心。我们将食品加工视作企业发展的新动力，旗下的端午粽子，口感好，营养佳，深受老百姓的喜爱；这几年净素月饼的知名度与日俱增，销售量明显增长；旗下的休闲食品、净素菜肴，更是受大众的喜爱。在新经理徐云祥的带领下，功德林素食越做越好，年产值已经过亿元。

功德林素食制作技艺被评为国家级非物质文化遗产保护项目，对我们企业来讲，使功德林这块招牌的含金量更加厚重，市场占有率进一步扩大，企业文化呈良好的发展态势。同时作为传承人我也多了一份责任和义务，在传承经典的同时更要适应市场，创新发展，努力为单位创造经济效益。我们公司将举办拜师大会，大师级的师傅每人要带一个徒弟。虽然我退休已经两年多了，但是在功德林做了几十年，感情是很深厚的，之所以还坚持在功德林上班就是因为喜爱这个事业，想继续做下去。但是我比较惋惜的是，因为这项工作比较辛苦，收入也不是很高，再加上外面的诱惑很多，所以有些人学到一定程度就走了，现在职工的流动性很大，不像我们进来的时候就是一门心思要做到退休。很希望有能坚持、肯学、肯吃苦耐劳的下一代把这门技艺继续传承下来，发扬我们的素食文化，这门技艺只要年轻人想学，我可以毫无保留地传授。作为非遗传承人，把这门技艺传承下去更是我义不容辞的责任与义务。

（本文由肖圆整理）

功德林素食制作技艺

自1922年赵云韶居士在上海创办了功德林蔬食处,把寺庙素食推向社会以来,它已经历90多年的风风雨雨。功德林素食的制作技艺经数代传人的精心传承与创新,已形成其独特风格。其制作原料以豆制品类、魔芋类、大豆蛋白类、菌菇类等为主,秉持选料精细、制作考究、手工工艺等制作原则,利用荤菜的烹调方法,制作形态逼真的美味佳肴。其菜品繁多,口味多样。2008年6月,功德林素食制作技艺以其厚重的历史积淀、独特的制作技艺以及创新的素食文化特色,被国务院认定为国家级非物质文化遗产,并由文化部颁发牌匾。

赵友铭素食作品

《梅花海参》

梅有一奇,即枯木逢春,愈老愈显得苍劲挺秀、生意盎然。"一花天下春,江山万里雪。"梅铮铮铁骨、浩然正气、傲雪凌霜。此菜为功德林创业 95 周年店庆而创作,象征功德林百年老店,焕发青春。

《梅花海参》
素食作品

《竹报平安》

竹报平安,原指平安家信,古往今米,文人墨客多有咏颂竹子的诗句,因此竹子也被赋予了生命力、长寿、气节的寓意。此菜选料高档、做工精细、造型美观、口味清脆爽口,并被赋予平安吉祥、延年益寿之美好寓意,受到海内外宾客的一致好评。

《竹报平安》 素食作品

《莲池美景》 素食作品

《莲池美景》

  此菜在传统的基础上更有创新，选择莲花、莲蓬是因功德林素食"与佛有缘，服务大众"，以提倡健康膳食为宗旨，而莲花与佛教的关系十分密切，可以说"莲"就是佛的象征。此菜造型高雅，特别深受与佛有缘的食客们的喜爱，心如莲花，人生才会一路芬芳，这也体现了食素人的心态。此菜寄寓了健康平和、禅定无烦恼、心如莲花开的寓意。

《年年有余》

此菜是功德林传统菜之一，在传承的基础上加以创新，做工更加精致，造型摆盘精美，曾在第一届世界烹饪大赛上获奖。此菜也是功德林年夜饭餐桌上必不可少的一道菜肴，象征富贵、生活富足，寄托着人们对美好生活的愿望，愿花开富贵，年年有余。

《年年有余》 素食作品

《松鹤延年》 素食作品

《松鹤延年》

《松鹤延年》这组群雕，是为功德林创业 90 周年而创作的，在 2012 年的亚洲素食论坛上获得展示。选择以松鹤题材来烘托吉祥宴也具有深远的喻意。松，傲霜斗雪、卓然不群，因其树龄长久、经冬不凋，被用来祝寿考、喻长生。鹤，被道教引入神仙世界，因此，鹤被视为出世之物，也就成了高洁、清雅的象征。两种仙物合在一起，即是祝人如仙鹤般高洁、长寿，充分体现功德林素食健康、延年益寿、如意吉祥的寓意。

赵友铭——素食技艺的创新与传承

赵友铭从事素食制作几十年，制作技艺炉火纯青，在国内外获得过多项荣誉。赵友铭本人及其作品为国内外的报纸、电视等媒体所报道和评论。赵友铭素食制作的关键在于不断创新与提升，如"素菜荤作"，把素食的食材雕刻制作为万千形态的花鸟虫鱼，惟妙惟肖，大大增强了饮食的乐趣。一道菜就如一幅国画，有美不胜收之感，素食真正演为美食。赵友铭南下北上、国内国外传播中国素食文化，创新性传承，用功甚勤。在生产性保护方面，赵友铭及其所属的功德林素菜馆一直走在市场化的路上，具有敏锐的市场意识，对素食进行创意创新的开发。他还一直致力于素食传人的培养，讲究师德，具有传承非遗项目的使命担当。让上海非遗项目走出上海，走出国门，这是一种能力，更是一种胸襟和气概。

戏曲音乐名家

1. 洒向人间都是笑
——独脚戏项目传承人王汝刚

　　王汝刚，1952年生，上海人。著名滑稽戏、独脚戏表演艺术家、国家一级演员、中国曲艺家协会副主席、上海市文联副主席、上海曲艺家协会主席、上海市人大代表主席团成员、上海文史研究馆馆员，享受国务院特殊津贴。王汝刚是当代家喻户晓的喜剧明星，中国滑稽界、独脚戏的领军人物。2009年被评为国家级非物质文化遗产项目独脚戏的代表性传承人。王汝刚艺术功底深厚、表演自然洒脱、通晓多种方言，长期从事滑稽戏、独脚戏艺术的表演和创作，将现代生活与滑稽艺术有机融合，丰富了滑稽艺术的内容和形式。他演出的滑稽戏《七十二家房客》《活菩萨》《复兴之光》《幸福指数》《今夜困不着》等均超过100场，主演的滑稽戏《明媒争娶》荣获"白玉兰奖"的主角奖。演出的独脚戏《征婚》《补婚》《请保姆》《头头是道》已成为久演不衰的保留曲目。其中独脚戏《爱心》荣获全国曲艺最高奖"牡丹奖"。王汝刚还参与拍摄多部电影和电视剧，其中电影《股疯》荣获国家电影大奖，广播剧《滑稽王小毛》荣获国家广电部大奖。他还出版《戏话连篇》《自报家门》《上海滩老娘舅》《智者十发》《幸福人生笑嘻嘻》《海派滑稽》等专著，讲述滑稽艺术历史，传递曲艺人的正能量。

　　王汝刚作为滑稽戏、独脚戏的掌门人，注重培养曲艺新人，投身保护和传承上海方言的实践，为海派文化的传承发展贡献力量。2006年他被评为"全国德艺双馨文艺工作者"，2010年担任"世博会上海馆祝福大使"。在王汝刚的带领下，上海人民滑稽剧团打破了地方语言限制，涉足全国20多个省市，远赴新加坡、日本、美国、澳大利亚等地进行文化交流。滑稽戏、独脚戏正以自己独特的语言和形式向世界讲述着"中国好故事"，传承中华优秀文化，将中国的非物质文化遗产的魅力传递给大众，展现给世界。

王汝刚口述

艺海多风浪　实践出真知

我叫王汝刚，是名滑稽戏、独脚戏演员。人生经历比较丰富，上过学，插过队，做过赤脚医生和工人，唱滑稽、演小品、拍过电影、写过书。我从小喜爱文艺，那时，我家住在大世界游乐场附近，因此经常去那里看戏，大世界游乐场可谓我成长的戏剧摇篮。1974年，我在上海表带厂医务室做医务工作，1978年，我参加了虹口区业余曲艺队，在老一辈滑稽艺术家的带领下，从此进入了艺术之门。

我接触的第一个滑稽戏是《满意不满意》，原先导演分配给我的只有三句台词，但是我在舞台上把3句台词演绎成30句，受到好评。我被担任艺术指导的滑稽表演大师杨华生、笑嘻嘻、绿杨看中，他们邀请我加入上海人民滑稽剧团。他们说，剧团将排练滑稽戏《七十二家房客》，其中一名扮演"小皮匠"的演员不幸在"文革"中被迫害致死，他们希望我能加入剧团，扮演"小皮匠"。但是我的父亲和母亲晚来得子，家族中有不少知识分子，因此父亲坚决反对我从事"下里巴人"的滑稽艺术。万万没想到，杨华生和笑嘻嘻老师竟然亲自登门拜访我的父亲，做了说服工作。我父亲这才放弃了原有的想法，我如愿以偿地加入剧团，在《七十二家房客》中扮演小皮匠。从此，滑稽界有了"刘备三顾茅庐请出诸葛亮，大师登上阁楼请出小皮匠"的说法。

我投身滑稽艺术，到目前已有40年了，这辈子，我没有做过其他的事情，只做了这个行当。我信奉这句座右铭："从事喜剧艺术，信奉严肃人生。"

独脚戏传承人王汝刚

王汝刚讲戏

我的舞台生涯从"三小"开始。"三小"是指我在戏中扮演的角色,如《七十二家房客》中扮演"小皮匠",《苏州两公差》中扮演"小京官",《糊涂爷娘》中扮演"孙小宝"。这"三小"受到了观众和专家的好评。多年来,虽然艺海多风浪,我目睹了滑稽艺术发展的历史沧桑,但我始终无怨无悔,乐此不疲,愿意努力推动滑稽艺术的发展,将快乐和笑声回馈给社会与人民。

滑稽艺术是上海土生土长的艺术,它发展到今天大概有100多年的历史。滑稽艺术分两类:一类是滑稽戏,属于戏剧范畴,一类是独脚戏,属于曲艺范畴。这两种艺术都是江南百姓喜闻乐见的艺术样式,但是它的存在和发展之路是极不平坦的。

新中国成立初期,一批滑稽老艺人怀着深厚的阶级感情,创作了一批贴近时代的新作品,如滑稽戏《活菩萨》《天亮了》《红姑娘》《样样管》等。他们在剧场、电台、游乐场演出,深受观众欢迎,据统计,当时滑稽艺人数量近500人。由于种种原因,滑稽艺术的发展几起几落。特别在十年动乱中,滑稽艺术受到摧残,剧团被迫解散,艺人下放到工厂、农村,滑稽艺术遭遇了灭顶之灾。十一届三中全会后,各项工作拨乱反正,滑稽艺术重新出现在文艺百花园里。1978年,我加盟了上海人民滑稽剧团。当时我是剧团里唯一的青年演员,目睹了剧团从无到有、从弱到强的发展史。

刚建剧团的时候,条件很困难,一切都须白手起家。记得滑稽大师杨华生和笑嘻嘻到万体馆参加公演,竟然连一件像样的演出服装都没有。最要命的是,他们身体都十分虚弱,必须靠打针吃药才能维持演出。我看在眼里,痛在心里,内心十分难过,为剧团和个人的前途深感担忧。经过排练,滑稽戏《七十二家房客》正式上演,这出剧目是剧团的原创剧目。上演后,风靡整个上海,出现了一票难求的状况,我看到了滑稽艺术的希望和前途。

步入21世纪以来，电视、电脑等新媒体冲击着传统艺术，加上普通话的普及，使滑稽艺术受到了前所未有的考验。上海小孩不会说上海话，这成了上海市民的集体担忧。所幸，中央下达了关于非物质文化遗产保护的相关政策和文件，犹如旱天甘霖，给我们滑稽从业人员以莫大的支持和鼓励。

2000年，我在大家的支持下担任了剧团团长和艺委会主任。我着手在滑稽艺术传承创新方面做了几件事情，在社会引起较大反响。首先，我们打破了"滑稽不过长江"的惯例，努力消除语言隔阂，赴外地演出时，应用多种通俗易懂的方言，表演人物性格，演绎精彩剧情，取得了良好效果。剧团走遍了全国20多个省市，涉足江苏、浙江、广州、四川等地，所到之处均给当地观众留下了上海滑稽艺术的深刻印象。其次，剧团打破门户之见，鼓励演员积极参加各种海派艺术活动，让市民从电视、广播、舞台等多方面了解滑稽艺术，领略滑稽艺术的魅力。比如，我们参与演播的广播剧《滑稽王小毛》，非常火红，得到国家级嘉奖。又如，全团演职人员参与拍摄电影《股疯》和《股啊股》，与著名演员潘虹、刘青云、宋丹丹、傅彪合作，及时反映社会现实，扩大了剧团的影响力，得到社会各方好评。此外，2006年，中国外交部和文化部在日本举办"中日友好月"，我们剧团把经典剧目《七十二家房客》搬到日本去公演，在东京和大阪连演六场，好评如潮，场场爆满，得到了中国外交部、文化部和上海有关部门的嘉奖。

各级领导对我们滑稽剧团很关心，他们认为，剧团虽然是一个区属的团体，但是能够在全国乃至世界产生影响，实属不易。所以，1997年在我从艺20周年，我们剧团举办团庆活动的时候，时任中共中央政治局委员、国务院副总理的吴邦国同志亲笔题词"洒向人间都是笑"；2007年，欣逢上海人民滑稽剧团成立30周年，时任中共中央政治局委员、中共上海市委书记的俞正声等领导也发来热情洋溢的贺电和贺信，给剧团全体同志和我本人以极大的鼓励。

传承接班人　匠心修正果

目前，我把主要精力放在管理剧团和培养接班人上。剧团总共招过三到四批的青年人。虽然有关部门对青年人学艺的政策已经很宽松，但是，社会环境和现实情况对艺术的发展并不利，主要是现在独生子女比较多，家人不愿让孩子吃苦学艺，再者，青年人智商很高，选择也多，有很多发展路径可走，能有多少人甘于寂寞来参加传统表演？在我印象中，20世纪80年代，剧团第一次招生的时候，报纸登出简章后，整个上海沸腾了，足有3000多人来报名。现在的情况就不能同日而语了，最近的一次招生只有几十个考生。不仅是滑稽艺术面临招生难的问题，沪剧、昆剧也遇到同样的难题，所以我呼吁有关部门能够给予艺术团体和个人更加优惠的政策。

培育一个出色的滑稽演员并不容易，成功率并不是很高的。因为滑稽艺术是一门比较难以掌握的艺术，它不同于其他剧种，既要讲究艺术，又要掌握技术，同时还要引人发笑，这是非常不容易的。因此，我们鼓励广大演员要扎根生活，在生活中汲取营养，捕捉笑点。

培养人才必须把眼光朝下看。所谓朝下看，就是从爱好艺术的青年中间寻找好苗子。我曾经带着剧团进入社区、学校，为观众带去了欢歌笑语。同时，这也是青年演员与观众广交朋友、推销自己、扩大影响的好机会。此举取得了较好的社会效应和票房价值，从而达到寻求艺术知音、扩大艺术队伍的效果。我也鼓励青年演员上电视、上电台，宣传滑稽艺术，增强个人魅力。我还带着青年演员走南闯北，让更多的人喜爱滑稽艺术，领略它的魅力。我有个梦想，虽然无法让全国人民喜欢上海滑稽戏，但是应当让全国人民知道上海滑稽戏。

实践证明，这些措施行之有效，剧团青年演员非常要求上进，在全国和地方的各类赛事中取得良好成绩，比如钱懿、陈靓得到了中国曲艺家协会颁发的"牡丹奖""新人奖"，入选"培英计划"。不久前，陈靓出访法国，得到法国驻华大使亲笔签署的"卢浮奖"。更多的青年人已经在舞台上、电视上受到观众的认可，成为追捧的对象。青年演员潘前卫已经走上领导岗位，担任剧团副团长。

各个剧团培养学生都有自己的做法，我们剧团采取的方法是"统一教学，普遍提高，发现苗子，重点培养"，这是长期以来在实践中积累的经验。又如，滑稽演员十分讲究方言，我们就采取"方言月"的方法来传播方言。比如把这个月定为"苏州月"，那就意味着全团人员都必须讲苏州话，把下个月定为"扬州月"，全团人员必须讲扬州话。这样一来，方言的水平就大大提高了。其实语言传播主要是个环境的问题。我们还利用到外地演出的机会，带领青年演员下社区、走市场，鼓励大家用当地方言和群众交谈。如此一来，方言的基础就比较扎实，一般演员都能讲七八种方言。传统独脚戏有个段子《十三个人搓麻将》，它就要求演员用13种方言汇合在一起来表演，像这种基本功很强的节目，我们团的青年人基本上都能继承下来。唱功方面也是如此，有个上海说唱叫作《金陵塔》，内容包括很多绕口令，这也是剧团要求青年演员必做的功课。

培养演员的途径很多：一种是正统办学，也就是通过戏曲学校、戏曲学院让青年人得到正规教育；另外一种是随团学艺，这是一种传统的学习方式。目前看来，这两种方法都有利弊得失，如果可以融合在一起进行，那效果会更好。即首先在正规的学校学习，特别是学习文化知识，接受基础教育。然后再随团实习，采用师父带徒弟的形式，让年轻人得到锻炼。大家都知道，舞台实践能够收获书本上得不到的知识，使个人快速成长和发展。师带徒虽然是个传统方法，但是老师和学生长期相处，比较了解学生的优缺点，通过取长补短，可以做到扬长避短，把学生最光鲜的一面展现在舞台上。

追求高品位　笑匠无斧凿

搞艺术的人一定要有一颗执着的匠心。为什么我把自己定义为"笑匠"？这并不是谦虚。要当好一名合格的笑匠，并非容易的事。要有"笑匠无斧凿"的执着精神，终身学习，拓宽视野，深入生活，力求做到滑稽艺术雅俗共赏。

记得当年，我主演滑稽戏《明媒争娶》获得"白玉兰奖"主角奖时，文艺界前辈黄

独脚戏传承人王汝刚

佐临、张瑞芳、袁雪芬等向我祝贺，京昆大师俞振飞给我的题字就是"笑匠无斧凿"这五个字，这使我激动万分，受益无穷。这是老艺术家对我的厚望。

我要热爱生活，保持旺盛的创作热情，努力创作新作品，把对艺术的理解融会在作品中，用笑声丰富民众生活。2006年，我当选为上海市非物质文化遗产滑稽戏和独脚戏的传承人，2009年，我又被评为国家级非物质文化遗产项目独脚戏的传承人，我深感任重道远。我应当努力工作，在教育学生、传承好戏的同时，上传下达，及时反映广大文艺工作者的需求，积极和政府有关部门沟通，为高层设计作参考。现在，滑稽剧团没有固定的专业剧场，很难适应市场和观众的需求，自身发展比较困难。另外，在传承工作中，要把剧目选择好，应当选择一些久演不衰、充满正能量的剧目，列为保护项目，代代相传。以前老先生教导我们的话很有道理，他说："一个剧团如果经常上演新戏，未必是一个好现象，说明上演的剧目观众不爱看。一个戏如果能够演一年半载，那才称得上是好戏，这就是艺术生产规律。"所以，我要求剧团编剧不必强求剧目的数量，而是应当重视剧目的质量。还有一点个人的看法是，我觉得有必要简化舞台美术，戏曲观众关注的是剧情和演员的表演。

我喜欢叶剑英元帅的两句诗："老夫喜作黄昏颂，满目青山夕照明。"在太平盛世的今天，作为传统艺术的传承人，我应该努力工作，为繁荣社会主义文艺事业，实现中国梦贡献应有的力量。

（本文由席姝妮整理）

独脚戏

独脚戏是一种20世纪新兴的曲艺曲种，早期由一人演出，艺术上受到江浙沪一带流行的"小热昏""唱新闻""隔壁戏"等说唱形式的影响。流行于江浙沪一带，以吴语为主，运用多种方言演出。1920年前后，上海文明戏艺人王无能在堂会客串演出时，由一人说笑话、讲故事、唱京戏、学方言，扮演多种角色，自称"独脚戏"。1927年，王无能正式以"独脚戏"挂牌演出，被称为"老牌滑稽"。同年，杭州人江笑笑来沪表演滑稽艺术，被称为"社会滑稽"。不久，上海人刘春山从事滑稽艺术，被称为"潮流滑稽"。这三人的独脚戏独树一帜，后人称为"滑稽三大家"。独脚戏曲目丰富，内容包罗万象。民国时期有"拓荒者"之称的徐卓呆曾编演过《谁先死》《阿福上生意》等，为独脚戏留下了一批重要作品。王无能编演的《各地堂倌》《宁波空城计》《哭妙根笃爷》，江笑笑与鲍乐乐演出的《水果笑话》《火烧豆腐店》《大闹明伦堂》，刘春山演出的《游码头》《汪家大出丧》都给市民留下了深刻印象。新中国成立以来，一批滑稽艺人组建上海大公滑稽剧团，演出了《七十二家房客》《糊涂爹娘》《苏州两公差》等剧目，深受观众欢迎。十年动乱中，剧团被迫解散，演员下放工厂、农村，滑稽艺术遭到了摧残。春风化雨又一春，1978年，以原大公滑稽剧团为主体，吸收部分优秀演职员组建的上海人民滑稽剧团成立，专门从事独脚戏和滑稽戏的表演创作以及人才培养事业。建团40年来，产生了一批好剧目，涌现了一批好演员，其中以王汝刚为代表的八个"小滑稽"已成为承上启下的中流砥柱，滑稽戏《七十二家房客》《明媒争娶》《活菩萨》《复兴之光》《幸福指数》，独脚戏《征婚》《请保姆》《头头是道》《爱心》成为久演不衰的保留曲目，其中《明媒争娶》获"白玉兰奖"主角奖，独脚戏《爱心》荣获全国曲艺最高奖"牡丹奖"。2008年，独脚戏入选第二批国家级非物质文化遗产名录。

王汝刚经典独脚戏、滑稽戏作品

《爱心》

王汝刚和李九松从20世纪80年代初开始合作表演独脚戏,双方配合默契,珠联璧合,深受观众欢迎。

王汝刚师承杨华生、笑嘻嘻、绿杨等艺术家,他追求高品位的幽默,表演自然流畅、轻松洒脱、节奏感强,善于运用各地方言,扮演各种人物形象。生动的方言和灵巧的肢体语言,使他形成自然、轻松、传神、细腻的表演风格。

李九松出身梨园世家,师承滑稽泰斗文彬彬,颇得文派表演的真谛。他的表演经验丰富,风格鲜明,尤其擅长添加即兴台词,往往有出其不意的神来之笔。与王汝刚长期合作,成为江南家喻户晓的"黄金搭档"。

独脚戏《爱心》中,王汝刚在短短的十几分钟内,现场扮演老、中、青不同年龄层次和性别的人物,丰富了独脚戏"一人多角"的表演手段。节目再现了社会各界踊跃为希望工程捐款捐物的场面。该节目被中国曲艺家协会评为"牡丹奖"表演奖榜首。

《复兴之光》

步入21世纪以来,日新月异的城市建设成了市民的集体记忆。在滑稽戏《复兴之光》中,王汝刚扮演了主角"阿福",这个角色从17岁开始,演到107岁,年龄跨度之大、表演过程之难,可想而知。由于王汝刚紧紧地抓住了人物性格,从故事发展的脉络中,寻找表演的路数,运用"笑中带泪,苦中带笑"的表演手法,淋漓尽致地表现了一位百岁老人的心路历程,让人感受到人间沧桑,使人认识到只有在共产党的领导下,劳动人民才能当上主人翁。王汝刚的表演得到专家和观众的好评,该节目曾入选"建国六十周年祝贺剧目"。

《七十二家房客》

滑稽戏《七十二家房客》是一出经典的喜剧，它诞生于20世纪50年代，揭露了旧社会恶霸流氓鱼肉乡里、欺压房客、作恶多端的行径，表现了众房客众志成城，团结一心和恶势力进行不屈不挠的斗智斗勇。该剧印证了一句老话"多行不义必自毙"。

"文革"结束后，滑稽戏《七十二家房客》复演，王汝刚在剧中扮演"小皮匠"一角，英俊的扮相、悦耳的唱腔受到了观众的喜爱，从而奠定了他在滑稽舞台的地位。

为了传承与保护非物质文化遗产滑稽戏，2002年，上海人民滑稽剧团决定恢复上演《七十二家房客》，由于年龄关系，老演员大部分已告别舞台，作为传承人的王汝刚，毅然挑起重担，他和毛猛达、张小玲等剧团骨干一起，克服种种困难，终于使这出经典剧目重现在滑稽舞台上。

为了培养滑稽事业接班人，王汝刚把青年演员推向舞台，让青年演员扮演"小皮匠"，自己则在剧中扮演"流氓炳根"。这对他来说是一次严峻的挑战，不仅要突破以往的舞台形象，还要接受观众和老艺术家的检验。由于他日趋成熟的艺术功底和勤奋的从艺态度，终于圆满地塑造了这个角色，该剧目获电视节目技术质量奖（金帆奖）二等奖。

《七十二家房客》剧照

《明媒争娶》

在古装滑稽戏《明媒争娶》中，王汝刚反串扮演媒婆"杨玉翠"。这个形象得到了专家和观众的喜爱与认可。他运用戏曲的"身、眼、手、法、步"，把一个古代媒婆的形象演绎得惟妙惟肖。这媒婆丧失了丈夫，在死亡线上苦苦挣扎，因此她是封建社会的牺牲品，但是，她又是一个封建礼教的殉道者。她利用做媒，胡言乱语，谋取不义之财，特别是丑八怪财主金大鹏异想天开，要娶才女为妻，杨玉翠贪图钱财，居然满口答应。不过这个媒婆毕竟天良未泯，在真和美、假和丑的面前，产生了恻隐之心，设下妙计，终于让有情人成了眷属。王汝刚在该剧目中有出色的表演，荣获"白玉兰奖"表演奖。

《明媒争娶》 剧照

《幸福指数》 剧照

《幸福指数》

《幸福指数》中,王教授年老体衰,从国外回到故乡安度晚年。他生活在小区中,深感社会的温暖和邻居的亲情,同时,也看到了一些不尽人意的现象。比如,他发现住在同一小区的戴阿姨,为人豁达乐观,逢人便夸耀自己的生活幸福指数高,背后却隐藏着辛酸和无奈,她的三个子女以各自的理由终日啃老。王教授义愤填膺,毅然亲自出马,为解决这起家庭矛盾投入了自己的智慧和心血。在他的启发下,戴阿姨儿女的良知被唤起了,他们决心痛改前非,终于让戴阿姨的幸福指数得到了提升。该节目曾荣获"上海市新剧目优秀剧目奖"。

王汝刚——欢乐的领导力与传承力

　　王汝刚是家喻户晓的滑稽戏、独脚戏表演艺术家，在艺术界享有很高的声誉。从"小皮匠"开始，王汝刚的喜剧艺术征服了上海，把上海滑稽戏、独脚戏推向了一个前所未有的高度。作为欢乐的符号，王汝刚给上海人与上海文化留下了不可磨灭的印迹。滑稽戏、独脚戏的空前影响，是与他这位团长的称职领导密切相关的。自他担任剧团团长以来，无论是突破地域之限辐射国内，突破舞台之限走向媒体，还是突破国界之限走向国外，都是滑稽戏、独脚戏传承的大手笔；在培养新人方面的普遍提高、重点培养的模式也十分有效。王汝刚注重通过"非遗进学校""非遗进社区"普及滑稽戏、独脚戏，通过舞台演出、电视台播放、其他媒体传播等方式传承非遗，扩大影响力。在非遗传承过程中，传承人的领导力成为一个非遗项目成败的关键因素。王汝刚的成功，表明我们遴选非遗传承人需要一个重要的能力选项——领导力。传承人在具备高端非遗技能的同时，有领导力就更有传承力。

《剃头》　剧照（右为李九松）

2. 弓上岁月　丝竹情深
——江南丝竹项目传承人周皓

　　周皓，1929年生，出生于上海江南丝竹音乐世家。自幼受父兄影响，六七岁时即从父学习二胡、琵琶与扬琴，后专攻二胡。十余岁随父前往上海各丝竹音乐社团学习，习得江南丝竹八大曲、《霓裳曲》《汉宫秋月》等名曲，后进入其父周俊卿主持的友声旅行团国乐组和孙裕德主持的上海国乐研究会，进一步以二胡演奏方法研学、演奏更多古典乐曲及客家音乐等。1946年，考入上海东吴大学法学院法律系；1954年，考入上海民族乐团任二胡独奏演员；后兼任上海歌剧院、上海杂技团乐队二胡首席。在长期的民族乐队与江南丝竹乐队演奏生涯中，他积累了丰富的演奏经验。其二胡演奏大量继承了江南丝竹的特殊技法，如"透音""闷音""左侧音"等，不仅为这些特殊的演奏技巧定名，同时还创设了形象的演奏符号。曾担任上海江南丝竹协会副秘书长兼表演艺术委员会主任，并任上海国乐研究会副会长、中国音乐家协会二胡专业委员会顾问、上海音乐家协会二胡专业委员会常任理事、上海音乐学院二胡专业考级常任评委。2008年被评为国家级非物质文化遗产项目江南丝竹（二胡）的代表性传承人。

周皓口述

家学渊源引学艺道路

我自小跟着父亲学习江南丝竹。当时，我父亲周俊卿是上海友声国乐团（友声旅行团国乐组）的负责人，这个团体是专门演奏江南丝竹的。受他的影响，我和哥哥周惠很早就开始学一些民族乐器，琵琶、扬琴、二胡都学过。我最喜欢二胡，因为二胡的音色很接近人说话的声音，能够很好地表达中国人的情感，而且在江南丝竹里，二胡和笛子是属于领奏乐器的。我哥哥则选择了扬琴。

小时候我经常跟着我父亲和乐队去演奏，慢慢地，对很多乐曲比如《欢乐歌》《中花六板》就很熟悉了，后来等到正式开始跟父亲学的时候，很自然地就能演奏这些曲子了。我真正第一次登台是在12岁时，我跟着父亲去吃喜酒，在那个婚礼上跟着乐队一起演奏了江南丝竹，那是我第一次在那么多人面前表演。1940年，我读中学了，但二胡学习和演奏没有中断过，礼拜六、礼拜天有时也会跟着父亲出去演出。

江南丝竹传承人周皓

1946年，我考进了上海东吴大学的法律系，那一年，我还参加了上海国乐研究会，它的前身就是之前我父亲负责的友声旅行团国乐组，当时是著名国乐大师孙裕德先生做会长。大学期间，我的思想和感情相对都比较成熟了，在学习和演奏的时候开始去领会乐曲传达的意境，揣摩演奏技巧的运用，也会和同样爱好二胡的同学切磋一些演奏心得。

1950年，我大学毕业，先是在上海龙门中学当历史老师，当了四年。当时，上海文化局成立了一个上海民族乐团，那时还叫上海民族乐队，它是一个专门演奏民乐的乐队，很多时候是要为外宾演出的。周总理陪其他国家元首到上海来时，我们也演奏过。它于1952年成立，我和哥哥是首批考进去的队员，但因为当时我在龙门中学的工作一时间没有人接替，所以到1954年9月我才正式进入乐队，开始专职演奏江南丝竹。

《二泉》情缘系二胡情深

我在上海民族乐团一直做到1989年退休，其间也到过上海歌剧院、上海杂技团去演奏，因为那时候经常出国对外演出，我在乐团的这么多年里，到三十几个国家去演奏过，所以很多时候乐队人员都是从各单位抽调的。比如上海杂技团奉命要去东欧演出，那么可能会从上海民族乐团调一些人，从上海歌剧院调一些人，从上海人民沪剧团调一些人，组成一个乐队。

1963年九十月间，上海歌剧院奉命到朝鲜去演出，准备的节目有舞剧《小刀会》，还有一套音乐歌舞节目，我担任乐队二胡首席，还有一个独奏的任务，在审节目时定的独奏曲目是《良宵》和《新农村》。访问朝鲜的政府代表团由刘少奇主席率队，叶剑英元帅做副团长。其间刚好碰上国庆节，要开一个国庆节招待会，刘少奇主席招待金日成。宴会上当我拉完《良宵》之后，一个领导上来小声跟我说，叶帅指名要听《二泉映月》，于是就把《新农村》换成了《二泉映月》。

《二泉映月》其实算是我最早在专业音乐会上演奏的二胡独奏曲目。1955年5月，上海民族乐团在上海工人文化宫第一次单独举行音乐会。我们有一些合奏的曲目，也有独奏的，我演奏阿炳先生的《二泉映月》。我没有见过阿炳，1950年他就去世了，那时候我听到电台里的《二泉映月》就很喜欢，很激动，能感受到一种相通的心意。后来从书店买了中央音乐学院中国音乐研究所编的《阿炳曲集》，也买了他录制的唱片，对着谱听，然后自己琢磨。演奏《二泉映月》用的是丝制的弦，比一般二胡用的弦粗了一个号，这对加强手指的力量和训练功力都有很大的帮助，也更好听。1955年，我第一次演奏之后，1956年到北京参加全国的民族音乐舞蹈汇演，在那里又演奏了一次。1957年，上海人民广播电台邀请我去录制《二泉映月》。后来在很多演出场合，需要独奏节目的话，我就演奏《二泉映月》。

20世纪70年代初，闵惠芬也跟我学过二胡。她当时奉调要从上海到北京去，被指定演奏《二泉映月》，所以专程来找我，说希望我指点一下演奏《二泉映月》时一些特殊的处理技法，比如需要注意曲子哪些地方出弓、进弓、换音，指法应该怎样等。我没有教过她其他作品，只指导过《二泉映月》这一支曲子。

善思笃行　扬丝竹精粹

江南丝竹中的乐器旋律，也是采用像昆曲、京剧一样的"满腔满跟"的伴奏方式。"满腔满跟"就是伴奏基本上和唱腔的曲调一致，有时有一些高低八度的变化或者装饰音等。二胡和笛子是江南丝竹里的主奏乐器，加上扬琴、箫、笙、琵琶、阮、鼓板这些不同乐器声部的协调、辅助、穿插、点缀，就很优雅耐听。

江南丝竹中有关二胡的演奏方法、技巧，包括曲谱的加工，我会总结出来。一些指法、手法的运用——左手的技巧是什么样子的，比如按弦、揉弦、透音、勾音、闷音等，还有右手的弓法，比如浪弓、带弓、点弓等，演奏时处理的技巧不一样，出来的声音也是不一样的。

比方说二胡的揉弦，它一般要么用指力内外动，要么用手腕的力量上下动。在二胡的按指法中，用指力压弦的这种方法相对能够有比较好的风格表现。现在二胡引进了小提琴的揉弦方法，而且整个演奏中基本都用这种方法，这已经是二胡演奏里的一种常规做法了。但是，小提琴是有指板的，二胡没有，那么其实就可以用揉弦方式，有时可以用来表现一些比较特殊的情感，尤其是搭配一些北方的声腔曲调。这种传统的揉弦方式可以作为个别的、特殊的处理，产生一种加强感情表述或者区别感情表达的效果。

二胡演奏总结出来是三个步骤——"简、繁、简"。第一个"简"，

周皓在演奏二胡

就是演奏简单的原始曲调，学好最基本的谱子里的音节，打好一个旋律框架。只有熟悉了原始曲调，自己演奏加花时才能自然、有根据。所谓"繁"就是自己加花发挥了，但也不能只追求这个，乐曲并不是越花越好。要是不注意整个节奏、层次，不注意和其他乐器的配合，也是不行的。最后还要回到"简"，就是再加工、提炼，才能让自己的技术升华，所以必须多听、多合、多悟。学习江南丝竹这种合奏中的二胡演奏，不是说拿了谱子照谱演奏，自己的风格就能出得来。以前在家里，我和父亲、哥哥经常打对子，就是一对一两件乐器对奏，父亲和哥哥就用笛子、琵琶、扬琴这些乐器，跟我用二胡对奏，后来在乐团我也找别人，只有这样才能有所提高，才能慢慢形成自己的演奏风格。

江南丝竹的乐曲多是民间曲，原始谱往往相对来说比较简单平直，但经过演奏者的加工就比较丰富多彩、风格突出了，所以这种音乐大都是演奏的人在合奏过程中不断揣摩、默契配合的结果。我在上海民族乐团的时候，我和我哥哥以及吹笛子的陆春龄、弹琵琶的马圣龙经常一起做江南丝竹合奏，慢慢地就非常默契了。我们一起录CD，一起参加很多国内外的演出，像新加坡、英国和中国香港特区和台湾地区等，我们都去演奏过。

1988年10月，我们去英国参加一个叫环球艺术节的活动，中间有一场音乐晚会。演出结束后，很多观众都上台来看我们的乐器。有一位画家对我们说："你们的演奏好听、很特殊，有一种含蓄柔和的美。你们演奏的江南丝竹音乐，配合得非常和谐、默契，就像一幅画，像看到了美丽的风景一样。"他还当场画了一幅江南丝竹合奏图留给自己作纪念。

薪火相传　盼后生可畏

1960年，上海民族乐团成立了一个学馆，学制两年。那时候我就开始收徒，教授二胡。第一批招了二十几个学生，学习二胡的有十几个。那时我们实行交换教学，有两个二胡老师，每人教几个学生，三个学期后互换。我教的学生最后一个学期跟另一个二胡老师学，他教的学生跟我学。但是这个学馆就办了一期，毕业后学生们有的留在上海民族乐团，有的到上海歌剧院、上海杂技团等处，都分配到了上海相关的各个单位。后来上海音

周皓在乐团内部排练

乐学院的民乐毕业生也比较多了,他们有些人也会分配到这里,或者考进来,所以之后学馆也就不招学生了。

方志强、邹德荣、陈新初、章鸣都是我带的最早一批学生,他们基本上都在上海的各大乐团、剧团工作,现在也都退休了。还有一批年龄比较大的,现在已经七八十岁了,十几年前跟我学习,他们是当作兴趣爱好来学的,就是喜欢。他们在各行各业工作,像顾明祥是高级工程师,杨刚是企业家。杨刚不仅跟我学,还要传承和发展江南丝竹、民乐,他投资成立了上海阳刚民间音乐馆,有一些江南丝竹乐队的排演活动和民乐搜集、整理、研究、编创的活动,这很好。我和这些学生的关系,其实一半是朋友,一半是师生。我们也会一起演奏,一起研究怎么样演奏得更好。还有些学生,像黄玲和匡信卿都是专门教二胡的,后来找到我,跟我学习。也有一些人来自美国、日本、新加坡等国家和中国台湾地区,他们不顾路程遥远赶来,有的长住两年,有的短住两个月,专程跟着我学习二胡。有时候他们一年学完,第二年又来学一段时间。

另外,我做上海音乐学院二胡考级的评委已二十多年了,从20世纪90年代开始,一直做到几年前才停掉,也见到了很多二胡专业的学生。现在的孩子们拉快的曲子都很行,技术方面进步很快,但是有些学生只注重技巧,不注意情感方面,这部分还需要再加强锻炼,要在风格把握、情怀展现上多多下功夫。现在很多孩子从小学习二胡,我有一些徒弟,他们教的学生,很多都是小朋友。看到这方面的人才越来越多,也越来越专业,我很欣慰。

(本文由胡美娟整理)

江南丝竹

　　江南丝竹是流传于上海和毗邻的江苏、浙江地区的丝竹音乐，是典型的具有地域性的民间音乐，其形成和发展与该地区的历史渊源、地理环境息息相关，与地方戏曲、曲艺、民间歌舞、宗教音乐以及其他的器乐表演形式相互学习、相互渗透，并与地方民俗文化紧密结合，是综合的民俗文化瑰宝。江南丝竹以丝弦乐器和竹管乐器为基本编制，以二胡、笛子为主要乐器，一般三至五人，多亦可七八人。弦乐器有小三弦、琵琶、扬琴；管乐器有箫、笙；打击乐器有鼓、板、木鱼、碰铃等。合奏时，每件乐器既个性鲜明又互相协调，手法常用加花变奏。风格优雅华丽，曲调流畅婉转，反映出江南人勤劳朴实、细致含蓄的性格特色。江南丝竹的乐曲多来自民间婚丧喜庆和庙会活动的风俗音乐，有的是长期流传于民间的古典曲牌。其音乐结构主要有板式变化和曲牌联缀两种类型，其中以板式变化手法最有特点。最具代表性的是"江南丝竹八大曲"，由《欢乐歌》《云庆》《老三六》《慢三六》《中花六板》《慢六板》《四合如意》《行街》八首乐曲组成。江南丝竹典雅柔美，清丽细腻，沁人心脾，历久弥新，又被称为"丝竹""国乐""清音""仙鹤"，是中国丝竹音乐的一个分支，其形成与特定的历史、地理、人文等密切相关，是江南山水孕育的结果，盛行于江浙沪一带，距今已有300多年的历史。1911年后，丝竹乐逐渐以上海为中心，并组织了许多演奏团体，如"文明雅集""清平集""钧天乐处"等。在1954年的"上海民间古典音乐观摩演出"的节目单上，第一次出现了"江南丝竹"的称谓，自此名扬四海。20世纪50年代，丝竹名家金祖礼先生以"小、轻、细、雅"的四字诀总结了江南丝竹的音乐风格。江南丝竹"看来有谱却无谱，说是无谱却有谱，各人各有心中谱，各人各有一条路"，其节拍快慢有致，一张一弛，如同行云流水般婉转动听。在创作和演奏过程中，民间艺人们往往运用"加""减""抢""变"等多种技巧，使江南丝竹的乐曲更加灵活多变，富有艺术感染力。2006年，江南丝竹被列入第一批国家级非物质文化遗产名录，现有陆春龄、周皓、周惠、沈凤泉等四位国家级代表性传承人。

周皓的江南丝竹作品及现场演出

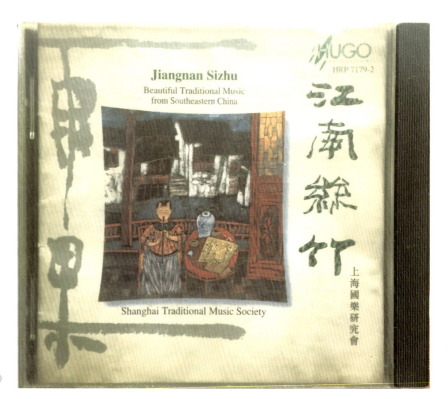

《江南丝竹》

《江南丝竹四大名家》

《同胞兄弟一世情缘》

周皓（左一）在荷兰的演出现场

周皓——培养高徒的二胡名师

周皓从艺多年,一直致力于江南丝竹的研习和传承工作,是二胡演奏名家。他积累了很多的二胡演奏技巧,并进行了系统总结,然后传承下去。因此,上海长期以来是中国二胡演奏艺术的高地之一。周皓一直注重培养二胡传人,不少传人成长为二胡演奏艺术领域的大家,如他的弟子闵惠芬,就是一位蜚声中外的二胡演奏家。由于其高尚的艺德与杰出的传授技艺,学子们纷至沓来。无论是专业的演奏,还是业余的爱好,他收徒传艺,为中国二胡领域拓展了一片广阔的天地。一位培养高徒的名师,是最好的非遗传人。

2006年,周皓在上海图书馆举办江南丝竹讲座时和徒弟的合影

3. 台上台下　心系沪剧
——沪剧项目传承人马莉莉

　　马莉莉，1949年生，江苏常州人。自小受父母的熏陶而爱上沪剧，1961年加入杨浦区戏剧学校沪剧班，1964年毕业后进入爱华沪剧团，1973年转入上海沪剧团（今上海沪剧院）。现任上海市政协委员、上海沪剧院副院长、上海市文联委员。2006年，沪剧被列入国家级非物质文化遗产名录。2008年，马莉莉被评为国家级非物质文化遗产项目沪剧的代表性传承人，并在淡出舞台后积极参与社会活动，开展沪剧的传承工作。长期以来，马莉莉在沪剧演出上成绩斐然。从1961年至2007年数十载的演艺生涯中，马莉莉出演了诸多沪剧中的名角，从《红灯记》中的李铁梅到《日出》中的陈白露，无论是革命女英雄还是上海交际花，马莉莉在演绎时都能准确拿捏，尽显角色魅力。马莉莉曾获多项荣誉，包括"白玉兰奖""梅花奖""金唱片奖"等。

马莉莉口述

沪剧的历史轨迹

沪剧是全国的地方戏之一,因为上海简称"沪",所以叫作沪剧。沪剧在全国的地方戏中还算是一个比较年轻的剧种,发展历史可能就 100 来年。沪剧的发源地在上海的农村、郊区,由田头的山歌调、二人唱等慢慢发展起来,最后由我们的前辈带入上海的城市里面落脚、生根。沪剧过去被叫作对子戏、山歌调、滩簧、申曲等,一直到 1941 年才改称沪剧。

我觉得沪剧虽然是一个比较年轻的剧种,但是它有一个比较大的特点,就是很应时,什么年代演什么戏。比如说当初沪剧在农村的时候,大多演农村题材的戏,像童养媳的事,就有《阿必大回娘家》,讲童养媳怎样受到恶婆婆的虐待;农村里面也有男女从小定亲,然后嫌贫爱富的岳父要赖婚,阻止他们的婚姻,对于这类事例有《庵堂相会》;又比如说虐待老人或子女对老人不孝顺,老人家里穷了以后到子女家里借粮,子女不肯借,前辈们根据这个现象写了个戏叫《借黄糠》,批评那些不尊老的子女;还有农村里的赌博现象也比较厉害,前辈们据此写了《陆雅臣卖娘子》,戏中陆雅臣赌到最后把自己的夫人都卖了。总之都是一些很有警示性的戏。

到了二三十年代,我们沪剧的老前辈到了城市里,当时的上海满街都是西装、旗袍、长衫,所以我们就往这方面写戏,写了《叛逆的女性》《大雷雨》等。原先沪剧在农村的演出都是没有剧本的,演出方式用上海话说叫作"拍肩膀",把剧情大致设计好之后,由两人在台上自己发挥。但到了城市里面,前辈们看到当时剧场演出的文明戏——话剧,他们就感觉到沪剧也应该有剧本、有导演,沪剧就慢慢改变了。当时在上海,西装旗袍戏应该是沪剧的主打戏,这些戏展示了旧上海十里洋场的生活。那时候戏的数量、改编的数量、演出的数量都特别多,最终成为保留剧目的戏也特别多。

新中国成立后,沪剧跟着新时代的节奏变得特别兴旺。1951 年上演了沪剧《罗汉钱》,宣传婚姻法,打破包办婚姻,宣扬自由恋爱,戏中的《燕燕做媒》《紫竹调》都是现在在群众中广为传唱的段子。还有《星星之火》,

《红灯记》
马莉莉饰李铁梅

写上海工人大罢工，通过描写从扬州来的一家人的遭遇，很好地展现了全国的包括上海的工人运动。我们都知道"文革"时期的样板戏《红灯记》和《沙家浜》，它们的前身就是沪剧，是由沪剧的《红灯记》和《芦荡火种》改编而成的，所以说当时的沪剧影响力是很大的，这两个革命样板戏的诞生，可以说沪剧是很有功劳的。这也从侧面说明沪剧在创排现代戏，特别是反映现代生活的戏方面，数量特别多。现在的沪剧，在上海，包括江浙一带发展得还不错，剧团多，流派也多，前辈们留下了很多的经典。

始于耳濡目染的沪剧学习生涯

我对沪剧的印象还是受爸爸妈妈的影响多一点。当年我家里有个收音机，我妈妈老是听沪剧，她还唱沪剧，所以我是从小受到熏陶，特别喜欢唱沪剧。五六岁的时候，幼儿园小朋友们表演节目，我就上去唱了一段沪剧。1961年剧团招生，我考进了杨浦区的戏剧学校，加入了当时的爱华沪剧团。当时我们戏剧学校有沪剧班，所以我们都不再兴拜师的仪式，所有学生都是团生，所有的老师都是我们的老师。就这样在爱华沪剧团的老团长凌爱珍老师的指导下我不断学习。凌爱珍老师认为由于沪剧的表演接近话剧，比起京昆等其他剧种，沪剧的表演手法比较现代，不讲究基本功。但她在我们这一代身上下了功夫，专门请了京剧界的老师来教我们。我在剧团的第一个戏是在《阿必大回娘家》里演"雌老虎",第二个戏就是《白蛇传·盗仙草》,要舞宝剑、踢枪、翻跟头,还要从两张半桌子上翻下来。沪剧演员从小开始打基础是从我们这一代开始的,老师们希望青年演员表演手法能更多样、宽广一点。

沪剧和京昆戏曲不一样,京昆戏曲往往把自己归在一个个门派下。当时丁是娥院长对我们说,希望青年演员能够博采众长,学习吸收老师们的优点,不要只拜在一个老师的门下。我觉得这一点在我身上体现得很突出,我无论排什么戏,像丁老师、石老师、韩老师等,几乎所有的女老师都会给我指点。但当你拜在一个门下,其他老师可能就不再对你进行指点。现在沪剧也开始兴拜师,当然我觉得这也挺好,有一个固定的老师来作指点,会更加细致、贴切。

在我整个的演出生涯中,我特别感谢我的老师。我尽管没有拜过某位老师,但所有长我一辈的都是我的老师。她们对我们这些年轻人的无私帮助,令我很感动。到我三十几岁的时候,我的那些老师们也才50岁左右。在"文革"之后,她们还算是比较年富力强的,但那时她们已经要把我们这批人往前推了。她们觉得站在舞台中间的应该是年轻人,她们宁可做配角,有的甚至只在台下指点学生了。这一点令我印象特别深刻,我觉得老师们有这样的胸怀是很不容易的。

不甘只做"英雄花旦"

1966年我刚毕业的时候,正好是"文革"期间,老师们都"靠边"了,我们青年演员被往上推。当时我演的第一个角色就是沪剧《红灯记》中的李铁梅。上演的时候我正好17岁,那个时候没有传统戏演,所以只有在《红灯记》《洪湖赤卫队》等剧中演女共产党员、女英雄,慢慢地我就被写成了一个"英雄花旦"。七八十年代时,当时正好

《雷雨》 剧照

为张志新平反，说她是思想解放的先驱。丁是娥院长很有魄力，她是上海沪剧团第一任团长，她说："这个戏我们沪剧能演，马上组织编导、演员，去沈阳体验生活。带着马莉莉走，让她去体验生活，让她演张志新。"那个时候我刚好29岁，刚生了我的女儿，女儿才三个月我就跟着创作队伍到沈阳去了，去了整整两个月。那个时候我真是想我女儿想得要命。不像现在有微信，当时什么都没有，连长途电话都没有，只能写信。以前我演李铁梅等角色都是学老师的，但演张志新就完全要靠自己创作、自己演，这个戏对我的影响特别深。

后来要恢复经典剧目，这就一下子把"英雄花旦"往另一个方向推了，大家觉得马莉莉这个人还能不能演传统戏？她还能不能穿旗袍、晚礼服？但是我觉得一个演员就是要演各类人物。我第一个要演的就是《少奶奶的扇子》里的少奶奶，然后就是《雷雨》里的蘩漪、《日出》里的陈白露，这些和我以前演的角色是完全不一样的。领导很信任我，把重担交给我。当时我也是很拼的，晚上就要演出，我早上还到戏剧学院去翻阅资料。演张志新还可以体验生活，演这些角色没有地方去体验生活，十里洋场的生活能去哪里体验？只能翻阅旧报纸，一点点去积累。用老师们的话说，就是我们这个剧种要两条腿走路，既要演现代戏也要演传统戏。演员也是一样，既要演现代戏，也要演西装旗袍戏。就这样，后来"英雄花旦"的帽子慢慢摘掉了。

我的第一部戏演的是李铁梅，到2005年，我已经是上海沪剧院副院长。我们在恢复演出沪剧版《红灯记》的时候，距离我演李铁梅已经有38年，这一次我在里面演李奶奶。沪剧是不分行当的，只分男女。在我之前的演出生涯中，我从没演过老旦，最多就演过四五十岁的中年妇女，但李奶奶完全是个白发苍苍的老旦，我是第一次演这样的角色。当时我52岁，觉得自己要试试。李奶奶是我在舞台上的最后一个角色，说来也很巧，我的

《风雨同龄人》 剧照

演出生涯就是从李铁梅开始到李奶奶为止的。

台上台下皆传承

我觉得所有从事戏剧工作的人都是传承人。因为许多优秀的剧目都是代代相传的，我演完了，下一代接着演，接力棒是一直传下去的。我很幸运，能演到很多好戏。比如说当时的泰斗丁是娥老师，她比较早就离开了，但她留下了许多经典形象，像《罗汉钱》中的女主角小飞蛾、《芦荡火种》中的阿庆嫂、《雷雨》中的蘩漪，她的三部戏我都学下来了。尽管当时没有录像，但是我听她的录音，根据录音去学习、去揣摩。现在我有一个学生，也是当时院里指定让我带的学生，叫程臻，她参演了《罗汉钱》，最近又参演了《芦荡火种》，当然我也希望她再参演《雷雨》，这些都是沪剧界女演员非常向往的好剧目，也希望我们的青年演员能够把这些剧目一代一代地传承下去。同时我也对我的学生说，你不要死学我，我们都是不一样的，我们的身高不一样，我们的脸型不一样，我们的体型不一样，我们的手长不一样，所以动作不可能是一样的。沪剧不像京剧的传承有规范的要求，沪剧没有，我们要看人物，这个人物是怎样的就怎样演。

《芦荡火种》 剧照

我在 2007 年提出淡出舞台、参与其他工作的想法，2008 年就被评为国家级非物质文化遗产项目代表性传承人。对于这件事，我是认真思考过的。作为一个传承人，我到底传承什么？在舞台上演出是传承，教学生也是传承，但是如果不在演艺这方面，而在社区展开工作是不是传承？我们现在非常重视市民文化，特别是在上海。市民的文化修养如果能够通过沪剧得到提升，我觉得对整个沪剧行业的发展是很有帮助的。我一直说沪剧就像一棵树，沪剧的观众就是我们的土壤，土壤越肥、越厚，树就长得越好。如果说我们的演出市场萎缩了，我们的观众群减少了，我们的青年演员培养不出了，这就肯定会影响我们事业的发展。

沪剧的危机与未来

现在全国的地方戏可能都碰到了比较集中的问题——人才的培养和演出的组织。1978 年，演出市场迎来了第二个文艺浪潮。当时年轻演员每年都要演出 200 多场，我最多的一年演了 283 场，几乎三天就要演两场。我们晚上演出，第二天早上排戏，下午稍微休息两个多小时就又演出了。但现在剧场少了，剧团也少了，青年演员演出也少了。他们排一个戏往往要一两个月，演出的时候最多两三场四五场。那些主要的青年演员，他们一两年才轮到一出戏。这一萎缩我觉得和整个时代背景有关系，因为以前的观众家里没有电视，有的家里连收音机都没有，他们的娱乐主要就在电影院和剧院里面。但现在的娱乐方式太多了，观众到剧场的兴趣减退了很多。

现在演出市场的萎缩还影响了青年演员的培养。我们在上海招不到人，大家对沪剧的印象都不深了。这可以说是一个恶性循环——演出越少影响力越小，影响力越小关注度就越小。所以我们现在扩大招生范围，但学生来了以后会碰到一个问题，他们都听不懂讲不来上海话。我们在上课的时候还要先上"白课"，把上海话先教给他们，然后再唱。地方戏的特点就在它的咬字和韵腔上。上海人发声的位置和北方人是不一样的，外省的青年演员在发音位置和咬字方面很难与土生土长的演员相比。

当时被评上非遗传承人后我很高兴，但是仔细想一想也不高兴，毕竟沪剧已经是"遗产"了。沪剧从当初的五六百种戏剧到现在只有两三百种，已经少掉一半了，再过十几年，更不知道会怎样。上海沪剧院作为专业的队伍，以前有3个团，现在就剩1个演出团，还有1个刚从戏校毕业的青年队。有专业编制的从事沪剧演出的演员在沪剧院不到100人，也可能只有五六十人，再加上宝山沪剧团、长宁沪剧团两个区的沪剧团，他们只有10多个编制。一个剧种只有100来个专业人员，它的生存、发展就岌岌可危了。

我当了两届政协委员，提出要保护地方语言。因为地方语言的保护是地方戏保护中比较重要的一个环节，地方戏是靠地方语言支撑的，地方语言都流逝了，谁来从事地方戏？谁都不会说上海话，谁都不会听上海话，还怎么来从事沪剧？还怎么会来剧场看沪剧？现在我是上海"白玉兰奖"的评委之一，我要看全国各地的戏。我跟他们接触下来，他们也有同样的问题，就是地方语言的流失和青年演员的缺乏，这是很大的问题。所以我提出的第一个提案就是保护我们的地方语言，这个提案后来被评为优秀提案。现在大家慢慢重视这一点了，课堂上说普通话，课余时间可以说地方语言。地方语言不是靠教来掌握的，它是靠交流的，靠听家里长辈之间的交谈，靠我们相互间的交谈。如果我们在家里也说普通话，在单位里也说普通话，学校里也说普通话，慢慢地就会把地方语言忘记了。

我觉得一个剧种的发展，既要传承经典剧目，但也一定要开拓新的剧目。如果每天都来看《阿必大回娘家》，每天都来看《庵堂相会》，那观众肯定会厌烦，所以一定要有新的戏。写新的戏需要一支很大的创作队伍，如果请了不了解沪剧的人来写，还会碰到另外的问题，那就是对这一剧种的规律、人物设置、唱段设置不熟悉。我举个例子，《罗汉钱》的老编剧文牧，他是演员出身，在写剧本的时候会把这个唱段是什么曲调也写上，把格式排好，唱词和曲调一下子就贴合了。比如他在《阿必大回娘家》其中一段旁边就备注了曲调"吴江歌"。但是我们现在地方戏剧团专职的编剧少之又少，都要请其他剧种的高手来写。他们的文采很扎实，但对剧种不了解，写出来的本子会碰到一个比较大的问题，那就是不适合以沪剧的形式来演和唱。

现在我因为参加社会活动多一点，感觉到上海戏剧学院出来的编剧导演都不肯到地方戏剧团。不像我年轻的时候，上海沪剧院有十大导演、十

《罗汉钱》 剧照

大编剧。戏剧的剧本要经过五年、十年的打磨,甚至十几年打磨,这都要由编剧来改,现在很难实现。另外,上海话的声韵调很烦琐,编剧分不清,地方语言也不会说,怎么写剧本?我当初在演《雾中人》的时候碰到了四川的魏明伦,我曾经请他写,他说:"真的很抱歉,我不知道上海话怎么写啊!"这就是个大问题。我们现在也不能硬性规定这个编剧一定要去沪剧院，那个编剧一定要去越剧院，这是不可能的。

在党的培养下，在老师们的指导下，才有了现在的我。我感恩领导对我的信任，让我一路这么走过来，还担任了剧院的领导。艺术工作和行政工作两方面的展开，对我各方面的锻炼都是挺大的。我退休之后尽管不在沪剧舞台上了，但我在社会上的活动还是比较多的，像是参与群众文艺、评比新人新作等。我觉得这些都在我的工作范围内。被评上传承人之后一开始我还是有压力的，我不知道自己该怎么做。后来我觉得，只要是为我们上海的文化，不管是群众的还是专业的，能献出一份力量就是传承。我几乎每个月都会多次到社区去讲解沪剧的知识，讲沪剧的发展、沪剧的危机以及谈怎么保护地方语言。我希望我们的沪剧在全国的地方戏中能保住一席之地。有时候谈沪剧，很多人不一定熟悉，但一谈起《红灯记》《芦荡火种》他们都知道，这是沪剧的骄傲。我希望沪剧这朵白玉兰，在几代人的努力和传承下，能够再度绽放。

（本文由张涛整理）

沪剧

沪剧是中国传统戏曲剧种，流行于上海和江浙地区，起源于上海浦东的民歌东乡调，清末形成上海滩簧。后采用文明戏的演出形式，发展成为小型舞台剧"申曲"。1927年以后，申曲开始演出文明戏和时事剧。1941年上海沪剧社成立，申曲正式改称沪剧，唱腔主要有长腔长板、三角板、赋子板等，曲调优美，富有江南乡土气息，擅长表现现代生活。2006年5月20日，沪剧经国务院批准列入第一批国家级非物质文化遗产名录，优秀剧目有《罗汉钱》《芦荡火种》《一个明星的遭遇》等。沪剧是上海地域文化的典型代表，反映了近现代中国大都市的风貌。随着现代化进程的加速，沪剧艺术面临着越来越严重的生存危机，演出市场日益萎缩，观众减少，沪剧从业人员收入偏低，出现人才流失和断层现象。以有力措施抢救和保护沪剧艺术已刻不容缓，势在必行。

《灯总是亮着》 书影

马莉莉沪剧作品

《红灯记》

爱华沪剧团的《红灯记》在1963年春节首演，是第一个出现在全国戏剧舞台上的沪剧，闻名全国的京剧《红灯记》就移植改编自此。1964年11月，"爱华"的凌爱珍、袁滨忠、韩玉敏、凌大可、王育、徐德甫一行六人应邀赴京，并于6日晚上在人民大会堂小礼堂观摩学习中国京剧院的京剧《红灯记》，那天毛泽东主席、刘少奇副主席和邓小平总书记观看了演出，毛主席在剧场休息时接见了"爱华"的代表，当介绍京剧《红灯记》就移植于爱华沪剧团的沪剧本、"爱华"是上海杨浦区属的一个小剧团时，毛主席高兴地说："哦？团小志气大！"接着又亲切地说，"你们小剧团能搞出这么个好戏是不容易的。"毛主席还问了剧团的情况，问观众多不多，并指示文艺要为工农兵服务、为社会主义服务的方向，希望剧团今后多编多演好戏。毛主席的亲切接见和殷切嘱咐永远牢记在"爱华"人的心里。这光辉灿烂的一刻将永远载入沪剧史中。

1966年毕业不久的马莉莉被安排为李铁梅的B角，这是她担纲的第一个大戏的女主角。隔年再演《红灯记》，袁滨忠老师恢复演出李玉和，韩玉敏老师则由李铁梅改演李奶奶，马莉莉有幸与两位老师同台演出《红灯记》，老师的传、教、带令她终生难忘。到1970年，全国所有剧种都要学习移植京剧样板戏，马莉莉又一次有幸饰演李铁梅，李玉和由王盘声老师饰演。剧团组织赴京小组

《红灯记》 剧照

向样板戏剧组学习,这中间马莉莉学到了许多京剧的表演手段。到2004年,相隔38年后再演"爱华"版的《红灯记》,马莉莉这个当年的李铁梅也升级为李奶奶了。

《芦荡火种》

1973年1月,上海市人民沪剧团与爱华沪剧团合并成立上海沪剧团(1982年改制为上海沪剧院)。为了体现合并成果,殷功普团长决定让《红灯记》《沙家浜》两个剧组的人员相互融合,宣布由马莉莉担任阿庆嫂一角,一个区级剧团的青年演员刚进国家剧院马上得到一个女主角的机会,这真是天赐良机,这是信任、重用,当然也是一种考验。这种压力是说不出来的,当她焦虑万分时,技术指导秦锐生老师启发说:"演样板戏有一个窍门,只要把全部形体学会,就有了一半的底子。你的身段底子还不错,可以从这个突破口入手。"他耐心地一个动作一个动作地分解教授,不久马莉莉就学会了全套表演路数。京剧样板戏虽然演的是现代题材,但表演的内核却是传统戏曲的。接受过传统戏曲训练的马莉莉像当年排《红灯记》时一样,在表演方面的潜力很快被挖掘显现出来,当然,阿庆嫂的表演要

《芦荡火种》 剧照

比李铁梅更具多面性。但凭着年轻、好学,在导演的指导下她很快拿下了表演这一关,又刻苦拿下唱腔这一关。终于,一个新人、一个新的阿庆嫂亮相在了一个新的剧团里。

2001年,上海沪剧院再次复演《芦荡火种》,领导点名要马莉莉演阿庆嫂,这次是学习丁是娥老师的阿庆嫂。从《红灯记》到《芦荡火种》,从原版沪剧到移植京剧再回到原版沪剧,一名沪剧演员能如此完整地经历这一过程的恐怕没有第二人,这无疑是一笔非常珍贵的艺术财富。

《张志新之死》

讴歌时代英雄、弘扬时代精神一直是沪剧艺术创作的主旋律。1979年7月,丁是娥决定把时代英雄张志新的故事搬上沪剧舞台,并决定由马莉莉饰演张志新,还要她跟随编剧、导演、作曲家等去沈阳体验生活。他们走访了张志新烈士的单位、家庭、监狱、审讯室、刑场等地。整整一个月里,他们白天采访,晚上聚在一起商量剧本。这是马莉莉第一次经历编导创作的过程。这样的体验生活,对以后的排练演出非常有益,更重要的是马莉莉了解了剧本创作的全过程,并对剧情组织、人物设置、高潮安排等有了认知。这种收获是宝贵的,在她以后的艺术创作中起到了"芝麻开门"般的作用。

《张志新之死》剧照

该剧首演于 1980 年 1 月 6 日，第二天上海的《解放日报》《文汇报》都在头版显著位置上作了详细报道，标题是"沪剧《张志新之死》慷慨激昂发人深思""张志新英雄形象再现舞台"。该剧演了三个多月，舆论和观众一致称好。

《日出》

改编中外名剧一直是沪剧所擅长的。1982 年，丁是娥院长安排一团排演曹禺的《日出》，并点名由马莉莉演陈白露。为了排好《日出》，丁院长还请来了资深话剧导演凌琯如老师担任艺术指导。马莉莉知道这个角色的难度和分量，在开排之前就做足功课，仔细阅读话剧本，翻阅、抄录许多与《日出》有关的剧评文章，还登门求教话剧陈白露的扮演者严丽秋老师。理解是一回事，舞台呈现又是一回事。进了排练场，凌琯如老师不

《日出》剧照

时纠正马莉莉的不足，提出许多问题要她解答，光陈白露的第一次出场就整整排了一个上午还不能让凌老师满意。整个排练很艰难，马莉莉甚至怀疑自己：怎么不会演戏了！实质上这正是陈白露这个角色多重性格甚至矛盾性的表现，剧中许多的"表里不一"恰恰是人物独有的丰富性。

上演后，当年话剧舞台上陈白露的扮演者凤子、白杨、严丽秋等都来看戏，并对《日出》剧组和马莉莉的表演予以肯定和赞赏。白杨老师还约她去她家里作客，见面时亲热甜糯地说："呦，解放牌的露露来了。"交谈中白杨老师肯定了沪剧改编的成功，并对一些细节表演提出了自己的看法，当讲到斗黑三救小东西时，她竟站起来做了好几个示范动作：双手插腰、翘起大拇指抖抖等，又说怎么带劲就怎么做，要突出人物的正义感、善良的一面。这些指点马莉莉在当晚的演出中一一做到了，果然演出效果大不一样。

1983年3月15日，曹禺先生和他的夫人李玉茹老师在丁是娥院长的陪同下观看了《日出》，中场休息时还接见了几位主创人员，曹禺先生握着丁院长的手说："改编得相当好，相当完整，最难得的是每个角色都那样出色。"丁是娥院长在总结会上说："这出戏是我们沪剧史上的又一个里程碑！"

《日出》对马莉莉而言，绝不仅仅是一部戏、一个角色，它教会她如何去深入地理解一个角色，多侧面地表现人物。有人说自《日出》后，马莉莉的表演有了质的飞跃。陈白露这个角色在马莉莉的艺术天空里，永远是一颗最闪亮的启明星。

《雾中人》

敢于触及敏感题材、突破禁区、具有开拓精神是沪剧工作者的精神所在，1989年直属团演出的《雾中人》就是成功一例。剧中马莉莉饰演白灵一角。该剧反映志愿军战俘回国后的坎坷命运，但全剧抒发的却是始终不渝的爱国情怀。它虽是一出悲剧，但给人以信心和力量。该剧首演于6月5日，这是一个敏感的日子，大家都有些担忧。但时任市委宣传部部长的陈至立观看后称这个戏是1989年上海戏剧舞台的重要收获。一些专家认为它反映了中国现代史上一个典型事件，激动人心，发人深省。时任市委副书记的陈沂同志观看后尤为激动，立即向中央文化部作了推荐。当时的文化部常务副部长高占祥同志立即发出邀请。广大观众更是赞不绝口，称多年没有看到这样感人的好戏了。这出戏前后演了160多场。马莉莉饰演的白灵和京剧演员尚长荣饰演的曹操以全票登上了首届上海戏剧表演艺术白玉兰奖主角奖的榜首。该剧还被拍摄成沪剧电视连续剧。

《雾中人》 剧照

《风雨同龄人》

1993年，马莉莉组建了上海沪剧院浦东分院，推出由工人编剧徐开林创作编写的沪剧《风雨同龄人》。这出描写与新中国同龄的知青在浦东开发开放年代继续奋斗拼搏的戏，受到广大观众的欢迎和追捧。随后该剧还应邀参加了在福州举办的第三届中国戏剧节，获得多项大奖。马莉莉因饰演钟佩文一角而获优秀演员奖，同时还荣获中国戏剧梅花奖。该剧被拍成八集沪剧电视连续剧后，还获得第十一届全国戏曲电视剧STV杯最佳演员奖。

《风雨同龄人》剧照

《宋庆龄在上海》

1999年，与新中国同龄的马莉莉50岁了，祖国喜迎50华诞。那年，马莉莉留职停薪，组建了马莉莉文化工作室。当时工作室面临很多问题和困难：资金、剧目、班子等。当这些棘手问题都一一解决，当她饰演的宋庆龄站立在舞台上，当热情的观众热烈鼓掌时，她哭泣了！因为有太多太多的感受一涌而上。《宋庆龄在上海》由上海戏剧家协会推荐，又参加了当年年底在湖南长沙举办的第五届中国映山红民间戏剧节的闭幕式演出。在文化部的总结颁奖大会上，文化部部长表扬了《宋庆龄在上海》和马莉莉。该剧囊括了映山红民间戏剧节的所有奖项，共计21个单项奖，马莉莉获表演一等奖。面对领奖台上摞得最高的一大沓证书和奖状，她又一次激动了……

中华杰出工匠大工程系列
（第一辑）

《宋庆龄在上海》 剧照

马莉莉——创造经典，营造非遗生态

马莉莉是沪剧领域具有很大影响力的艺术家，从英雄李铁梅到交际花陈白露，马莉莉通过出色的表演创造了沪剧经典，这是作为海派文化代表的沪剧得以传承的前提。她的多样角色的成功表演，拓展了沪剧的表现力与影响力。当下的沪剧面临真正的危机，面临诸多困难，但是马莉莉还是一力担当，可谓尽心竭力。马莉莉主张通过多平台、多渠道进行非遗的传播，经常前往学校、社区开展沪剧的宣传。在培养传人方面，马莉莉主张台上台下都要传承非遗项目，并以多元的平台来开展传承工作。她强调营造沪剧文化的生态，比如编剧队伍建设、沪剧新剧目的创作、沪语保护、演员的方言基础培养等，从根本上保障沪剧的传承。

马莉莉获奖留影

4. 春秋谱淮韵
——淮剧项目传承人程少樑

　　程少樑，当代淮剧音乐界的领军人，著名淮剧演奏家、戏剧作曲家、音乐家。1941年出生于梨园世家，1946年到上海，后长期居住于上海。父亲程寿昌，艺名程彩霞，是淮剧兴起时著名的乾旦。哥哥是20世纪50年代淮剧界享有盛誉的"四少一芳"中的程少楠，时任日昇淮剧团团长。嫂嫂彭琴芳也是淮剧界著名文武花旦演员。在这样一个有着浓郁艺术氛围的家庭中，程少樑从小就十分喜爱淮剧音乐。他在兄长的引导下，1952年进入日昇淮剧团，1957年拜淮剧音乐大师潘凤岭为师，得到了老师的许多教诲，曾为淮剧表演艺术家筱文艳、何叫天、马秀英、杨占魁、徐桂芳等操琴伴奏。1962年开始作曲，为淮剧《九件衣》《哑女告状》《海港》《杜鹃山》等名作作曲。2012年被评为国家级非物质文化遗产代项目淮剧的代表性传承人。

　　程少樑在作曲中大胆地启用了（旦腔）大悲调、位移（男腔）大悲调，再加上花过门，首次在《南北和》中试用，一举成功。后来，又在《金龙与蜉蝣》中运用，并充分美化，创造了新的旋律，将淮剧音乐推向一个新高峰，在淮剧史上形成了"程氏淮音"。

程少樑口述

艺海勤耕耘

我出生在艺术世家,我的父亲、哥哥、嫂嫂都是唱淮剧的,我是"扒着房门帘子看戏"长大的。我八九岁的时候就喜欢淮剧了,十一二岁的时候由哥哥引入淮剧之门。那时候由于演员比较少,有的演员为了增加收入,"七天跑三家"(经常有演员一个星期跑三家剧团,每换一家,工资就增加,所以每天都有演员离开)。我哥哥原来是上海日昇淮剧团的团长,他的剧团每天也有人跑,有拉的、有吹的、有敲的。然后哥哥就会从剧场跑回家来,就对我说你赶紧上乐队,乐队缺人。长兄如父啊,我会拉、会吹、会敲,所以就经常去顶角。吃这行饭,从小就要刻苦、勤奋,后来我就成了非遗传承人。

1946年我来到上海,除了拉琴还有就是作曲,我从小就和淮剧名家在一起合作,比如筱文艳、杨占魁、何叫天、马秀英、程少楠等。我熟悉他们,知道他们唱腔的特点,加上自己年轻的时候很勤奋,慢慢地积累,在上海人民剧团改为上海淮剧团的时候,作曲上我已经能独当一面了。当时创作的《金龙与蜉蝣》,1993年获得乐队伴奏奖,同年我获得"全国

2009年6月30日,在上海音乐厅举办的"程少樑淮剧作品演唱会"上,程少樑在演奏中

程少樑（中）在盐城淮剧博物馆开馆仪式上

南方片优秀作曲奖"。到北京去演出，获得"文化部第四届文华音乐创作奖""中国戏曲音乐学会第三届孔三传奖优秀创作奖"，1996年获得"第十一届全国戏曲电视剧STV杯优秀奖"，之后还通过自己的努力获得了许多荣誉。

旧曲翻新声

老一辈艺术家们吃了很多苦，不管是现代戏、古装戏，他们都塑造了很多形象，我很崇拜他们，也怀念他们。我在老艺术家筱文艳的曲目的基础上，整理了《寒梅》，也就是《党的女儿》，这部剧的淮剧版和现代戏《走上新路》是家喻户晓的。我师承潘凤岭先生，他是50年代著名的淮剧琴师、好的作曲家，很有名望。他的行腔走调很厉害，在每一出戏的开始，他衬托唱腔。1962年我开始作曲。先生把我们教会以后，就把稿子揉成一团扔了，然后我就把稿子捡起来，跑到宿舍里面，把它抹平了，压在枕头下。后来我把我自己创作的曲目整理出来，还把老师的也给整理出来了，好多老艺人，想要老师的曲目时还要来找我。在后来的创作当中，我大量地运用老师的手稿，《琵琶寿》《女审》都是我老师所做的保留曲目。我用以前老艺术家、音乐家遗留下来的东西，加上我自己的创新，创作了好多剧目，如《李甲与杜十娘》《汉魂歌》，还创作了现代剧《杜鹃山》《海港》。

我最喜欢的作品是《金龙与蜉蝣》，到北京演出获得了很多奖。

老有所为

现在我虽然老了，淮剧团还聘我为上淮艺委会专家，有时也要观摩演出，参加研讨会，看剧本。我另一块的精力放在参加社区活动上，还希望能够对社区有所贡献。社区需要我们，只要是人民需要的社区文化建设，我都愿意做出一份贡献。我是一名共产党员，不能考虑太多个人的事情，要多考虑社区。我非常喜欢文艺，学了老艺术家、老音乐家的很多优点。我在上海淮剧团的时候是独当一面的作曲家，在社区，能创作新剧本、新的音乐，我感觉我的老年生活很充实。

想想过去的老艺术家、老音乐家，他们活着的时候，什么荣誉、什么利益都没有，一辈子都在无私奉献，我看在眼里，记在心里，要把老一辈的优点在我身上很好地体现出来，发扬光大。老一辈文艺工作者，他们的声望也好、荣誉也好，都很高，但有的老艺术家，没有赶上好时代。我们赶上了好时代，国家给文艺工作者这么好的政策，我又是国家级非遗传承人，有责任把传承工作做好。我虽然退休了，但我有责任把淮剧传出去，不管是拉琴也好、作曲也好，都要传下去。上海老音乐家何占豪看了淮剧表演后，夸我："少樑啊，你这音乐写得很漂亮。"

老的艺术家像严凤英、徐玉兰等，我总想把他们的好东西写下来，进

程少樑（右一）在上海淮剧团召开的"程少樑淮剧作品研讨会"上

2009年6月30日，程少樑（右二）与吴孝明和唐志艳等合影

行传承。因为过去的老艺术家、老音乐家，没有这么好的条件能够创造淮剧。淮剧有很多优秀的剧目、优秀的唱段都是值得我们这些后人学习的。我很崇拜他们，老一辈艺术家在淮剧舞台上塑造了许多光辉的形象，不管是现代的、古代的，有很多形象在淮剧观众的心目中是不得了的。

薪火传后人

非常感谢我的太太唐志艳帮我整理申报传承人的材料。我是国家级非遗传承人，要大力培养淮剧音乐新人。我的传承是多方面的，有主胡、配器、作曲、唱腔。主要的弟子有魏红林（主胡）、周超（作曲配器）、顾安全（二胡首席）、朱寅（主胡）、朱玲（主胡）。"台上一分钟，台下十年功""曲不离口，拳不离手"，对于新人入行，我一贯严要求、高标准，以一个绝对专业的态度对待剧种的发展。每当排新戏的时候，我一边唱一边拉琴，不断地完善自己的曲调。对待新人，我是一句一句地教唱，一个字一个字、一板一眼地抠唱腔，手把手地教他们拉二胡（主胡）。

2014年6月，我收了4个徒弟：上海淮剧团的主胡演奏员朱寅、淮安淮剧团的主胡演奏员朱玲、上海音乐学院的硕士研究生周超以及东台广播电视台的主持人周丽娟。我培养了10多个专业弟子，像魏红林、顾安全、李学峰、朱寅和朱玲等，还有五六个业余弟子。2013年，在曹杨社区文

2009年6月30日，程少樑（前一）在上海音乐厅举办的"程少樑淮剧作品演唱会"上与吴孝明、陈忠国等合影

化活动中心成立了"程少樑艺术工作室"曹杨分部，现在我专注于社区文化建设，在我的创作中有创新有发展，旧中有新，新中有根。近期我创作的《原野》正在排练，即将搬上舞台。

（本文由左才慧整理）

淮剧

淮剧，又名江淮戏、淮戏，是中国地方戏中的一种，起源于清代盐城县和阜宁县，流行于江苏、上海、安徽的部分地区，是由当地民间流行的农民号子和田歌发展而成的具有说唱形式的"门叹词"，表演形式为一人单唱或两人对唱；又与苏北汉族民间酬神的"香火戏"相融合，之后受徽剧和京剧的影响，在唱腔、表演和剧目等方面不断丰富。淮剧的伴奏乐器中，管弦乐器有二胡、三弦、扬琴、笛、唢呐等，打击乐器有扁鼓、苏锣、铙钹、堂鼓等。淮剧的传统代表作品有"九莲十三英"（九部带"莲"字的和十三部带"英"字的戏，如《秦香莲》等）以及《金龙与蜉蝣》《忠王李秀成》，现代剧有《杜鹃山》《海港》《走上新路》等。上海淮剧团的淮剧以唱腔为主，文武兼备，既继承了老传统，又根据不同的人物和剧情，突破传统，大胆创新，使淮剧富有新的生命力和时代感，有"大都市新淮剧"的称号。2008年6月，上海淮剧团、江苏省盐城市申报的淮剧被列入第二批国家级非物质文化遗产名录。2012年，程少樑被评为淮剧的国家级代表性传承人。

程少樑在演奏中

程少樑经典淮剧作品

《金龙与蜉蝣》

《金龙与蜉蝣》获得文化部第四届文华音乐创作奖、1993年全国地方戏曲交流演出优秀剧目奖等。该剧本提供的是一个不同于一般淮剧的历史大悲剧，是淮剧的全面革新之作，其创作不失淮剧风味又有气息，程少樑运用了"淮调""拉调""自由调"等淮剧固有曲调，同时精心剪裁，大胆出新，在突破的同时使淮剧韵味更加浓厚。

金龙历经20年征战，重登王位时的四句唱，程少樑采用的是"自由调"，运动导板和大腔的处理，显现了蜉蝣的激情和力度，表现了金龙得意时的威武之气，而多年以后金龙垂垂老矣，虽然仍唱"自由调"，但是转以低沉婉转的旋律，体现金龙年迈后心理和精神上的衰萎。

蜉蝣在受刑后的唱段《不提防受刑戮祸从天降》，程少樑采用"大悲调"的曲调，在前后两大乐段里，以平和明净与均衡匀称的结构，用动力性极强且充满节奏律动的引腔大过门作铺垫，有一种华丽壮观的音响效果。当程少樑以带有悲剧性和速度型的弦技演奏时，与演员凄婉风格的演唱相糅合，无疑加深了对人物蜉蝣蒙受耻辱后幽怨、感伤、绝望、低沉情感的表达。

在《擎长剑、问苍天》一段唱腔中，程少樑动用了"拉调""自由调"。"拉调"曲性平和，具有可刚可柔、叙事抒情兼得的双重特性。程少樑在作曲时，利用了"拉调"的平静与优美，构建了"拉调"的外静内动、充满忧郁的旋律。像一首悲歌，把金龙侧耳倾听玉凤痛斥后的自愧、自责、自悔、自恨等多种复杂心态，谱写得细微而又有层次，深重而又扣人心弦。

从创腔的技术层面着手，金龙一句"问苍天"行腔，忽以翻高、拉长的手法处理；"拉调"和"自由调"之间的频繁交替，咄咄逼人的快板叠句的强力推进等，均赋予了人物音乐语言以力度强、气势更强的情感表现力。所有这些经过浓缩和提炼的板腔富有创意与创造性。

在唱腔旋律的写作上，程少樑一方面坚守着淮剧声腔质朴、粗犷的原则，另一方面又以新的审美意趣为指向，谱写出一个个富有奔放气质的旋律，又多带密集的装饰音，从而构成整首唱段的柔美和大气。

无论是前半部分的轻盈飘然的慢板，还是后半部分的深情柔婉的中板乃至快板，皆互相缠绵，呼应自如，毫无厚重堆砌之感。如此在音乐形式上的创新，不但保持了淮剧声腔的音乐风骨，而且还在固有的结构规范之外，增添了唱腔本身的感情深度和戏剧力量，突出了海派淮剧音乐创作中纤柔细腻的一面。

《金龙与蜉蝣》 剧照

《哑女告状》

程少樑作曲及主胡演奏的《哑女告状》原是江淮戏的连台本戏，《谯楼上》这首"大悲调"是淮剧传统唱腔中的经典唱段，还有"淮调"唱段《我与她同父异母闺中同长大》，"拉调"唱段《心焦急》，"自由调"唱段《我有什么错，我有什么罪》，"小悲调"唱段《走不尽黄叶地沙飞风吼》，其他调的唱段《龙楼凤阁》《纵然是人参果我难下咽喉》《可怜你早丧母啊多灾多病》等。1985年，《哑女告状》在文化部举办的全国戏曲观摩中荣获演出奖。1986年，程少樑个人获得上海第三届戏剧节音乐创作奖。

《哑女告状》 剧照

《南北和》 剧照

《南北和》

《南北和》中《碧莲儿言出肺腑情诚恳》的唱段悠长凄美，委婉动人。程少樑用时而婉转、时而低回、时而激昂的旋律，细化了萧太后得知青莲违抗军令，愤然欲斩青莲，后在碧莲的诚恳劝说下改变主意的那种多变的复杂心态，体现了音乐唱腔深含的表情功能。细听曲调，经过梳理的声腔，沉稳、持重，又柔和、舒缓。那听来毫不乏味的旋律，浸透在快慢、疏密的节奏变化中，显得十分贴切、精准。此曲由"自由调"始创者筱文艳所唱，不仅唱出了人物内在的精神气质和格调风度，而且塑造出了一个符合历史现状且又充满人性色彩的人物形象。

《八女投江》

　　《八女投江》由陈慧君编剧，程少樑作曲。其中《率女兵察敌情直插日寇心脏》这首"自由调"唱腔小段，有着较浓的海派咏唱风味，并有可喜的独创性和现代性。起首第一句"散唱散伴式"的"散板"行腔，以轻松的节拍和着女兵们快速的步法，与直线上扬的旋律中所蕴含着的强悍力量高歌猛进，形象地表现了冷云率女兵直插日寇心脏的豪迈气概。在反复辅以五度跳进为主要特征的旋律进行中，又颇有创意地融入了京剧反二黄慢板尾部拖腔的结构形态与旋律因素，从而使原本直白的"自由调"声腔变得更加开阔，更添亮色。除此以外，在整个唱段的后半部分，还隐约可听见依托"兰桥调"等民间小调的音乐元素所作的变化句型，尝试了切分节奏、紧缩拖腔并截去尾腔的做法。凡此种种，皆以一种新的旋律，让数声悲咽的泣声划破长空，使誓死奋战的冷云面对自己的阶级姐弟横遭日寇残杀时，肃然而生凄惨、悲愤之感。

　　回味这一唱段，篇幅虽然短小，但乐句走向流动自然，旋律舒展优美。尤其是唱腔设计者在技法和风格上的多重探索，更适合人们现代的审美心理，并初显出本土和现代两种特色的较好融合。

《八女投江》　剧照

《汉魂歌》

新编历史剧《汉魂歌》由程少樑设计唱腔，主胡演奏，于2007年首演于艺海剧院。该剧在民间故事《苏武牧羊》的基础上，采用全新的戏剧架构，全方位描写苏武与单于、李陵之间的矛盾冲突，全力塑造了一个高风亮节且充满人格魅力的艺术形象。

《李陵你一剑身亡魂魄消》这个唱段由人们耳熟能详的两首曲牌组接而成。前首"大悲调"细腻深沉，后首"淮调"雄劲峻拔，两个不同调式、调性的曲牌互为交织，组合出变化多端的塞擦音。戏曲唱腔的写作重在表达情意，为让音乐与剧中人物苏武的心绪更加贴近，程少樑颇有创意地将多含女性风情的"大悲调"作为主腔，并辅以移调变腔的处理手法，从而使这类悲曲亦能为"生行"所咏唱，这不能不说是一种曲调的有机组合的变革创新。

《汉魂歌》 剧照

唱段起首的两句大腔反复回环、萦绕，缠绵不断，仿佛在叙说着苏武与李陵永别后的那种悲喜交加，悲切之情油然而生。后两句则是前两句主体旋律的自然引申和照应，慢板后插入的"自由调"、平板对句，似在发展具有独立意义的旋律，同时又保留了淮剧声腔的重要韵味。这一句句平直而凄然的旋律，倾诉着人物内心的孤凄与苦闷，让人感受到苏武的痛苦与呻吟。

《汉魂歌》将"留胡节不辱，雪地又冰天，苦忍十九年"的苏武的傲骨挺立在淮剧舞台，再次被人们传唱。

程少樑——淮剧艺术的专业传承与社区传承

淮剧艺术在上海的发展，体现了这个城市海纳百川的胸怀。上海淮剧被推荐为国家级非遗项目，是对于淮剧的艺术价值、文化价值的肯定。程少樑是淮剧艺术领域的代表性人物，是淮剧传承的核心人物。他的淮剧传承是多方面的，不仅演奏主胡、配器，还有作曲与唱腔。程少樑招收淮剧表演的徒弟，从专业出发培养出了一批优秀的传人，并已经成为行业中的高端人才了。正是这些高端人才，支撑了淮剧的发展。程少樑也强调淮剧的社区传承，强调占据社区阵地，这是程少樑非遗传承的独特之处，也是其高尚之处。程少樑已是70多岁的高龄，依然站在淮剧传承的第一线，不断创作新品。他是德艺双馨的艺术家，是负责任有担当的非遗传人。

程少樑收徒仪式

5. 民族文化串珠人
——锣鼓书项目传承人谈敬德

  谈敬德，1942年生，上海人，副研究馆员。1961年开始参加锣鼓书音乐伴奏。1964年开始学习锣鼓书创作和音乐设计。1974年拜胡善言为师。之后在南汇文艺馆举办锣鼓书节目培训班，培养锣鼓书骨干200余人。为大团、祝桥、惠南、康桥等10多个社区及徐汇区、奉贤区、闵行区有关社区作曲，辅导150多人，为区青少年艺术指导中心组织的"锣鼓书音乐培训班"编写教材和授课。其创作的《百鸟图》《丁头亮办案》《柏万春审鸟》等30多个锣鼓书作品，在各类曲艺比赛上获奖。2008年被评为国家级非物质文化遗产项目锣鼓书的代表性传承人。2016年创作锣鼓书《生意经》，获全国群星奖上海赛区选拔赛第一名，还赴西安参加全国群星奖比赛，获入围奖。

  谈敬德长期致力于非遗保护事业，曾任南汇区（现并入浦东新区）非遗普查办副主任、区非遗办专家组成员。其间编写出版了《锣鼓书》《上海锣鼓书》《琵琶艺术·浦东派》《新场镇非物质文化遗产》等著作；并执笔编写、成功申报《锣鼓书》《琵琶艺术·浦东派》《浦东宣卷》国家级项目3项，《江南丝竹》《卖盐茶》《灶花》《织带》《打莲湘》《张氏风科疗法》《下沙烧卖》《浦东山歌》《上海说唱》市级项目9项。《布纺织技艺》曾获文化部纪念奖、全国艺术学科领导小组颁发的艺术科研成果二等奖。2017年为区级非遗申报撰写《凤露水蜜桃栽培技艺》《老桥头酥式月饼加工技艺》等4个作品，成功入选区级非遗项目。

谈敬德口述

一句承诺　坚守半生

1961年,上海市群众艺术馆为了弘扬民族文化,向全市推广锣鼓书,举办了一个锣鼓书传授班。那时,因为我会拉二胡,就被县文化馆抽去参加学习,担任伴奏,学习锣鼓书。也是在那时,我认识了上海市群众艺术馆的邹群老师,他是让古曲获得新生并进行改革创新的专家。出于对锣鼓书的喜爱和执着,我回到家里以后,也坚持边学边练。

一直到了20世纪70年代,我拜了南汇曲艺团团长胡善言为师,学习锣鼓书。锣鼓书,旧称"太保书",以前专门为农民春耕生产的时候做社所用。跟鲁迅先生所说的社戏一样,我们的锣鼓书叫"社书"。社书意在祈求老天保佑庄稼丰收,所以农民常常要请唱太保的艺人搞一个做社仪式。由于这个原因,锣鼓书在"文革"时被当成迷信,不能唱。那时候,曲艺团解散了,我的老师胡善言也被安排到了文化馆的门房居住,我的宿舍正好在他的隔壁,我就向他学习锣鼓书。刚开始,他还不肯教我,慢慢熟悉以后,他开始用菜盆伴奏教我唱腔,之后又教了我一些基本调。胡善言在1957年的时候,根据泥城盐民暴动事件创作了《打盐局》,参加全国曲艺南方片区的汇演,获得优秀演出奖。陈云同志也看了这个节目,从此锣鼓书引起了上海市里专家的重视。上海市群众艺术馆的邹群老师编演了第一部以锣鼓书为曲种名的现代短篇节目《芦花荡里稻谷香》,向全市推广。邹群老师知道我在学习锣鼓书,有一次我去看望他,他很激动地说:"小谈,锣鼓书的将来要靠你传承。"为了这一句话,我一干就是50多年,我拜访了江浙沪30多位锣鼓书的艺人,做了许多采访、搜集、记录、整理、传承、保护的工作。

到了20世纪80年代,上海市群众艺术馆承担了文化部启动的《中国民间歌曲集成·上海卷》《中国曲艺音乐集成·上海卷》《中国民族民间器乐曲集成·上海卷》的搜集工作,我被借调到上海市群众艺术馆工作,对全上海的曲艺进行采风、搜集。这么七八年的工夫使我很有长进,这期间尤其让我关注的是上海各个地方的锣鼓书,那时候我主编了《南汇县民间音乐》。我是学音乐的，从上师大艺术系毕业以后，又到群艺馆和音乐学院合办的"音乐干部进修班"学习作曲，所以以前我比较注重音乐这方面，比如伴奏、作曲、训练乐队等。后来我开始转向创作，有不少作品获奖，更增长了我的信心。

临危受命　勇担大任

2002年，中国曲艺家协会的施春年，也就是上海滩有名的沪书大王，他对我说："我们的曲艺团在90年代都解散了，留下来的仅有20多个人，我们这一代唱完了，没人唱了，希望你能够把它接班接下去。"他告诉我还有好多东西没有很好地被挖掘，比如锣鼓书说唱中间的拳谱。当时正好处于锣鼓书传承的断层时期，我们首先要做的就是把它传承下来，于是我们开始了对锣鼓书的搜集整理工作。2006年申报非物质文化遗产的时候，锣鼓书打响了上海申遗的第一枪。

2006年，锣鼓书入选了国家级非物质文化遗产名录，我们制定了两个五年保护计划，第一个计划就是拍摄一部关于锣鼓书的宣传片，撰写一本关于锣鼓书的书，建立一批锣鼓书的传承基地，成立一支中心表演队，建造一座锣鼓书的艺术馆。我们让锣鼓书首先走进校园，小朋友们一进培

谈敬德在传授锣鼓书打击技术

谈敬德指导锣鼓书训练

训班就非常好奇，咚咚锵咚咚锵地敲起来。这时我们做的第一件事是要让他们学习怎么敲。我们按照老先生的传统教法去教，有一个锣鼓经叫"厂厂迭卜迭卜厂贴"，这是一个启蒙的节奏，但是小朋友们敲了左手忘了右手，敲了右手忘了左手。敲锣鼓要左右开弓。后来我看到一个小朋友，他在玩拍手的游戏，我从中得到了启发，采用拍手游戏来教。齐就是"厂"，敲左就是敲锣，敲右就是敲鼓，让他们念"齐齐左右左右齐齐"，这一敲他们几分钟就能掌握了。学习锣鼓书的第二件事，是要用上海话来说和唱。第一次办培训班的时候，有50多名来自不同省市的小朋友，包括江苏、浙江、安徽、四川、广西、福建等地，他们不会说上海话。后来我想普通话是用拼音的，所以我把锣鼓书的台词也标上拼音来教他们。我们的节目两次走进上海电视台，三次走进全国少儿曲艺大赛。有一个记者采访我们的小演员唐文颀时，问她为什么要唱锣鼓书，她说："这是国家级非物质文化遗产，我喜欢。"她的这番话让我很欣慰，我好像看到了传承路上的锣鼓书小花们正在茁壮地成长。

第二个五年计划的重头戏，就是要打造中国民间文化艺术锣鼓书之乡。我和我的学生顾佳美花了五年多的时间，以南大、坦直居委为龙头，先后有10多个村、居委都有了自己的锣鼓书表演队或锣鼓书艺术骨干，大大提高了锣鼓书的覆盖面。我们新场镇已经连续三年被评为中国民间文化艺术锣鼓书之乡。

现在我们在做的事是锣鼓书的数字化建设，历史上有 80 多个传统曲目，我们新创作的曲目有 200 多个，这些曲目的文本、音乐、表演技巧都要进行数字化保存，所有的唱腔、曲调、剧本都要把它保留下来。

致力传承　振兴绝唱

参加过我举办的锣鼓书培训班的学员有 1000 多人次。我在区里任职的时候，每两年举办一次锣鼓书的传授班，将近 30 多个乡镇，每个乡镇至少派 2 人参与，举办锣鼓书培训班 10 多期，参训者有 600 多人。到了新场镇以后，更是每年坚持办培训班。我们先后为新场镇举办社区及学校的老中青少幼五个层面的锣鼓书培训班，共计参与人数为 200 多人。我们还为大团、祝桥、惠南、康桥等 10 多个社区及徐汇区、奉贤区、闵行区等社区进行锣鼓书的作曲、辅导，现在这些社区都有比较好的锣鼓书队伍。另外，我还曾为上海思博学院（文艺班）、上海健康医学院附属浦东卫校贯通（大专）班各开课三年，把锣鼓书这一传统文化向大学生作传播。

新场的石笋中学现在已经成为上海市级的锣鼓书传习基地，他们把锣鼓书列入音乐教育课，每个学生都要学几个唱段。新场镇小学从二年级的学生中挑选一批人参加锣鼓书培训，并且每年都要创作一个新的节目。新

谈敬德在传授锣鼓书技艺

谈敬德在传授锣鼓书技艺

场幼儿园也购置了一批锣鼓书器材并排练演出了好多锣鼓书童谣。现在我们已经形成了幼儿园、小学、中学的传承梯队，有良好的传承氛围。以后，我们希望在小朋友中间形成一个类似小荧星艺术团的锣鼓书艺术团，让锣鼓书不失传。我为新场镇小学创作了一首《洗脚歌》，马上要开始培训，争取参加市里比赛、全国比赛。我们一直在创作新的节目，既然新场镇是中国民间文化艺术锣鼓书之乡，就一定要把它巩固下去，不是为了获得什么荣誉，而是为了让锣鼓书一代代传承下去。我也一直在找作曲的人，尤其是会创作的人。以前南汇区的一些文艺干部，加上奉贤、宝山的，大概有十几个人能写曲子，他们有的人比我年龄还大，现在好多都不作曲了。所以我编了一本《锣鼓书音乐》，有了这本书，只要有点乐理知识的人，以后就能为锣鼓书作曲。

自从2008年我被评为国家级非遗传承人之后，我觉得我的担子很重。那个时候，因为一些锣鼓书老艺人都没有传授能力，因此，区非遗办认为长期重视锣鼓书研究的人也可以参评，我就是以这个角色去参评的。所以我的责任更重，我要把锣鼓书的各个方面尽可能挖掘出来。我整理编写了锣鼓书的教材、锣鼓书的作品选、锣鼓书的传承系列丛书，比如《锣鼓书基础教材》《锣鼓书入门》《锣鼓书艺术》《锣鼓书民俗》《锣鼓书传统曲目选》《锣鼓书》《锣鼓书音乐》等。锣鼓书的题材多是纪念国家忠臣良将、行业鼻祖，像鲁班的工匠精神、药王孙思邈挖掘传统医学等。

谈敬德在传授锣鼓书打击技术

　　作为传承人,我认为第一要用心去做,有个成语叫"业精于勤",这个成语对我一直是一种鞭策;第二要马不停蹄,要坚持把锣鼓书研究下去。我要把所知道的关于锣鼓书的一切知识都表达出来,留给后人。

　　传承路上有艰辛,但这是我的使命。

(本文由林俊琦整理)

锣鼓书

锣鼓书是一门古老的民间艺术，是一种流传于上海地区最古老的原生形态的民间曲艺形式，旧称"太保书"，因演出时由演员自击锣鼓演唱故事，民间亦称"镗锣书""神鼓书"，具有祭祀功能、娱乐功能、宣传功能，是中华民族活的文化见证。锣鼓书起源于汉末晋初，最初为一种神秘的民俗活动，后来由民间仪式和传统曲艺综合演变成一种新的表演形式，运用镗锣、书钹、书鼓等打击乐器为道具，边击边唱，唱说因果，其声腔曲调抑扬顿挫、动作演示活灵活现、锣鼓节奏铿锵有力，塑造出的艺术形象生动具体。明代定出里社制度，社祭之俗传播开来，锣鼓书也成了一年一度的做社唱社书形式。老百姓希望收成好一些，在春季时要"待青苗"，要做"春社"；到了秋天，要"庆丰收"，要做"秋社"。做社包含四出小戏：第一出为请神仪式；第二出是给问卦者做占卜仪式；第三出就是唱社书，说唱民间故事；第四出为送神。锣鼓书塑造的俗神有爱国诗人屈原、抗金英雄岳飞、能工巧匠鲁班、药王孙思邈等，以鼓励后人学习他们的精神。锣鼓书的占卜仪式分为"笃筶"和"掐卦"，"笃筶"可以为老百姓算出遗失的东西、遗失的方向，以及是否能找回来等。在祭祀时唱社书，被称为"阴太保"，在茶馆等场合唱社书，则被称为"阳太保"。后来，

谈敬德在演唱锣鼓书

锣鼓书从唱社书中分离出来，不单单是祭神，更是演变为在茶馆等场合为广大老百姓提供娱乐活动的、说唱因果的说书了。"说唱因果"的主要特征是进书场说唱民间故事，艺人们逐渐形成了"身、手、眼、步、口"的表演要素。现在可知的锣鼓书艺术近代传人为嘉庆年间的南汇二团人顾秀春。清末民初，锣鼓书已广泛流行于沪郊东、西乡，并传布到浙江省嘉兴、平湖一带。1950年，沪上"说唱因果"的艺人进入上海大世界游乐场学习，会上将"说唱因果"称为"沪书"，而后迅速发展。1961年，以乐器命名，更名为"锣鼓书"，出现于群众舞台上，古老的曲种发挥出了时代的生命力。锣鼓书的艺人们总结出"五功"的艺术精髓和要领，即白功、唱功、做功、击功、背后功。传统的锣鼓书脚本根植于农村，内容大多是醒世宝卷、因果报应、历史故事、乡村传奇，反映了民间疾苦、伦理道德、反对封建、争取婚姻自由等主题。成为群众娱乐形式的锣鼓书则形成了"说、表、唱、做、自击鼓；手、眼、身、法、步加舞"的艺诀，有帽子功、扇子功等，为老百姓所喜闻乐见。锣鼓书是上海民俗文化的一朵奇葩，也是整个上海民间曲艺中的艺术瑰宝。然而，锣鼓书的发展现状却不容乐观，由于老艺人相继谢世，传艺断层，唱本失传，说唱锣鼓书艺人锐减到5人，整个锣鼓书已到了难以生存的地步，亟须加以扶持和保护。2006年，锣鼓书被评定为第一批国家级非物质文化遗产项目。

谈敬德在石笋中学教授锣鼓书

谈敬德的锣鼓书作品及传承活动

谈敬德说唱锣鼓书《月令儿》

谈敬德（左）授徒
顾佳美（右）

少儿锣鼓书《爱心伞》，词曲作者谈敬德，指导老师顾佳美，主演唐文颀。2008年在泰州参加中国曲协举办的全国少儿曲艺大赛上获铜奖，得到中央电视台、泰州电视台、上海电视台的展播和有关传媒的报道。

锣鼓书《爱心伞》

锣鼓书《生意经》，词曲作者谈敬德，主演顾佳美、郁敬。获2016年全国群星奖入围奖，曾在上海、陕西、天津、湖南长沙等曲坛展演。

锣鼓书《生意经》

谈敬德编撰的《锣鼓书》教材。此书专供锣鼓书传习基地初级、中级、高级班学员学习进修。它从各类练习曲开始，让学员由浅入深、循序渐进，学得唱功、说功、做功（表演）、击功（锣鼓打击技巧），从而熟练掌握锣鼓书的表演艺术。

《锣鼓书》 文汇出版社

《锣鼓书音乐》 上海社会科学院出版社

《锣鼓书音乐》是谈敬德向江浙沪几十位艺人收集、记谱、研究、分析后整理的锣鼓书音乐专著。过去艺人学唱锣鼓书，全靠先生心授口传，如今通过视谱学唱，就能学到长三角地区艺人所流行的唱腔。作者通过研究，找出了锣鼓书音乐的唱腔，将其分为"基本腔""月令儿腔系""小调类"。同时，该书为爱好者介绍了锣鼓书的唱腔设计、编曲常识。

谈敬德——群体性传承锣鼓书曲艺

　　谈敬德从艺多年,既是一位锣鼓书的传承者,也是一位锣鼓书艺术的研究者,还是一位锣鼓书的词曲作家。他出版了相当数量的锣鼓书专著、教材和普及读物,不仅树立了个人形象和品牌,而且对公众对于锣鼓书的认知与接受也大有裨益。谈敬德具有强烈的文化传播意识,积极开展"非遗进校园""非遗进社区"等活动,通过大赛、表演等活动积极传播非遗项目,其所属的锣鼓书项目长期受到媒体的关注和报道。著书立说是非遗传承人传承水准的体现,保证了高端传承,而开班大规模授徒,扩大了传播力度与影响力。谈敬德集表演、创作、研究为一体,个人综合素质高,也是一般艺人难以达到的境界,其群体性传承,使得锣鼓书这样一种濒危的曲艺形式得以有效传承。

谈敬德在南汇区锣鼓书艺术培训班授课

6. 上海人自己的田山歌
——上海田山歌项目传承人张永联

张永联，1938年生。2012年被评为国家级非物质文化遗产项目吴歌（田山歌）的代表性传承人。张永联生于上海市青浦区练塘镇，自幼跟随父亲学习练塘田山歌，可称为"真正在田间劳动中唱田山歌的最后一代人"，是现今最老一批田山歌传承人之一，也是练塘田山歌唯一的国家级传承人。他在田山歌中唱头歌，属于领唱位置。常年站在田山歌传承的第一线，参与田山歌传承人班教学、"非遗进校园"（田山歌兴趣班）等活动，成功培养出杨晓峰等第二批练塘田山歌传承人。

张永联口述

我叫张永联,从小就长在练塘。田山歌原来叫"落田山歌",就是下地干活才唱的歌,后来慢慢地改叫为田山歌。田山歌是吴歌的一个分支。2006年,青浦区文广局就把田山歌申报为上海市的非物质文化遗产项目,属于音乐类,2008年申报成为国家级非遗项目后就转到文学类了,申报的是上海田山歌,属于吴歌类。我们真正老一批传承人就3个,我是唯一的国家级传承人,其他的都是后来学的,我们市级的传承人有7个。

上海田山歌传承人张永联

16岁的时候我就跟我父亲学唱田山歌了,就是下田里去一边干农活一边唱。田山歌分成头歌、卖歌和嘹歌三个部分,要用我们练塘本地话唱,头歌领着大家,一唱一和的才叫田山歌。一边唱一边干活就有干劲。我因为嗓音条件比较好,声音亮,就学唱头歌,平时都是我起头领大家唱的。其实我没有系统地学过,都是用我们本地话,在劳作的时候凭着感觉唱的。同一个地区的调都是不一样的。像我是跟着我父亲学的,所以我唱出来的就是我父亲的调。在田间劳动的时候唱田山歌的我们算是最后一代了,像我们的徒弟再怎么学田山歌,都没有这样原汁原味的了,都走样了。

田山歌有好多经典曲目,比如《十二样生肖》,这是落秧歌,就是下秧苗的时候唱的。还有《十杯酒》《五姑娘》等,以前我都会唱。田山歌的内容主要跟我们下地干活等平时生活或者经常听的故事有关。也有一些是言情的,当时人比较爱听也比较流行。不过"文化大革命"时把这些说成是黄色歌曲,我们也就不唱了。

再后来我们唱着唱着就唱出去了,也参加了好多演出,还去上海兰心大戏院唱过。我们这批老歌手最大的两个成就,一是到中央电视台参加放歌演唱,还有就是到西安参加了中国原声民歌大赛,获得了优秀传承奖和优秀组织奖两个奖项。

从2005年开始，练塘传承基地成立以后我们就开设了传承班，到现在已经100多期了，教唱田山歌。其实大部分人都是不太愿意学的，50多岁的已经算是年轻的了。我们组织了好几批，但是效果不好，因为大部分人自身条件不大行。首先，田山歌要用我们练塘本地话来唱，好多人是外来的，学起歌来难度就更大了。田山歌对嗓音条件还是有些要求的，要根据嗓音条件确定唱哪个位置的歌。尤其是头歌，要求嗓音亮。唱田山歌要求记忆力好，像有些大山歌要从一月唱到十二月，全是靠自己记下来的。加上现在不干农活了，确实有唱田山歌的感觉了，也没多少人愿意听。

2015年举行"非遗进校园"活动时，我们在学校里也开过兴趣班，一开始有25个学生来参加，但是因为其中20个都是外来的，他们不会本地话，所以这个教学没成功。后来，我们又开了一期兴趣班，只招到15个小朋友，都是我们本地的。

政府经常邀请我们去参加一些演出，也有些纪录片导演来拍我们田山歌。上海世博会的时候，政府还牵头拍了一个关于田山歌的微电影，叫《上海节拍》，把我们的田山歌跟一些流行音乐结合起来，不过我们觉得不是非常好。因为田山歌要一唱一和的，这么一来就不像田山歌了。不过总体来说政府对田山歌还是挺支持的。

20世纪80年代，上海田山歌歌手在田间演出

像我们办非遗传承班，政府就给了很多资金上的支持。不过就算这样，田山歌的传承还是进行得比较艰难。有的人是条件不行学不来，更多的人是不愿意学了。因为现在人们听不懂也不爱听田山歌，传承班现在办不下去了，就两三个人，一个班也凑不起来。我们也是凭着感觉唱，我自己会唱，但是怎么唱好田山歌，其中的道理我是讲不清楚的。徒弟领悟不到，唱的时候可能就气接不上来。我们也考虑过是不是应该请专门的音乐老师，但是现在暂时还没这个条件，请不到音乐老师来给我们做系统的训练。

我再说说"非遗进校园"活动，我们搞了几期也没培养出一个田山歌的人才来，也就是让小朋友们知道了还有田山歌这种歌曲形式。我们的活动主要集中在小学，适合四五年级的学生唱。但是教一两年后小朋友就要升学了，家长也不太支持，毕竟现在的小朋友以学业为重，没时间搞田山歌了。

现在田山歌的传承情况不太好，因为田山歌是原生态的，没有伴奏，音也很高，所以教起来太难了，而且大家也都不下地干活了，唱起来没有那个原生态的味道了。我们办传承班的时候，还组织过大家一起下地干活，但是因为现在的年轻人从小就没有这种经历，下地干活也没什么感触，跟田山歌就更没什么接触了。

我们田山歌到现在还是像其他许多非物质文化遗产项目一样，主要依靠政府扶持。田山歌不好走商业化道路，不像有实物作品的可以拿出去到处展示。现在我们老一批的已经唱不动了，主要是我徒弟这一批在唱了。我们也有所创新，主要是对田山歌内容上的新编，歌颂家乡风光。我们出去参加非遗的比赛、表演还是经常能拿一些奖回来的，反响不错，但爱听的人少，传承人又青黄不接。年轻人现在都不愿意来学唱田山歌了，我们招不到学生，这是让我最忧心的。

（本文由高子茜整理）

上海田山歌

　　田山歌是由劳动人民自己创造的一种劳动歌曲，它既能抒发劳动人民的感情，诉说自己的欢乐与痛苦，又能陶冶性情、解除疲劳，具有水乡的灵秀之气。田山歌与江南地区的稻作文化几乎同时产生，最早是一种田秧号子的形式，可追溯到春秋时期的吴歌。最迟在16—17世纪的明代，田山歌在上海地区已十分盛行。清末民初，田山歌的创作和演唱达到鼎盛阶段。上海田山歌节奏明晰，采用原生态、无伴奏清唱式，声音高亢而音调多转，旋律起伏大，且多拖音，对嗓音要求较高。田山歌的曲调，一般在句逗结束处旋律都有下行的规律性特征，而段落的结束音一般都落在调式的主音上。田山歌的织体基本上是单声部，但在各句逗连接时，后句逗常常采用侵入法，侵入到前乐句的结束音上，构成二乐句的重叠，民歌手称之为"迭起来"。由于演唱时形成前后乐句的重叠，就构成了两个声部的和声音程效果，产生了同度、八度、四度、五度等不同种和声效果；也有二度、七度不协和音程出现，这就产生了特殊的多声因素。完整的田山歌由头歌、卖歌和嘹歌三个部分组成，一问一答、一唱一和。头歌部分由一人独唱，接着是由男声合唱的卖歌部分，然后是由女声合唱的嘹歌部分，反复重复。田山歌的内容来自生活、反映生活，丰富多彩，多与农村人们日常耕作生活或耳熟能详的故事有关，具有认识社会、教育、娱乐、审美等功能，其主要内容表现在劳动、生活、思想、历史文化、婚姻爱情等方方面面，是观察青浦及周边稻作地区劳动人民社会生活、风情民俗、人文语言、心理等方面的重要手段。上海田山歌温柔多情，题材多样，反映了人们的劳动生活和审美追求，经典曲目众多，如《十二样生肖》《十杯酒》《五姑娘》等。2006年青浦区文广局将青浦练塘田山歌申报为上海市非物质文化遗产项目，属音乐类。2008年，上海田山歌作为吴歌的一支，申报为国家级非物质文化遗产项目，并改划入文学类。

张永联演唱田山歌及传承活动

张永联率上海田山歌歌手赴西安参加中国原声民歌大赛

张永联在唯实希望小学教唱田山歌

张永联在练塘文体中心举办田山歌培训班

田间小憩的民歌手

张永联——克服困难传承田山歌

张永联是江南农业社会的歌者,声音洪亮清远,极富魅力。当传统的插秧农活等逐渐淡出上海的郊野,上海的山歌样式田山歌也逐渐淡出了人们的生活。田山歌往哪里去?这跟码头号子一样,不可能重回原生态形式。但是田山歌的婉转高亢的旋律与淳朴美丽的情感,都是值得传承的珍贵的文化元素。张永联注重通过"非遗进校园""非遗进社区"等方式进行田山歌传播。由于田山歌的特殊性,很难培养传人,尽管政府牵头举办了传承班,效果却不甚理想。张永联高龄传承,困难多多,需要各界帮助。或许像他那样的"帕瓦罗蒂式"的高难度的传唱技艺,在当下不求大众传承,通过专业训练的音乐工作者小众来传承更为合适。

上海田山歌传承人张永联(右一)

7. 草塑匠心　龙舞人生
——舞草龙项目传承人费土根

　　费土根，1947年生，上海人。自幼学习手工竹编，掌握竹篮、竹筐、竹匾等农家生活用具制作技艺。1973年从部队退伍后回到松江叶榭镇，开始学习制作草龙、滚灯和水族舞。其编织工艺精湛，尤以草龙的形象设计和制作技艺见长。2009年被评为国家级非物质文化遗产项目舞草龙的代表性传承人。2010年6月应邀参加上海世博会公众参与馆"秀空间"舞台展示16场，受到上万名国内外游客的瞩目。从业30年来，费土根不仅继承传统的草龙制作技艺，还根据实际情况对做工花样、编制技法进行改进，赋予了草龙现代的气息和神韵。其设计并编扎的"四不像"草龙，历时一年完成，这种有着牛头、虎口、鹿角、蛇身、鹰爪、凤尾的草龙，一改传统草龙的形态，表达中华民族自强不息、昂扬奋进的强大精神，多次活跃在"上海之根""香港回归"等大型文艺庆典和社区文化演出的舞台上。

费土根口述

篾呈心境　身体力行传薪火

我接触并制作草龙是在 1973 年从部队退伍后。虽然叶榭舞草龙有着上千年的历史，小时候我也经常看村里人在舞草龙，但不是很懂。因为那个时候乡村很贫困，吃饭都成问题，对于舞草龙这项传统活动也不是很重视。1969 年，我入伍当了铁道兵，修过成昆铁路，后来因为会做些技术活，就被分配到汽车修理连，做汽车钣金工，四年后我退伍回到了家乡叶榭镇。那个时候为了生计，大家都选择去工厂做工。我也在大队的一家小工厂做钣金工，业余时间经常到附近邻居家里做竹编活。竹编是我们叶榭镇从古代就流传下来的一门手艺，我小的时候就会编竹篮、竹筐。我父亲生前是修理麻袋的，但是他在我 11 岁时就去世了。因此家里生活也不如以前，付不起拜师学艺的费用，用竹子编小物件都是我看别人做，然后自己研究着做出来的。我最早做的一件东西是竹笛，那时候不过十来岁，看着走家串户"换糖"的小生意人用笛子吹奏音乐，我很羡慕。当时家里穷，没有钱买，我想着自己做一个，就找人借来一支笛子，找了一根同样长的竹子，比照笛子上面的孔，在竹子上用烧红的铁条烙出一样的孔来，又找来芦苇

费土根的草龙作品

芯当作笛膜。我做的笛子吹出来的声音和他们的笛子基本上是一样的。

我学习制作草龙前先跟着老艺人学习竹编，竹编是基本功。现在来学习制作草龙的人，我都让他们从学习竹编开始。先教他们做篮子，让他们自己劈竹子，还要用刮刀刮光滑，放在脸上不会刮烂皮肤，这样做出来的才合格。因为制作草龙的工艺主要是竹编技术，龙头、龙身的骨架都是用竹圈扎成的，再用稻草沿竹圈扎紧，一根一根放上去，制成草龙的龙衣。所以，如果没有扎实的竹编基本功，草龙制作技艺是学不好的。即使是最基本的劈篾，就是"下竹"（把竹子劈成细条状的竹篾）这一步，不练个把月，劈出来的篾条就粗细不匀，根本没法用。一些较为复杂的竹编艺术品，至少要学两年。

那时候会做草龙的人很少，没有专门的师傅教，也没有人带着做，靠的都是自己多钻研，多练习。幸好我原来做过竹编的活，在部队里也是技术工，有一定的基础，所以上手做草龙的时候就容易些。但是那个时候，会做草龙的人很少，而且草龙又是用竹子和稻草做成的，这就很难让做好的草龙在南方又潮又湿的环境中保存下来。所以很多技术还得自己摸索，草龙的样子也得自己重新设计，我交给徒弟的经验都是那个时候从自己身上总结出来的。

现在跟我做草龙的基本没有年轻人，年轻人和我们的想法不一样，竹编工艺难学，费时费力，还挣不到钱，他们不愿做这个工作也可以理解。现在我的儿子在跟着我学习，他受我的影响，现在在空余时间也开始学习制作草龙。政府为了传承这门技艺，也采取了一些措施，办了一个两年制的竹编技艺学习班，第一次招了六名学徒，他们平均年龄在40岁左右，是我们当地喜欢竹编的人，每周周三和周日来培训基地叶榭镇社区文化活动中心学习两天。

这个班不仅有我这名老师，还有两名专门做竹编的艺人。学习竹编和制作草龙一样，都得从削竹子开始学起，而且只有竹编学好了，才能接着学习做草龙，然后一步一步来，直到自己能设计才行。所以，我们的师傅教徒弟编竹编的要求特别严格，都是手把手地教，毕竟现在会这门技艺的人太少了。师傅就希望徒弟早点出师，再去教别人，将竹编技艺传承下去。

古为今用　千年草龙展新貌

在我们叶榭镇，最早的草龙除了龙是用草做的以外，连舞草龙的人穿的衣服也都是用草做的，就是古代下雨时农夫头戴斗笠、身穿蓑衣、脚上穿着草鞋的样子。近些年舞草龙成了表演，穿的衣服都是舞台上表演的服装，花花绿绿的，颜色很鲜艳。现在舞草龙的人都穿着皮鞋，看着总觉得不是原来的样子。为了还原纯正的舞草龙求雨仪式中舞龙人的形象，我着手做了九件蓑衣，还有一位黄师傅，他做了九个斗笠。我记得在我小的时候，村里的人都戴斗笠，夏天遮阳，冬天遮雨。虽然现在时代变了，但是我们希望舞草龙还是原汁原味的，这是我们叶榭舞草龙的特色。

我们那个时候制作草龙的条件很艰苦，技艺也比较简单。为了生计，基本上没有时间研究它，所以最早制作的草龙形象比较简单，就是那种两三人舞动的小龙，像现在这种大型的还没有办法制作。后来国家开始重视这些传统文化，政府给我们提供了许多支持，还给了资金补贴，改善了我们制作草龙的条件，我们就开始把草龙长度慢慢扩大，从五人舞的龙，逐渐增加为七人、十三人的，龙头前面还有一人舞引龙的龙珠。现在叶榭的舞草龙队舞的就是十三人的草龙，原来前面一人舞引龙的龙珠也改为由两个小女孩舞小的草龙。以前的草龙两米多有一个间隔，舞草龙的时候前后两个演员会碰到，后来我把它加长到两米二。

我们现在做的草龙都是我自己设计的。我没有学过画图，设计东西全凭自己的感觉。由于原来我们叶榭镇的传统草龙形象比较简单，不美观，叶榭镇社区文化活动中心就建议我改进一下，符合现代审美，而且还得有特色。于是，我就自己构想设计出了这条"四不像"草龙。它和原来传统的草龙不一样，虽然是龙的身子，但是头的形状是按照牛头的样子做的，头上有鹿角，嘴是虎嘴的形状。这个"四不像"我们都没见过，而且也没有具体的图片，我是按照自己的想法设计的。牛头

费土根作品《十二生肖·龙》　竹编

代表勤劳善良，鹿角代表健康长寿，虎口代表英勇不屈。原来我们做一条草龙要四到五个人，花半个月的时间就可以完成，但这条"四不像"草龙做了近一年，用的时间是我们做传统草龙的几十倍。就比如说做老虎的牙齿，它前面有两颗特别长特别弯的牙齿，这就很难做。因为牙齿的材料是毛竹，竹子是挺直的，但我要做成弯的，这样看上去才有威武凶猛的气势，所以要削好它需要花费一些工夫，还得打个小眼子，从牙根那里装上胶水。整套牙齿做完就用了两个星期。虽然花费了许多时间进行设计和修改，但是见过的人都说好看，而且很受欢迎，这让我们很受鼓舞。

继往开来　叶榭竹编进世博

国家现在对舞草龙这项民间活动特别重视。我们叶榭镇政府专门在社区文化活动中心建了非遗展示厅，还修建了专门做竹编、做草龙的基地。我们演出用的道具都在展示厅里展示，而且还有专门的讲解员负责讲解。有些地区举办活动，也都会请我们去现场展示制作过程。还有大学组织学生到叶榭镇来参观草龙，看我们的工作场景。现在能有年轻人关注和喜欢我们这些传统手工艺，我很开心，毕竟做草龙的艺人年纪都大了，需要年轻人学习、传承下去。

2010年上海举办世博会，我们叶榭镇去了四个人，组成一个竹编团队，到世博会的一个公众参与馆去展示。其中三个人是竹编师傅，只有我是制作草龙的。当时展示的是我自己设计、制作的小龙，除了展示外，还在现场进行表演和教游客竹编技艺。我们一共展示了三天，每天来看我们展示的游客很多，许多都是外地或者国外的游客，他们都是第一次看到这些竹编作品，很好奇，还有人想出钱买回去收藏。看到其他地方的人喜欢我们的作品，我们都很高兴。自从那次展示之后，我们叶榭镇的竹编技艺也受到更多人的关注。有一些媒体记者专门到镇上来，拍摄素材，还对我们进行采访报道。

现在一些其他地区的政府专门派人到叶榭镇来跟我们学习做草龙。之前，金山区找我们做八条小草龙，然后派了两位老师傅到我家来，跟我学习做草龙的龙头。这两位师傅年龄都比我大，跟我学习了一个星期。教会他们后，回去他们第一次做，发现龙头没有立起来，又过来继续跟我学。

费土根在整理草龙

做龙头其实是很复杂的一件事,得长期学习和练习才能完成,而且我们叶榭镇的草龙也比其他地方的草龙的制作工艺要复杂,光做龙衣的稻草就要200斤左右,而且还得用糯稻草,这种稻草是很好的制作材料,舞的时候很轻便。最特别的还是我们叶榭草龙的制作技法,用四个字来总结就是"粗中有细"。"粗"是指稻草编的龙衣看起来四散蓬开,但舞起来的时候像竖起来的公鸡,很有生气;"细"就是说做工精巧,稻草编织得紧密又坚固,一条十三个人舞的草龙可以用三年。

我现在虽然年纪大了,但是每天都会做草龙,基本上每天做三个小时,周三、周日要到培训基地教徒弟,时间会长一点,一般做四个小时左右。其实很多工作我都是放在家里做的,因为在家里做起来会比较方便。有时候想做新的东西,我就会去构思,或者出去走走看看,观察观察。比如说在叶榭镇社区文化中心展示厅里展示的一套竹编"十二生肖",就是我根据看到的动物,在脑子里想出设计图来,然后起个头,我们竹编团队的几个人再一起完成。虽然现在我们要还原传统的舞草龙仪式,但是在竹编技艺上还是应该进行创新。毕竟现在人们的审美不一样,我觉得好看,但是别人不一定觉得好,所以我希望能多去构思一些新的竹编作品,做些有创意的东西,让大家都喜欢。

(本文由王文慧整理)

舞草龙

上海松江叶榭舞草龙是在稻作文化的浸润下，由生活演绎而成的传统文艺及体育活动，起源于唐代，距今已有千余年历史。相传"八仙"之一的韩湘子就是叶榭人，他看到老百姓饱受干旱之苦，为解家乡的特大旱灾，就吹响神箫，召来东海龙王，于是东海龙王降旨下雨，老百姓很欣喜。从此，叶榭一带的老百姓为报韩湘子的恩德，在每年开春以后，就用金黄色的丰收稻草扎成草龙纪念这个日子。草龙以毛竹制龙身，以稻草编毛衣，用葡萄藤或树杈来制作龙角，用圆形的水晶制成眼睛，用麻绳连接龙身，用铁丝扎竹环，用泡沫制龙牙，用棕制龙须，用篾竹制舞杆柄，做工精巧又显粗犷的原生态风格，呈现出"粗中有细"的特点。制成的草龙全身分为七段，长七米左右。此后逐渐演变成叶榭当地的一种风俗仪式：在当地的普善庵，每逢农历五月十三、九月十三，人们会请出青龙王的牌位和神箫，以草龙舞求雨，祈祷一年四季风调雨顺、五谷丰登，并祭神、娱人。仪式由祭祀和求雨舞两部分组成，舞龙分别由"祷告""行云""求雨""取水""降雨""滚龙""返工"七个程序组成。松江的舞龙没有龙珠引领，而是由一个人扮演韩湘子吹箫，人们不用求龙王，而是请韩湘子"吹箫召龙"，使得龙王不得不下雨。

叶榭舞草龙集音乐、舞蹈、竹艺、扎技于一体，包括了历史、民俗、艺术等诸多非物质文化的内容，是上海松江地区极具特色的一项民间习俗与文艺形式。它由中国传统稻作文化下的求雨仪式生发而成，是中华文化龙崇拜大传统下地方民间信仰的产物，承载着人类古老的宗教情愫，表达了中国民众对天地的敬畏之心和朴素的愿景。舞草龙是研究江南地区民间信仰的活化石，要注重保护祭祀求雨仪式和草龙的制造工艺及制造道具两大方面，发扬其仪式性、观赏性、娱乐性和艺术性的文化价值。2008年6月，舞草龙被列入第一批国家级非物质文化遗产名录扩展项目。2009年，费土根被评定为舞草龙的代表性传承人。

费土根舞草龙活动

费土根在工作室中制作草龙

庆贺草龙制作完工

费土根在非遗活动前检查草龙

费土根在非遗活动中展示草龙

费土根制作草龙的工具

费土根与非遗专家刘德龙交谈

费土根在家中教授孙女制作草龙

费土根向徒弟传授草龙制作技艺

费土根——舞草龙传承的原样追求

费土根是一位草龙制作者和草龙舞者，这样一位农业社会留下来的非遗传人，有着保留这份文化记忆的强烈愿望。在相关部门的支持下，叶榭舞草龙非遗项目进入了上海世博会，给了世界一个惊喜。在师徒传承方面，他在政府的扶持下开办了竹编技艺学习班，硬是将这份遗产传下来了，实在是不容易。舞草龙与一般舞龙不一样，不是为了观赏，而是为了祈雨。舞草龙是江南地区古老的文化仪式，不求华美，但求诚意。今天要是将这种草龙华彩化，就失去了舞草龙的文化内涵了，所以原样传承反倒具有独特意义。舞草龙是农业社会的产物，今天，在已经城市化的上海郊区，舞草龙成为一种文化记忆、一种美丽乡愁。费土根的草龙扎制与舞草龙技艺，也日益为各界所重视。

费土根在非遗活动中展示技艺

四

传统医药名家

1. 大医的情怀　工匠的精神
——朱氏推拿项目传承人朱鼎成

朱鼎成，九三学社成员。复旦大学附属华东医院推拿科主任、副主任医师，复旦大学中西医结合研究院针灸推拿骨伤临床研究所所长，上海市干部保健专家，上海中医药大学兼职教授，上海市非物质文化遗产朱氏推拿疗法代表性传承人，上海市中医药学会推拿分会副主任委员，嘉定黄墙朱氏中医世家第七代传人，全国著名中医推拿学家朱春霆先生之子。擅长四诊合参，经络辨证，以家传朱氏推拿理论及以柔克刚、力透溪谷的手法治疗内、外、妇、儿、骨伤、五官等科疾病，尤以治疗失眠、头痛、脾胃病、失音、颈肩痛、腰腿痛、月经不调、小儿发育不良等见长。朱鼎成推崇"天人合一，形神合一，医患合一"的思想及以一指禅手法疏经通络、调和营卫、引阳入阴、移气于不足的中医疗法。他以《黄帝内经》"治未病"的理念和道家养生思想，提倡"共享推拿"，指导现代人自我保健。著有《推拿名家朱春霆学术经验集》《海派中医》《健康生活完全指南——颈椎病》等著作。2012年被评为国家级非物质文化遗产项目朱氏推拿的代表性传承人。

朱鼎成口述

责任与使命

我出生于上海嘉定黄墙朱氏中医世家,作为宋朝理学家朱熹的后代,从小对博大精深的中医耳濡目染。父亲朱春霆先生为现代中医推拿学科的创始人,从我幼年开始,父亲就启蒙我继承朱氏医学和从事一指禅推拿的意识、热爱中医的情怀。他经常教导我:推拿既是一门医术,也是一门技术,同时还是一门艺术。"工欲善其事,必先利其器",推拿需要扎实的基本功。

从16岁起,我就开始接受严格的手法训练:在一只长8寸、宽4寸的口袋里装满大米,每天需要用大拇指练习一指禅推拿四五个小时,直到一年后把大米全推成粉。父亲15岁拜一指禅推拿名师丁树山先生为师,苦练达摩一指禅,三年基本功,两年临床。我传习的是我国南北朝时期达摩祖师所创的一指禅功。这也是非遗传承的要求之一:老师将功夫"和盘托出",而学生原汁原味地继承下来。父亲就是完全按照一指禅推拿学派经典教义指导我练习,并且告诫我:"第一,推拿很辛苦,你一定要有吃苦耐劳的精神;第二,中医将是你一辈子的事业,你要坚守。"我承诺了父亲,因为这是黄墙朱氏七世儒医家族的使命,也是我的责任,于是我就开始学习《黄帝内经》和中医阴阳五行理论,学习朱氏医学原理,学习一指禅推拿手法、功法和疗法,跟随父亲临床实践,这一学一践就是一辈子。

坚持与坚守

初学中医一指禅推拿,入门并不难,但是真的要深造,还须创造条件。

第一是兴趣,要保持对推拿医学的赤子之心,才能在遇到困难时,有解决困难的信心和勇气。

第二是志存高远。推拿不仅需要娴熟的手法,更应具备大医的风范,兼收并蓄,开阔眼界,才能形成精湛的技法,收获更好的疗效。因此古今中外的知识都要学习。为了学习推拿,我阅读了很多相关的书籍,特别是古典的东西方哲学、现代科学、医学和心理学方面的书籍。我很喜欢霍金的《时间简史》和凯文·凯利的《失控》，他们的观点和中医很相似。

中医是什么？我们一直在探讨。有些人觉得它是老古董而摒弃了，有些人学习之后因其乏味枯燥而学不进，我觉得可以将中医与现代最先进的科学以及互联网结合起来理解，创造性地转化才会让中医焕发勃勃生机。

我认为，古老中医的深奥原理在新时代一定要用现代的语言去诠释，结合现代系统论的思想辩证地去讲授、去传播，才能让年轻一代理解人与自然和谐共生的重要意义，中医才能和世界接轨，弯道超车引领21世纪医学的潮流。以前医学停留在人是机器的还原论层面，现在进入了系统论层面。我欣赏凯文·凯利提出的观点："机器正在生物化，生物正在工程化。"中医就是这句话的很好的论证。中医本身是中国自古就有的宝贵财富，但遗憾的是我们对它认识不够。我正通过举办朱氏推拿传承班，在社区积极推广"共享推拿"的理念和方法，让更多人认识和理解中医推拿，"人人享有推拿服务，人人传递推拿关爱"，这是新时代赋予朱氏推拿的历史重任。

朱氏推拿传承人朱鼎成

第三，要有吃苦耐劳的精神。我认为，吃苦耐劳应该是由兴趣衍生的。"知之者不如好之者，好之者不如乐之者"，乐之者才能有动力把技艺更好地传下去。

第四，要在技艺中沉浸下去，要有定力。一开始，父亲对我的教育很简单，就是丢给我一个米袋，让我练。一指禅的基本功说白了就是训练医者的定力。一指禅的"禅"是指禅定，是佛教禅宗的思想，意为"万法归一"。其实"禅"也就是"匠心"，是专心、专一、一丝不苟的工匠精神。小时候我不明白，但现在回忆起来就明白了父亲的不言之教。他沉默寡言，只对我提了三个要求：要练，要看《黄帝内经》，要有悟性。这也就是我现在对学生的要求。

不仅仅是一指禅，其实学任何一门技艺都有一个规律。有人说，你要成为某一方面的专家，你必须要在这上面花10000个小时。假设每天花5个小时，算下来就是7年。7年才能达到所谓"专"的高度。这看起来似乎并不是高不可攀，但是很难坚持，很多人无法保证练习的时间。我在华东医院行医已经33年了，旦复旦兮，周而复始，我没有一天离开过推拿事业，每天面对的就是患者，也正是这种坚持和坚守，促使我不断鞭策自己，让我的技术精益求精。

医道 医德 医术 医趣

朱氏推拿讲究医道、医德、医术、医趣，其中，"医趣"指的是医者要有人文关怀精神和高尚的情趣。试想，如果医生自己都不快乐，不乐业，怎么给患者精心治疗，给他人带来快乐？因此，我的家族有一个朴素的生活信条：人生不在物质，而在兴趣。我的兴趣十分广泛，美术、音乐、书法等都有涉猎。父亲曾说，从事推拿医学应该把手指锻炼得更灵活一点，可以学一些乐器，于是我就选择了手风琴。我觉得弹奏琴键也是一种锻炼手指的功夫，所以现在我尽管已60多岁，手指依然很灵活，充满生气。

我嗜书如命，家藏很多线装本的古书。从小我就和《黄帝内经》《道德经》《千金方》《伤寒论》等古典书籍一起生活，书籍是我最好的良师益友。"熟读唐诗三百首，不会作诗也会吟。"看着看着也就进入了古文的语境。现在每天早上除了晨练，练习易筋经、打太极之外，我每天都要听或者读《黄帝内经》，这是古人留给我们最深刻的智慧，是我生活的养料。

中医学由不同的医术和疗法组成，就推拿学科而言也有不同的流派。朱氏推拿又称朱氏一指禅推拿，是我国中医推拿的重要学派之一。作为海派中医的杰出代表，1998年，朱氏推拿被《上海卫生志》列入上海市著名中医流派之一，朱春霆先生是唯一载入《大辞海》的中医推拿医学家。朱氏推拿之所以能从众多中医技法中脱颖而出，成为国家级的非物质文化遗产项目，主要有四个原因：

首先，父亲确立《黄帝内经》的营卫学说为推拿医学最基本的理论，是朱氏推拿的核心思想。我以"恒和"为法则，提出营卫层面的创新理论。

其次，提出"天人合一，形神合一，医患合一"的医养观。医疗与保健相结合，人与自然和谐共生。重视"治未病"和"调微病"，以家庭共享健康的模式，将中医推拿发扬光大。

再次，朱氏推拿可以治疗各科疾病，特别是内科疾病，即"内病外治"，疗效显著。扩大了推拿的治疗范围，丰富了推拿学的内涵，形成"调和营卫，内病外治，以指代针，力透溪谷，以柔克刚，扶正祛邪"的疗法特色。

朱鼎成的父亲朱春霆

最后，朱氏推拿强调四诊并用，内外合参。重视医案的撰写，根据理、法、方、案的顺序，即明确病因病机，确定预防措施或治则治法，对每一个病例进行详细的记载，形成了手法、功法、疗法、心法融通的规范流程。

宽容之德　至贵之孝

我们家族是朱文公的后代，受儒家思想的熏陶极深，非常注重"宽容之德，至贵之孝"的家风传承。嘉定黄墙朱氏绵延数百年，著书立说，先后创办我国第一所中医学校和推拿学校，名医辈出，并被载入地方志和大型辞书。我是黄墙朱氏中医第七代传人，一直谨记遵行朱子家训，追慕先祖"鹅湖家风，鹿洞世泽"的高风亮节。不为名利，以德为先。据1930年《嘉定县续志》记载，同治年间，晚清思想家、散文家冯桂芬因"患大疽"，四方求医未果。在诸医束手无策的危难时刻，先祖芝村公施术相救，"先进清血液之剂，以解其毒；后用温补以收其功"。冯桂芬痊愈后非常感激，"力荐"先祖去朝廷做官，但是先祖坚持"为良医，不为良相"而婉拒之，冯公很感动，于是为我家族庄园大厅题字——"容德堂",盛赞朱氏世医的宽容之德。我爷爷继承了芝村公的宽容之德,医术非常高明,曾治愈上海道台的顽疾,后获其题字"世德堂",寓意宽容之德世代相传。在《嘉定县续志》还有我太爷爷至孝的记载:朱丽涛"字少村,克绍家业。又通术数诸学。母病,三次刳臂以进",竟不药而愈,一时名扬四方,传为佳话。

朱文公曰:"子之所贵者,孝也。""宽容之德,至贵之孝",是朱氏医学最珍视的传家宝。浸染了儒医文化的朱氏推拿也逐渐从技艺层面上升到了道德层面。

家父承继"鹅湖家风",将传统的一指禅推拿融入儒学的思想,形成了儒医的推拿。"仁"是儒家最高的道德原则,所谓医者仁心,这些都体现了中医世家的良知:对患者的德、对父母的孝、对事业的忠,"不为良相,便为良医"。医德、孝道、忠诚贯穿了数百年的家风,成为家族的传统和训诫。

臣之所好　道进乎技

庄子在《庖丁解牛》中说:"臣之所好者,道也,进乎技矣。"意思是说,庖丁毕生追求的是解牛的道理和规律,胜过解牛的技艺。同样,我几十年锲而不舍探索的就是"推拿之道"。推拿要传递的是什么信息？推拿的终极目的是什么？

推拿与其他疗法的区别在于它是以人疗人的医术,而不是以药疗人、以刀疗人、以针疗人……它需要以锻炼出来的"气"来治病。"气"是什么？它不仅是力气,更是通过练习易筋经、推米袋功日积月累、持之以恒所形成的柔劲。一位优秀的有功力的推拿医生的手应该是温暖的、柔软的、滑利的。经脉畅通,筋骨强劲充满着气。这个气我们称作卫气,即保卫之气。手上充满了这种卫气,才能把能量传递给患者,使这股视之不见、触之如电的柔劲,层层递进直达疾病之所在,以调整失衡的机体。

我觉得推拿治疗大致经历三个境界:第一是"以形调形",用有形的手,即凭借我的手法调节形体的失调。第二是"以气调气",集聚自身的气,调节患者气的不平衡。第三是"以神会神",手法外治与调摄精神的心理疏导相结合,治疗心身疾病。

因此，"心法"是朱氏推拿重要的组成部分，即形神合参，将心理治疗融入推拿治病的全过程。我认为这也是今后中国医学发展的一个方向，从某个层面来说，我们又回到了医学的起点：一专多能，即现在提倡的"全科医生"。这是指上升到文化高度的"道进乎技"的全科医生。不仅是单纯地治疗疾病，他也会从心理上调摄患者的疾病和感受。总之，推拿医学不仅是一门医术，更是融入了心法的医学的哲学。

人应当全面地、客观地认识自己，敬畏生命在自然界里奇迹般的存在。《黄帝内经》的长寿秘诀是："法于阴阳，和于术数，食饮有节，起居有常，不妄作劳，故能形与神俱，而尽终其天年，度百岁乃去。""法于阴阳"是长寿的总则：一年要顺应春生夏长秋收冬藏的变化，一月要顺应月亮阴晴圆缺的变化，一天要顺应太阳升降的变化规律，以达到与自然界和谐共生。"和于术数"是养生的具体方法，比如五禽戏、易筋经、八段锦、太极拳等。"食饮有节，起居有常，不妄作劳"是指饮食要节制，作息有规律，要劳逸结合，这样就能使形体与精神协调一致，"天人合一，形神合一"而尽终其天年。

薪火相传　不忘初心

作为国家级非物质文化遗产的代表性传承人，我一直在思考和探索如何更好地传承与创新中医这项非遗技术。朱氏推拿应当从预防保健、临床治疗、医养结合等方面形成新时代的医学体系，这是我父亲一直在做而我现在正接力做的事业。因为病种在增多，因此治病的方法也应当有所增益。任何非遗项目都应与当下及现实相结合，否则就失去了意义。很多非遗项目（包括一指禅推拿）都需要刻苦的训练，要在浮躁的人心中找到一个切入点，让大家静下心来把它传承下去。我认为最好的老师就是兴趣，喜欢的东西，再累再苦都会去追求。

我和我的团队做了不少尝试，去培养学生对中医、对朱氏推拿的兴趣。第一是向基层推广。举办市民健康大讲堂和各种社会非遗讲座。邓小平说"教育要从娃娃抓起"，我认为非遗也应该从娃娃抓起。现在我们正与长宁区卫计委等部门合作推广"共享推拿"项目，作为"共享推拿"的模块之一，从幼儿园开始，教授老师们简单的推拿手法，比如捏脊、摩腹、按足三里等。通过老师的示教，让家长学习，从小培养儿童的推拿兴趣。

第二是进大学。我们和上海市慈善基金会、上海中医药大学合作开设了国家级非遗项目朱氏推拿的传承班，为对推拿感兴趣的同学提供技能强化的平台，达到"悟人文，厚医德，重经典，精技法"的中医推拿专项人才培养的目的。我们希望通过"百日行动"，即100天的强化教授以及半年继续学习和社会实践，让他们的技能有切实的提高，能较快地投入一线的治疗当中。此外，复旦大学中西医结合研究院建立了针灸推拿骨伤临床研究所，由我任所长。我希望通过这些努力和实践，使得朱氏推拿的推广中既有高层次的学术研究团队，也有面向基层的"共享推拿"普及宣讲小组，多管齐下、踏踏实实地把非遗传承下去。我欣慰地看到，越来越多热爱中医的年轻一代开始关注、参与到非遗项目的保护与传承中。我的女儿也是80后，她和我的学术团队近年来协助我开展和推进各类中医普及项目，以实际行动做好非遗项目的接力与实践。

朱鼎成在工作中

枯鱼涸辙　不言放弃

目前，非物质文化遗产的保护传承面临一些困境，朱氏一指禅推拿面临的首要问题就是传承。其实对于保护，国家已经做得非常好了，但是如何传承、如何创新都是亟须解决的问题。

第一，非遗保护和传承工作是需要个性化设计的。传统医疗应该与其他非遗项目一样放在同一个框架里，此外它又与其他非遗项目不一样，有它的特殊性。很多非遗项目，比如沪剧、昆曲等，由于自身的表演性等特点，有很多可以推广和宣传的平台，很有影响力，但是医疗在这一块显得很薄弱。上海有六神丸的制作技艺、石氏伤科、朱氏推拿、陆氏针灸、顾氏外科等国家级非遗项目，但是我们在社会上的影响力并不大。很多节日和非遗活动中鲜有传统医疗的影子。就朱氏推拿而言，它有手法又有功法，有文化也有故事，在推广方面具有很高的可行性，但是目前还需要更多的平台和宣传的机会。

第二，我认为非遗传承应该是活态的传承，是人的传承而不仅仅是技的传承。非遗传承途径有多种：一是家族传承，即后裔的传承；二是师徒传承，即门人的传承；三是学校中结合师徒传授的新时代非遗传承模式。无论何种模式，挑选衣钵相传的好苗子是第一位的。

我培养的学生，除了要具备"家国情怀，工匠精神，尊师重道，敬畏生命"的思想品德之外，还要有一双有天赋的手：灵巧、敏感、温润。因为医者具备一双先天能治病的手，就像歌手有一副好嗓子那样难能可贵。

在复旦大学附属华东医院俞卓伟院长的关心下，我们在密锣紧鼓地筹建国家级非遗项目朱氏推拿传承基地，我们准备以传承基地为平台，精心挑选中医药大学的优秀学生进行规范化培养，使 90 后的大学生成为新时代非遗传承的生力军。

总之，非遗的保护和传承要做到知行合一。现在国家对非遗保护相当重视，《中华人民共和国非物质文化遗产法》颁布之后，全社会都兴起了非遗保护的热潮。我们一定要把热情转化为行动，培养更多的推拿医学好苗子，让"共享推拿"早日走入千家万户，更好地为百姓健康服务。

创新求索　不忘根本

现在国家提出"创造性地转化""创新性地发展"等任务，但是转化和发展都要有基础，这个基础就是不忘初心。初心就是非遗的核心价值，把朱氏推拿最主要的疗法和优势保留下来，一定要梳理好朱氏推拿区别于其他疗法和流派的特点，才能更好地将其发展下去。

传承与创新在一定程度上是有矛盾的，因此，如何在非物质文化遗产的保护中平衡好两者的关系非常重要。我认为，任何非遗项目都有其"合理的内核"。这一内核就是非遗的核心竞争力，这个内核是不能轻易改动的。在保留核心竞争力的前提下才能去进行创新。就朱氏推拿而言，一指禅中的一指是内核；理论是"营卫层面理论"及"恒和法则"；功法是易筋经；特点是"调和营卫，内病外治，以指代针，以柔克刚，力透溪谷"。这就是朱氏推拿"合理的内核"，是创新的基础，任何时候都不能背离。社会在进步，病种在扩大，所以要创新，要与其他的医学方式互联互通，凡是对学派发展和治疗有益的都应该广泛学习吸纳，但是也要不忘根本，立足现在，才能更好地面向未来。

大医情怀　工匠精神

1956年，朱春霆先生在上海华东医院创建推拿科，60多年来，华东医院朱氏推拿团队长期担任党和国家领导人的医疗保健工作与市民的医疗服务工作，仁心妙手，疗效显著，得到了中央领导和社会各界的高度嘉奖与赞扬；将预防医疗和康复熔为一炉的朱氏推拿成为华东医院的品牌，朱氏推拿的学术思想编入了中医教科书。这些都是朱氏推拿成为国家级非遗项目的亮点。

现在，我们在做好高端保健的同时要将保健推向市民，在"大健康"兴起的今天，要"飞入寻常百姓家"，要有一个强大的推广队伍，把朱氏推拿变成大家喜闻乐见的技艺。

我觉得这要分两个层面：一是在社区开设短训班，让家庭成员学会简单的推拿技术，互相推拿，共享健康。二是在企事业单位举办推拿兴趣班和传习班，让简易推拿保健法成为每个人都可以学习、运用的养生手段。

我们尽量把深奥的道理通俗化、复杂的手法功法简单化，然后辅以实践，把说的变成做的，就能把非遗项目真正地传承下去，真正地使其活在当下，为大众掌握，为大众服务。

工匠精神不仅是精益求精、追求更完美的理念，现代社会还赋予了它更深刻的新内涵：不忘过去，立足现在，放眼未来。它应该把医德、医道、医术、医趣四者融合在一起，而不单单是一种技术的精进。古时的工匠很多时候只注重"术"，韩非子说："匠者，手巧也。"在当下，还需要"道"的指引。

工匠精神还要看最后被消费的"产品"是否对社会、对人类有价值。只有被社会需要，才是有意义的。这也印证了非物质文化遗产的传承应该是活态化的、基于当下的传承，要以匠心延续它的生命力。

此外，我所理解的工匠精神就是想的、看的、听的、说的、做的都是为同一个目的去奋斗的，这也就是马克思说的"目标始终如一"。在目标没有完成以前，要扎扎实实做下去，即"踏石留印，抓铁有痕"，追求极致。可见工匠精神是一种很难复制的奢侈品，也是我工作33年来始终如一的坚持。

（本文由吴薇整理）

朱氏推拿

朱氏推拿又称"朱氏一指禅推拿",为我国中医推拿的代表性学派,是以中医阴阳五行、脏腑经络、营卫气血学说为纲,以一指禅为主要手法,审证求因、辨证施治,具有内病外治、以柔克刚特色的中医外治疗法。一指禅原为佛教禅宗用语,意为万法归一,起源于南北朝时期,由达摩祖师所创。作为少林武术,一指禅也是推拿术的一种,其特点是以指代针,运用训练有素的推拿手法,通过经络穴位,达到调和营卫、力透溪谷的目的。一指禅推拿主要治疗内科疾病,其优势在于不服药、不打针,没有刺激。在治疗前要教患者练习达摩祖师传下来的易筋经,把自己的经脉打通,以提高疗效。治疗比较舒适,可以达到医患合一的最高境界。朱氏推拿学派是由我国著名中医推拿学家、现代中医推拿创始人、中医推拿教育家、上海市十大名医、名字载入《大辞海》的一指禅推拿一代宗师朱春霆在 20 世纪 30 年代所创立的。以朱春霆为代表的朱氏推拿学派在党的中医政策感召下,开创了中国推拿课堂教育之先河;1959 年编写第一本中医推拿学教材《中医推拿学》;将民间的推拿流派上升为中

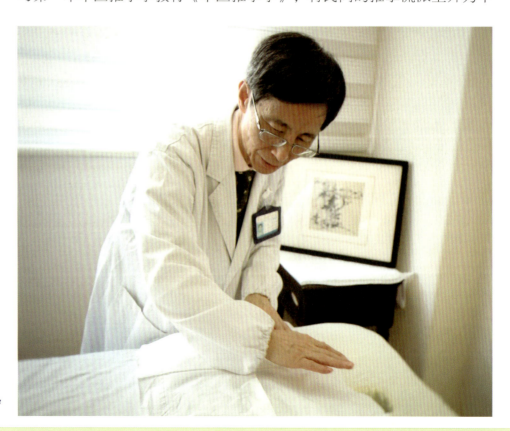

朱鼎成在工作中

医推拿学科；创建我国第一所中医推拿学校、市级医院第一个中医推拿科、第一个市级中医推拿门诊部；引领新中国推拿的潮流；形成中医推拿理论体系；规范推拿疗法、手法和功法的行业标准；扩大推拿学科的适应领域和优势病种，培养出一批国家级和省市级的国医大师，推拿名医、名师，享誉国内外。朱春霆之子朱鼎成进一步传承发扬了朱氏推拿，临床上不断探索创新"治未病""调微病"的治疗模式；开展"共享推拿"项目，将中医通识及自我保健向大众推广；以学堂教育与师承教育相结合，打造中医传承新模式。朱鼎成主要研究失眠症和脾胃病，他根据《黄帝内经》的学说，运用引阳入阴法来进行治疗。古人认为头为阳、足为阴，可以用推拿将气从头顶引到足底，移气于不足，由此来治疗失眠症。作为海派中医的杰出代表，1998年，朱氏推拿被《上海卫生志》列入上海市著名中医流派之一；2009年6月，朱氏一指禅推拿疗法被列入上海市非物质文化遗产项目名录；2011年6月，朱氏推拿被列入国家级非物质文化遗产项目名录，是第一个被列入国家级名录的推拿项目。上海复旦大学附属华东医院是该项目的保护单位，华东医院推拿科主任朱鼎成为朱氏推拿的代表性传承人。

朱鼎成在工作中

朱鼎成一指禅传承活动

朱鼎成示范一指禅推米袋功

2017年,朱氏推拿非遗传承班结业典礼合影

朱鼎成在 2016 年沪滇合作项目基层中医药适宜技术培训班授课

朱鼎成在 2013 年联合国教科文组织论坛上发言

朱鼎成——著书立说与岗位服务传承

朱鼎成是专业的医疗工作者，对医学、中国传统的哲学都有深刻的研究。朱鼎成是在岗在编的医生，有很好的岗位平台，加上朱鼎成本人有突出的医技，善于整合社会资源，可以对非遗项目进行联动式的保护和传承。他在自己的医疗岗位上通过服务传承医疗技艺，这是其独特之处。朱鼎成不仅在医疗行业及单位内选拔传人，还积极创办传承基地，吸引更多的人加盟，培养了大量的学生。他积极推进"非遗进校园""非遗进社区"等活动，向学生群体和市民群体推广传统医疗技术，将复杂的传统医技通俗地向相关群体传达，让非遗进入百姓生活，起到了很好的效果。朱鼎成通过著书立说，产生了广泛的影响。这些著述，不仅是在传承技艺，更重要的是培育了社会公众对于中医推拿的认知生态。通过话语表述建立文化自信，对于弘扬博大精深的中医文化具有非常重要的作用。

朱鼎成与他的学生

2. 做药先做人　匠心德为先
——六神丸制作技艺项目传承人劳三申

　　劳三申，1946年生。1963年参加工作，次年进入六神房学习六神丸制作技艺，师从王式训，成为第五代六神丸传承人。劳三申在六神丸的制作一线辛勤耕耘二十五载，掌管六神房二十余年。45年来，劳三申始终以极高的标准要求自己，制药兢兢业业，在任期间六神丸多次获国家金质奖。在继承前人智慧的基础上，劳三申不断思考，力图使古老技艺与现代科技相结合，从而焕发出更大的生机与活力。在麝香保心丸、薄膜包衣首乌片的研发过程中，劳三申作为制作工艺的负责人发挥了重要作用，对推动我国中医药现代化做出积极贡献。在六神丸技艺的保密工作上，劳三申经过潜心思考，将六神丸的处方与工艺一分为二，分别传给两位继承人，从而极大地降低了泄密的风险。2012年被评为国家级非物质文化遗产项目六神丸制作技艺的代表性传承人。

劳三申口述

百年风雨传承

六神丸是我们中国人的骄傲，也是我们中华民族的骄傲。六神丸到现在已经有100多年的历史了。以前我们的中药，不像西药，没有临床检验，都是靠古人写下来——什么毛病用什么药。但是有一点是肯定的，六神丸的疗效是大家认可的。如果一种药没有疗效，或者说副作用很大，早就该淘汰了。六神丸能够走到现在，100多年经久不衰，而且产量越来越大，这是不容易的。

六神丸好在什么地方呢？它的剂量在全世界的中药西药中都是最小的。小孩一岁吃一粒，两岁吃两粒，三岁吃三粒，四岁吃四到五粒。一粒3.125毫克，哪怕是针剂也达不到这个效果。六神丸用来治疗疾病，既可以内服，又可以外用，效果特别明显。六神丸在我们这代人还有我们上一代人中，基本上是家喻户晓的。以前的医疗卫生水平不像现在这样，小孩子到了夏天浑身要长痱子，还可能生疟疾，一般家里如果稍微有点条件，总要去买瓶六神丸。所以我对六神丸有感情，我父亲他们这一辈对六神丸也是非常崇尚的。

有一个传说是说发明六神丸的这个人，晚上做梦梦见有六个神仙给他六味药，教他怎么做，然后他把梦里的事情变成现实。因为是六个神仙给他的方子，所以叫六神丸。这是民间的传说。

六神丸在东南亚一带是非常畅销的，甚至传到非洲，说明这个药确实有效，大家都认可，所以才畅销。

日本人对六神丸也很痴迷。以前我们中药一厂允许外国人到我们厂来参观，那个时候日本代表最多。他们每次来都会说，你们的六神丸是不是可以给我们看看？这其中涉及保密等情况，所以没有让他们看。

回过头来想，六神丸能保存下来真是不容易的。我师傅给我讲过一件事，抗日战争时期，日本侵略者曾想以十根金条和雷允上的老板换六神丸的处方工艺，最后没有得逞。那时保存六神丸工艺不外泄，是要冒生命危险的。

四十五年苦与乐

我是1963年参加工作的。当时要选一个接班人继续六神丸的制作工艺，领导很重视，但也很难选到合适的人。在我前面有两个人去接班，没有接上，表现不理想。可能是因为我在学校里表现比较好，所以领导选中了我，一起被选中的还有我师兄。但是当时我们并不知道自己被选中了，而是先被安排在别的小组里干活。一年后，领导根据表现找我们谈话。当时我们团支部书记是厂里的一把手，他找我们谈话时，把情况和我们说了。我们高兴得不得了，六神丸家喻户晓，这又是厂里重中之重的一个部门，别的人不好进去，连厂长都不好进去。我那天满心喜悦，回到家里把这事告诉我父亲，父亲惊讶得跳起来，大家都兴高采烈。

我进去学之前，先签了合同。第一年当学生，第二年当学生，第三年还是当学生。那时候有句老话"教会徒弟，饿死师傅"，所以我们只能看看，师傅是不会教你的。巧的是，那个时候六神丸中间有一道工序师傅老是做不好，影响了我们厂的产品质量。一道关键的工序师傅搞不好，下班了我想和他留下来一起干，他却让我回去。他干了很长时间干不好，我心里也一直在想办法。我就跟他说："师傅，能不能让我给您

劳三申（右）与师傅在一起

试试看？"因为他实在没有办法了，只好同意了。我试了一下就好了。从那以后，这道工序再也没出过毛病。我师傅话不多，但从这件事后他看到了我的长处，心里蛮高兴的，所以他开始手把手地教我，一点都不保留，把东西全都教给我。

做六神丸，我一干就是25年，说起来是很寂寞也很苦的，因为和外界不接触。上班下班，人家都认识我，我却不认识人家。人家工作的时候很开心，一个小组里有十几个人甚至二十几个人，我们就三四个人。我在六神丸一线生产岗位上干了25年，出来以后六神丸生产还是由我管。这次我不亲自操作了，但还是在第一线。我一直管到退休。我的工龄是46年，在六神丸岗位上干了45年。我是64岁退休的，退休后还多做了3年。

做六神丸很光荣！厂里把这么重的担子交给我，那是相信我。对于个人来说，这个岗位很苦，都是手工活，没有机器的帮助，还要一直站着做，不能坐着，可以说是又苦又寂寞。但是这个岗位很重要，必须要坚守在这里。这个地方如果换一个人，万一出纰漏了呢？这又是要保密的工作，是国家级、绝密级的，属于最高一级的机密。现在很多科技成

六神丸制作技艺传承人劳三申

果也申请保密，它是有期限的，而六神丸是无期限、永久保密的，国家很重视这个产品。

那时候六神丸的制作都是我一手抓的，没人帮忙。不管对内对外，大大小小的事情都是我一个人负责。现在我把原来的责任一分为二了：一个人接操作的班，主要就是管生产；一个人接财务和管理的班，总体上抓质量。到现在为止，管生产的人，他不知道处方；知道处方的人，他是不会生产的，以后就这样各自传下去。对国家来说，万一泄密，危害性小得多；对个人来说，也减轻了他们的负担。

做药德为先

做中药，有一点和西药是有很大差异的。做西药有很多资料，做中药却没有。所以我师傅带我的时候，第一句话就说"做中药先做人，你人做好了，药才能做好。做中药是要凭良心的"。现在有含量、标准等规定，以前没有检测，做成丸也好，片剂也好，全都要靠做人的良心去做药。六神丸的质量是靠工艺保证的。讲难听点，如果处方里有一斤人参，你拿掉一两，叫你搅拌10分钟，你就搅5分钟，马马虎虎也就过去了。像六神丸的原料，在中药里面都属于贵细药品，都是很值钱的。我听师傅说，以前他们做好的六神丸都要放在外滩的银行里，生怕被人偷掉，锁在保险柜里放着，不包装。顾客要多少，他们就到银行里取出来，包装后再卖出去。

我始终记得师傅的话："我们做中药的，做药先做人。"我带徒弟的时候，要求做药德为先，用现在的话讲就是要有职业道德，不要做小动作，不要偷懒，该用什么工艺就用什么工艺。我有个习惯，带徒弟要到他们家里和父母谈一谈，这也是继承了我师傅的规矩。因为我们有很多工作是要家长理解的，其中一条，就是手脚要清爽，小偷小摸要不得，这要家长督促。

我的徒弟张雄毅，现在在雷允上接了我的班，还评上了"上海工匠"。我觉得他适合从事这个工作，选他选对了。当然这里面也离不开组织的培养。

以前在我们老百姓的心坎里，手艺活干得好、人品也很好的人，才能被称为"匠",大家都很尊重这样的人。匠心有两个方面,一是技能,二是道德。现在国家提倡弘扬匠心精神,实际上讲的也是这两方面。

传承进行时

前面说到日本人痴迷六神丸,其实他们也很聪明,把六神丸研究得很好。他们写了一本书,很厚。我一看,六神丸里面的六味药被他们研究出来了,但是这六味药的配方他们弄不出。他们得出一个结论,认为六味药强心的作用比消炎解毒的作用还要好。后来在这六味药的基础上,他们搞出一个救心丹,生意做得很大。现在我们大家都知道麝香保心丸,麝香保心丸是我和原来一个厂长搭档一起做的,他做药理我做工艺,研究了一年半搞出来了。我们的基础比日本人好,因为我们祖先还留给我们一个苏合香丸,专治心脏病。这个古方效果相当好,我们以苏合香丸、六神丸,再加上日本人的救心丹为基础,由上海六大医院联合起来研发。医院搞配方我搞制剂,然后研制出了麝香保心丸。和日本人的救心丹做双盲对照后,麝香保心丸的效果比他们的好,所以说祖先留给我们的东西是宝贝。

我一直认为六神丸的手工制作工作太累,想通过机械把它做出来,但是做不了。药丸太小了,难度太大了。我动了很多脑子,能替代手工的已经都替代了,但是成型操作这一块没有办法替代,只能用手工。还有一点,

《中药制药工艺技术解析》 人民卫生出版社

这个药丸的效果这么好,希望扩大临床,扩大应用范围。

我在没退休的时候一直想做成几件事,其中一件是想把六神丸做成软胶囊。因为六神丸我们成人一次要吃十粒,如果我把十粒做成软胶囊,一次吃一颗就可以了;若要把药涂在手上,把软胶囊剪个口子就可以了。但是这里有个工艺难题,软胶囊是油性的,主要是以油为辅助剂,油和粉末不能混合在一起。软胶囊没研制成,我感到很遗憾。我还想做一件事情,六神丸本身是可以外涂的,我想把六神丸引到巴布剂(外用贴膏剂)上去,那样就好了,但是这件事情也没有做成功。一是时间来不及,二是试制新药很困难。现在这个贴剂,厂里面还有人在研究,我很高兴。

我认为,只要我们下决心去研究,今天不成功,明天不成功,后天总能够成功,只要有信心。如果这件事情能做好,应该说对人类是一大贡献。

(本文由王聪整理)

六神丸制作技艺

六神丸是"雷允上"的标志性产品，是青霉素诞生之前最有效的抗感染的药品之一，始创于清代同治初年，距今已有100余年历史。六神丸形如芥子，惠泽普天下，被称为"东方神药"，由麝香等六味中药君臣配伍精制而成，每1000粒仅重3.125克，可内服，也可外敷。六神丸与云南白药、片仔癀、安宫牛黄丸、华佗再造丸的配方，为国内仅存的五个国家级保密（绝密级）处方，雷允上也制定了一套非常严格的保密制度。在制作技艺上，六神丸从选材、泛丸到成型，均以人工完成，制成小如芥子的药丸，这在中药行业内是绝无仅有的。六神丸的药材用料十分讲究，比如珍珠一定要选择新光珠或老港濂珠，麝香必用杜字香，不能以次充好或掺假，药材间的配比和药理关系也很独特。根据已有的临床总结以及药理研究，六神丸可以清热解毒、消肿止痛、敛疮生肌；有强心镇静、抗病毒、调节人体免疫功能、改善心肺功能及抗肿瘤等多方面的新功能；对慢性支气管炎引起的哮喘和过敏性哮喘有缓解作用；在治疗病毒感染性疾病、免疫功能失调性疾病、心脏病、恶性肿瘤等方面显示出独特疗效；对于急性咽炎、扁桃体炎等疾病，用药不多，起效极快，享有"疗效如神"的美誉。百年经典名药六神丸具有很大的历史价值、文化价值和科学价值，是地道的国药珍品。2010年，六神丸被列入国家级非物质文化遗产名录，成为上海第一个入选此名录的中药。

六神丸

劳三申作品

六神丸——中药中最小的药丸

六神丸

劳三申——六神丸制作技艺传承

　　劳三申所属的制药行业具有很强的专业性，要求传承人具备相关技艺的专门知识。劳三申本人掌握着该领域的工艺与配方这双重核心资源。劳三申所属的"雷允上"是一家老字号的中药制药企业，一直走在开拓市场的道路上，传承人与传承单位携手发展。六神丸是中国中成药极品，其配方是绝密级别的，药效独特，经过劳三申传承，造福了千千万万的民众。由于六神丸的特效，关于六神丸的诞生也被说成是六位神仙所传秘方，进一步渲染了六神丸的神奇。所以对于劳三申来说，配方保密就是传承的核心问题。劳三申也具有强烈的市场意识，能适时地根据市场需求改良传统技艺，开发新药。对于经典的不朽的非遗精品，我们不是去修改其本身，造成工艺和配方流失，而是将其工艺及其配伍方式用于新药研制，这或许是经典非遗的一种创新路径。

参考文献

［1］杨天宇. 周礼译注. 上海：上海古籍出版社，2016.

［2］潘吉星. 天工开物译注. 上海：上海古籍出版社，2016.

［3］王文章. 非物质文化遗产概论. 北京：文化艺术出版社，2006.

［4］刘锡诚. 非物质文化遗产保护的中国道路. 北京：文化艺术出版社，2016.

［5］蔡丰明. 中国非物质文化遗产资源图谱研究. 上海：上海社会科学院出版社，2016.

［6］定宜庄，汪润. 口述史读本. 北京：北京大学出版社，2011.

［7］潘鲁生. 中国民间美术工艺学. 南京：江苏美术出版社，1992.

［8］徐艺乙. 身边的艺术. 济南：山东画报出版社，2001.

［9］李砚祖. 创造精致. 北京：中国发展出版社，2001.

［10］徐莲英，侯世祥. 中药制药工艺技术解析. 北京：人民卫生出版社，2003.

中华杰出工匠大工程系列
（第一辑）

上海匠心

后 记

上海是中国的制造业中心,上海货一直以高质量著称,是信得过的产品。上海制造业的辉煌是一批上海工匠的辛勤努力换来的。在振兴中国制造业、振兴传统工艺的大背景下,挖掘上海大工匠的精神,是打响上海制造品牌、打响上海文化品牌的重要举措。"上海匠心"是上海城市的文化标识,也是中国工匠精神的代表。

2016年以来,在上海市文广局、上海城市动漫出版传媒有限公司的支持下,田兆元教授带领华东师范大学民俗学师生团队,对上海地区的国家级非物质文化遗产项目代表性传承人进行了访谈,并编撰成书。书稿撰写得到上海市文广局非遗处杨庆红处长等人的具体指导。

近年来,非遗保护注重非遗传承能力的培养,国家文化和旅游部非遗司推进了相关研究,华东师范大学非遗传承与应用研究中心组织申报了"非遗保护能力建设研究"课题,获得了文化和旅游部非遗司立项。于是我们又从非遗保护能力建设的视角,进一步访谈和调研,突出工匠精神。

为了将这些成果向社会分享，上海大学出版社和课题组以上海工匠口述题材为基础，申报了国家出版基金，获得审批立项。课题组在已有的材料的基础上，进行了增补，尤其突出了传承能力问题。由于一些客观原因，诸如资料的缺失、传承人年事已高记忆不清等不利因素，使得深入采写存在很大困难，虽经爬罗剔抉，但仍有遗珠之憾。令人欣慰的是通过这次对非遗传承人的访谈和对访谈所获口述材料的整理、撰写，我们挖掘、抢救了一批上海非遗的珍贵史料，为非遗的进一步保护与传承奠定了扎实的基础。

本书由田兆元、杨庆红担任主编，游红霞、葛永铭、冯赟、毕旭玲担任副主编。戴骏豪、刘军担任本书总策划。文字稿及图片由课题组成员根据访谈资料编辑而成，最后由游红霞统稿。26位传承人的写作分工如下：毕旭玲负责屠杰的采录；朱玫洁负责唐明敏的采录；方云负责张心一的采录；曹美聪负责鲁建庆的采录；黎忠慧、李柯负责高式熊的采录；黎忠慧负责徐振高的采录；王若楠负责袁耀和翟倚卫的采录；吴瑶负责奚小琴的采录；雷天来负责洪新华的采录；黄凡负责蒋敏和赵艳林的采录；秦娇娇负责何伟福的采录；肖圆负责赵友铭的采录；秦娇娇和肖圆共同负责吴庆春的采录；游红霞负责康新琴和戴明教的采录；吴薇负责朱鼎成的采录；王文慧负责费土根的采录；左才慧负责程少樑的采录；胡美娟负责周皓的采录；林俊琦负责谈敬德的采录；张涛负责马莉莉的采录；王聪负责劳三申的采录；席姝妮负责王汝刚的采录；高子茜负责张永联的采录。孙羽翎和周量航参加了本书的部分工作。马场彩加在蒋敏和赵艳林的采录中做了摄影等协助工作。田兆元先生撰写了《海上工匠　上海精神》一文。

本书得到文化和旅游部非遗司、上海市文广局的大力支持，得到国家出版基金的出版支持，并得到"上海大学文化创意出版中心"的有力支持。上海大学出版社的戴骏豪先生、江振新先生、柯国富先生、徐雁华女士、陈强先生、刘强先生等为本书的申报、编辑出版付出了大量的心血，在付梓之际，一并致谢！

上海市非物质文化遗产保护中心、上海城市动漫出版传媒有限公司、华东师范大学非遗传承与应用中心各方的无私奉献与通力合作，使得该